高等职业教育"十四五"规划旅游大类精品教材专家指导委员会、编委会

专家指导委员会

总顾问　王昆欣

顾　问　文广轩　李　丽　魏　凯　李　欢

编委会

编　委（排名不分先后）

李　俊	陈佳平	李　淼	程杰晟	舒伯阳	王　楠	宁　双
白　露	杨　琼	许昌斌	陈　怡	朱　晔	李亚男	许　萍
贾玉芳	温　燕	胡扬帆	李玉华	王新平	韩国华	刘正华
赖素贞	曾　咪	焦云宏	庞　馨	聂晓茜	黄　昕	张俊刚
王　虹	刘雁琪	宋斐红	陈　瑶	李智贤	谢　璐	郭　峻
边喜英	丁　洁	李建民	李德美	李海英	张　晶	程　彬
林　东	崔筱力	李晓雯	张清影	黄宇方	李　心	周富广
曾鸿燕	高　媛	李　好	乔海燕	索　虹	刘翠萍	

高等职业教育"十四五"规划旅游大类精品教材

总顾问 ◎ 王昆欣

旅游职业礼仪

Professional Etiquette in Tourism

主 编◎王 楠 宁 双

副主编◎句 萌 金 姗 刘 丹

参 编◎刘金侠 夏 婷 马静静 于小桐
　　　　李志霞 张笑绮 刘露秋 李金蔓

华中科技大学出版社
http://press.hust.edu.cn
中国·武汉

内容提要

本教材以更好地服务于职业教育教学改革和旅游专业群建设、密切联系行业岗位实际、大力推进精品教材的建设为编写的指导思想。教材内容涵盖较广,涉及旅游职业礼仪认知、旅游从业人员职业形象礼仪、旅游从业人员职业交际礼仪、旅游从业人员职业服务礼仪等,且知识跨度较大,在旅游礼仪中融入中国传统礼仪及文化,拓宽了学生的知识面。同时,注重旅游职业礼仪实践操作及校企合作真实案例教学和实践能力的培养,课程内容与学生实习、就业、职业紧密相连。本书既可以作为高职院校旅游、酒店专业教学的教材,也可以作为旅游服务从业人员岗前礼仪培训教材。

图书在版编目(CIP)数据

旅游职业礼仪 / 王楠,宁双主编. -- 武汉:华中科技大学出版社,2024.8. --(高等职业教育"十四五"规划旅游大类精品教材). -- ISBN 978-7-5772-1071-1

Ⅰ. F590.63

中国国家版本馆CIP数据核字第2024WG5138号

旅游职业礼仪
Lüyou Zhiye Liyi

王 楠 宁 双 主编

总 策 划:李 欢
策划编辑:王 乾
责任编辑:洪美员
封面设计:原色设计
责任校对:刘小雨
责任监印:周治超
出版发行:华中科技大学出版社(中国·武汉)　　电话:(027)81321913
　　　　　武汉市东湖新技术开发区华工科技园　　邮编:430223
录　　排:孙雅丽
印　　刷:武汉科源印刷设计有限公司
开　　本:787mm×1092mm　1/16
印　　张:17.25
字　　数:372千字
版　　次:2024年8月第1版第1次印刷
定　　价:49.80元

本书若有印装质量问题,请向出版社营销中心调换
全国免费服务热线:400-6679-118　竭诚为您服务
版权所有　侵权必究

总序

习近平总书记在党的二十大报告中深刻指出,要"统筹职业教育、高等教育、继续教育协同创新,推进职普融通、产教融合、科教融汇,优化职业教育类型定位","实施科教兴国战略,强化现代化建设人才支撑","要坚持教育优先发展、科技自立自强、人才引领驱动","开辟发展新领域新赛道,不断塑造发展新动能新优势","坚持以文塑旅、以旅彰文,推进文化和旅游深度融合发展",这为职业教育发展提供了根本指引,也有力地提振了旅游职业教育发展的信念。

2021年,教育部立足增强职业教育适应性,体现职业教育人才培养定位,发布了《职业教育专业目录(2021年)》,2022年,又发布了新版《职业教育专业简介》,全面更新了职业面向、拓展了能力要求、优化了课程体系。因此,出版一套以旅游职业教育立德树人为导向、融入党的二十大精神、匹配核心课程和职业能力进阶要求的高水准教材成为我国旅游职业教育和人才培养的迫切需要。

基于此,在全国有关旅游职业院校的大力支持和指导下,教育部直属大学出版社——华中科技大学出版社,在党的二十大精神的指引下,主动创新出版理念、改进方式方法,汇聚一大批国内高水平旅游院校的国家教学名师、全国旅游职业教育教学指导委员会委员、全国餐饮职业教育教学指导委员会委员、资深教授及中青年旅游学科带头人,编撰出版"高等职业教育'十四五'规划旅游大类精品教材"。本套教材具有以下特点:

一、全面融入党的二十大精神,落实立德树人根本任务

党的二十大报告中强调:"坚持和加强党的全面领导。"坚持党的领导是中国特色职业教育最本质的特征,是新时代中国特色社会主义教育事业高质量发展的根本保证。因此,本套教材在编写过程中注重提高政治站位,全面贯彻党的教育方针,"润物细无声"地融入中华优秀传统文化和现代化发展新成就,将正确的政治方向和价值导向作为本套教材的顶层设计

并贯彻到具体项目任务和教学资源中,不仅培养学生的专业素养,还注重引导学生坚定理想信念、厚植爱国情怀、加强品德修养,以期落实"立德树人"这一教育的根本任务。

二、基于新版专业简介和专业标准编写,权威性与时代适应性兼具

教育部2022年发布新版《职业教育专业简介》后,华中科技大学出版社特邀我担任总顾问,同时邀请了全国近百所职业院校知名教授、学科带头人和一线骨干教师,以及旅游行业专家成立编委会,对标新版专业简介,面向专业数字化转型要求,对教材书目进行科学全面的梳理。例如,邀请职业教育国家级专业教学资源库建设单位课程负责人担任主编,编写《景区服务与管理》《中国传统建筑文化》及《旅游商品创意》(活页式);《旅游概论》《旅游规划实务》等教材为教育部授予的职业教育国家在线精品课程的配套教材;《旅游大数据分析与应用》等教材则获批省级规划教材。经过各位编委的努力,最终形成本套"高等职业教育'十四五'规划旅游大类精品教材"。

三、完整的配套教学资源,打造立体化互动教材

华中科技大学出版社为本套教材建设了内容全面的线上课程资源服务平台:在横向资源配套上,提供全系列教学计划书、教学课件、习题库、案例库、参考答案、教学视频等配套教学资源;在纵向资源开发上,构建了覆盖课程开发、习题管理、学生评论、班级管理等集开发、使用、管理、评价于一体的教学生态链,打造了线上线下、课内课外的新形态立体化互动教材。

本套教材既可以作为职业教育旅游大类相关专业教学用书,也可以作为职业本科旅游类专业教育的参考用书,同时,可以作为工具书供从事旅游类相关工作的企事业单位人员借鉴与参考。

在旅游职业教育发展的新时代,主编出版一套高质量的规划教材是一项重要的教学质量工程,更是一份重要的责任。本套教材在组织策划及编写出版过程中,得到了全国广大院校旅游教育教学专家教授、企业精英,以及华中科技大学出版社的大力支持,在此一并致谢!

衷心希望本套教材能够为全国职业院校的旅游学界、业界和对旅游知识充满渴望的社会大众带来真正的精神和知识营养,为我国旅游教育教材建设贡献力量。也希望并诚挚邀请更多旅游院校的学者加入我们的编者和读者队伍,为进一步促进旅游职业教育发展贡献力量。

王昆欣

世界旅游联盟(WTA)研究院首席研究员

高等职业教育"十四五"规划旅游大类精品教材总顾问

党的二十大报告指出,育人的根本在于立德。全面贯彻党的教育方针,落实立德树人根本任务,培养德智体美劳全面发展的社会主义建设者和接班人。这是党中央对新时代人才培养工作提出的明确任务,更是做好职业教育的根本遵循。

本书以习近平新时代中国特色社会主义思想为指导,深入贯彻落实党的二十大精神和全国职业教育大会及全国教材工作会议精神,密切联系行业岗位实际,大力推进精品教材的建设。编者力图改变以往教材内容繁、难、偏、旧和过于注重理论知识的现状,编写出一本针对性强、可操作性强、通俗易懂的教材。本书注重课程内容建设,关注与培养学习者学习兴趣,选用优质校企合作企业的岗位视频,辅助教学资源,适应不同岗位发展需求,体现课程结构的均衡性、综合性和选择性,注重选择专业与职业必备的知识和技能。

本书内容涵盖较广,涉及旅游职业礼仪认知、旅游从业人员职业形象礼仪、旅游从业人员职业交际礼仪、旅游从业人员职业服务礼仪等相关知识;技能构成较多,涵盖了职业形象、酒店岗位礼仪、旅行社岗位礼仪、景区接待礼仪等;知识跨度较大,在旅游礼仪中融入中国传统礼仪及文化,拓宽了学生的知识面。各个项目由不同任务串联,由浅入深、层层推进,让教师上课讲解轻松、易于解释,使学生既听得懂又看得懂,能自主参与学习,不但培养学生接待服务礼仪技能,而且让学生懂沟通、会服务。本书既可以作为高职院校旅游、酒店专业教学的教材,也可以作为旅游服务从业人员岗前礼仪培训教材。

本书项目一由王楠编写,项目二由金姗编写,项目三由王楠、宁双和刘丹共同编写，项目四由句萌编写。特别感谢校企合作单位天津市银河大酒店和天津市西青区全境旅游管理有限公司对本书编写过程和产教融合事业的大力支持。

由于篇幅及时间限制，书中难免存在疏漏之处，恳请希望广大读者对本书提出宝贵的意见和建议，以便修订时加以完善。

项目一　旅游职业礼仪认知　　　　　　　　　　　　　　/001

任务一　礼仪的含义　　　　　　　　　　　　　　　　/002
一、礼仪的内容　　　　　　　　　　　　　　　　　　/003
二、礼仪的种类　　　　　　　　　　　　　　　　　　/005
三、服务礼仪　　　　　　　　　　　　　　　　　　　/007
四、旅游职业礼仪　　　　　　　　　　　　　　　　　/008

任务二　礼仪的发展与特征　　　　　　　　　　　　　/009
一、礼仪的发展　　　　　　　　　　　　　　　　　　/010
二、礼仪的特征　　　　　　　　　　　　　　　　　　/015

任务三　服务礼仪的原则与特征　　　　　　　　　　　/019
一、服务礼仪的原则　　　　　　　　　　　　　　　　/020
二、服务礼仪的特征　　　　　　　　　　　　　　　　/023

任务四　旅游职业礼仪的功能与作用　　　　　　　　　/027
一、旅游职业礼仪的功能　　　　　　　　　　　　　　/027
二、旅游职业礼仪的作用　　　　　　　　　　　　　　/031

项目二　旅游从业人员职业形象礼仪　　　　　　　　　　/038

任务一　仪容礼仪规范　　　　　　　　　　　　　　　/040
一、发型礼仪规范　　　　　　　　　　　　　　　　　/041

二、面部修饰礼仪规范 /049

任务二 行为仪态规范 /066

    一、表情礼仪 /067
    二、站姿礼仪 /070
    三、坐姿礼仪 /075
    四、蹲姿礼仪 /081
    五、原地转体礼仪 /086
    六、行姿礼仪 /087
    七、递接礼仪 /091
    八、标准手位礼 /092
    九、距离礼仪 /096
    十、鞠躬礼仪 /097
    十一、握手礼仪 /099
    十二、引导礼仪 /101

任务三 服饰礼仪规范 /103

    一、着装的原则 /103
    二、男士西装着装礼仪 /110
    三、男士西装配饰礼仪 /115
    四、女士正装着装礼仪 /124
    五、女士正装配饰礼仪 /125
    六、空乘制服着装礼仪 /132
    七、酒店工服着装礼仪 /135

项目三 旅游从业人员职业交际礼仪 /142

任务一 日常交往礼仪的基本原则 /145

    一、真诚尊重的原则 /146
    二、平等适度的原则 /147
    三、自信自律的原则 /148
    四、信用宽容的原则 /149
    五、尊重习俗的原则 /150

任务二 见面和介绍礼仪 /151

    一、称呼礼仪 /152

目录

　　二、介绍礼仪　　　　　　　　　　　　　　　　/155
　　三、名片礼仪　　　　　　　　　　　　　　　　/158

任务三　电话礼仪　　　　　　　　　　　　　　　　/162
　　一、电话礼仪　　　　　　　　　　　　　　　　/163
　　二、手机礼仪　　　　　　　　　　　　　　　　/168

任务四　拜访与接待礼仪　　　　　　　　　　　　　/170
　　一、拜访礼仪　　　　　　　　　　　　　　　　/171
　　二、接待礼仪　　　　　　　　　　　　　　　　/174

任务五　宴请与馈赠礼仪　　　　　　　　　　　　　/178
　　一、宴请礼仪　　　　　　　　　　　　　　　　/179
　　二、馈赠礼仪　　　　　　　　　　　　　　　　/184

任务六　乘车礼仪　　　　　　　　　　　　　　　　/188
　　一、座次礼仪　　　　　　　　　　　　　　　　/189
　　二、上下车礼仪　　　　　　　　　　　　　　　/191
　　三、乘坐出租车礼仪　　　　　　　　　　　　　/192
　　四、乘坐公共汽车礼仪　　　　　　　　　　　　/193
　　五、乘坐火车礼仪　　　　　　　　　　　　　　/194
　　六、乘坐地铁礼仪　　　　　　　　　　　　　　/195

任务七　涉外礼仪　　　　　　　　　　　　　　　　/195
　　一、跨文化交际　　　　　　　　　　　　　　　/196
　　二、社交场合礼仪　　　　　　　　　　　　　　/199
　　三、外事接待礼仪　　　　　　　　　　　　　　/201
　　四、涉外餐桌礼仪　　　　　　　　　　　　　　/203

项目四　旅游从业人员职业服务礼仪　　　　　　　/209

任务一　酒店岗位服务礼仪　　　　　　　　　　　　/211
　　一、前厅接待服务礼仪　　　　　　　　　　　　/212
　　二、餐饮接待服务礼仪　　　　　　　　　　　　/217
　　三、客房接待服务礼仪　　　　　　　　　　　　/220

任务二 旅行社服务礼仪	/224
一、旅行社门市接待服务礼仪	/225
二、计调人员服务礼仪	/227
三、导游人员服务礼仪	/229
四、旅行社特殊团队接待礼仪	/235

任务三 景区服务礼仪	/239
一、景区接待礼仪	/240
二、景区讲解服务礼仪	/243

任务四 会展服务礼仪	/246
一、会前准备礼仪	/247
二、会中接待礼仪	/251
三、会后服务礼仪	/255

参考文献 /259

项目一
旅游职业礼仪认知

  项目描述

  本项目详细介绍了礼仪及旅游职业礼仪的含义、礼仪的发展与特征、旅游职业礼仪的原则与特征、旅游职业礼仪的功能与作用,将旅游职业礼仪的认知知识与旅游服务情境案例相结合,树立学习者旅游职业礼仪意识,规范学习者的职业礼仪。

 项目目标

知识目标

1. 了解礼仪发展的历史脉络及功能、作用。
2. 掌握礼仪及旅游职业礼仪的基本内涵。
3. 熟练掌握旅游职业礼仪的原则及特征。

能力目标

1. 在旅游接待工作中,树立恰当展示服务礼仪的职业理念。
2. 在旅游接待工作中,融会贯通和把握从业人员应知应会的服务礼仪原则。

素养目标

1. 践行理论和实践的有机融合,养成学以致用的良好习惯。
2. 提升对品质服务的理解和追求,尊崇和弘扬工匠精神。
3. 增强中国"礼仪之邦"的自豪感,传承和弘扬中国礼仪文化。

知识导图

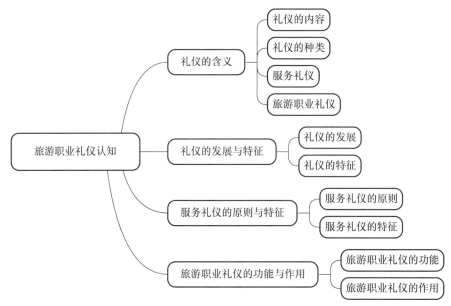

 项目引入

服务礼仪——旅游服务质量提升的关键抓手

服务礼仪在旅游行业中扮演着至关重要的角色,它是提升旅游服务质量、增强游客满意度和忠诚度的关键抓手。服务礼仪不仅能够直接影响游客的体验和满意度,还能够在更广泛的层面上促进旅游企业的发展和旅游目的地的品牌形象建设。文化和旅游部于2023年11月印发《国内旅游提升计划(2023—2025年)》,明确指出要提升旅游市场服务质量。强化旅游服务礼仪教育及培训,普及旅游服务礼仪标准及规范,是落实国家旅游提升规划的重要举措,具有重要的现实意义和实践价值。

任务一 礼仪的含义

任务描述:本任务详细介绍了礼仪的含义,包括"礼"与"仪"的内涵、礼仪的种类、服务礼仪的主要内涵等。

任务目标:了解礼仪及服务礼仪的基本含义,掌握礼仪的主要内涵及种类。通过本任务的学习,学习者能够对礼仪及服务礼仪建立清晰的认识,树立服务情境下礼仪先行的职业认知。

知行合一
Zhixing Heyi

程门立雪

杨时是宋代著名的理学家、教育家。早年，杨时为了求学先拜师于程颢。程颢去世后，杨时再拜程颐（程颢的弟弟）为师。据说，当时杨时和游酢去拜访程颐，正好遇到程颐在休息。他们不愿打扰老师，就默默地站在大门外等候。这时，天上飘起了大雪，鹅毛大雪在空中飞舞，刺骨的寒风冻得他们瑟瑟发抖。但是，他们仍旧毕恭毕敬地站在门外，丝毫没有动摇。当程颐醒来的时候，门外的积雪已经有一尺深了。程颐深为所动，将毕生所学传授给杨时。杨时在求学的过程中，始终保持着恭敬的态度，对老师的教导洗耳恭听，不敢有丝毫懈怠，终成大器。

分析

礼仪是传统文化的重要组成部分，它承载着历史和文化的积淀。在不同的文化和地域中，礼仪的表现形式和内容不尽相同，映照出各自独特的文化传统和价值观。系统全面地解读礼仪，对更好地理解和尊重不同文化背景下的礼仪规范具有重要的实践指导意义。

一、礼仪的内容

礼仪是人类文明的重要标志，它既是人们在社会交往中的行为规范与准则，也是体现一个人乃至一个民族、一个国家文化修养和道德修养的外在表现形式。

广义而言，礼仪是指人们在社会交往活动中形成的一系列行为规范与准则。这些规范与准则不仅涵盖了言谈举止、仪表仪容，还包括了待人接物、礼节仪式等诸多方面。其价值功能在于增进人们在交往过程中的理解、尊重，进而建立更加和谐的人际关系。

知识活页

古代日常生活中的礼仪

狭义而言，礼仪主要是指人们在社交场合中，如会议、宴饮、洽谈等所应遵循的礼节规程。这些礼节规程包括着装、举止、谈吐等方面的具体要求。在不同情境中，恰当运用礼仪不仅可以展示个体的良好修养和品性，亦能表达对他人的尊重，有助于促进人与人之间的交流与理解。

礼仪的主要内容包括礼节、仪式、礼俗、礼貌等。

（一）礼节

礼节是人们在日常生活中，特别是在交际场合中，相互表示尊敬、祝颂、致意、慰问以及给予必要协助和照料的惯用形式。它是关于待人态度的外在表现和行为规范，是礼仪在言语、行为、仪态等方面的具体形式。

礼节的表现形式多种多样，如握手、鞠躬、磕头等动作形式，以及问候、道谢等语言形式。上述形式都是为了向别人表达敬意和尊重，同时展示自身的礼貌和素养。在不

同国家和地区,礼节具有特殊差异性。如一些国家或地区的人们见面时行拥抱礼、合十礼、吻礼等,也有一些国家或地区的人们则选择以握手、鞠躬等礼仪方式表达问候致敬。这些礼节反映了不同文化的传统和价值观,也是人们在交流时需要了解和尊重的重要内容。

礼节是人际交往中不可或缺的重要组成部分。它不仅体现了对他人的尊重和关心,更是一个人的修养和素质的体现。在日常生活中,我们应该注重礼节,遵守社交规范,营造一个和谐、友好的社会环境。

(二)仪式

仪式是指一种正式的、具有特定程序和意义的典礼或活动,一般是为了纪念某个特定的事件、庆祝某个重要的时刻、表达某种特定的意义或目的而举行的。仪式通常具有固定的程序和步骤,参与者需要按照规定的方式进行表演或参与,以达到预期的效果。

仪式在人类社会中具有深远的历史和文化意义。它可以是一种宗教信仰的表现,也可以是一种文化传统的延续。无论是宗教仪式、婚礼、葬礼、毕业典礼抑或是国庆阅兵等,都是仪式的不同形式。这些仪式不仅具有象征性和意义性,还可以激发参与者的情感共鸣和集体认同感。

在现代社会中,仪式仍然扮演着重要的角色。它不仅是一种文化传统和宗教信仰的表达,也是一种商业营销和社会活动的手段。无论是企业开业庆典、产品发布会还是社会公益活动等,都可以通过仪式来达到宣传、展示和凝聚人心的目的。

仪式是一种具有特定程序和意义的典礼或活动,它在人类社会中具有深远的历史和文化意义,也是现代社会中不可或缺的重要组成部分。

(三)礼俗

礼俗指的是礼仪习俗,即婚丧、祭祀、交往等各种场合的礼节。它是人们在日常生活中形成并共同遵守的行为规范,是传统文化的重要组成部分。

礼俗内容繁多,包括冠礼、生辰、婚姻、祭拜、座次、丧葬等。在传统文化中,礼俗具有极高的地位,被视为维持社会秩序、促进社会和谐的关键因素。同时,礼俗也承载着丰富的历史文化内涵,反映了人们的思想观念、价值取向和审美追求。

在现代社会,尽管传统礼俗面临消失或淡化,但它仍然是人们社会生活中不可或缺的一部分。了解并遵守礼俗,有助于增进人际关系、促进社会和谐,也有助于传承和弘扬传统文化。

(四)礼貌

礼貌是一个重要的社交行为准则,指人的言语动作谦虚恭敬。礼貌是人类为维系社会正常生活而共同遵守的最起码的道德规范,它是人们在长期共同生活和相互交往中逐渐形成,并以风俗、习惯和传统等方式固定下来的。礼貌可能是人类文明史上最

话说"冠礼"

伟大的发明,它可以帮助人们解决很多的问题,如道德、利益、公平、地位等方面的问题。

在人际交往中,礼貌具体表现为热情地打招呼、主动让座、耐心倾听、不打断别人的话语、不随便插话、不强人所难、得到帮助时表达感谢等。

礼貌不仅体现了对他人的尊重,还体现了自身的修养和素质。在日常生活中,我们应该始终保持礼貌,营造一个和谐、友好的社会环境。

二、礼仪的种类

(一)宗教礼仪

宗教礼仪源于人们对自然、祖先和神灵的敬畏与崇拜。在远古时代,人类通过宗教礼仪表达对不可解释现象的敬畏,祈求风调雨顺、五谷丰登。伴随历史的演进,宗教礼仪发展为系列宗教仪式和祭祀活动。不同的宗教有着各自独特的礼仪体系,这些礼仪通常包含了祈祷、祭祀、庆典、忏悔、冥想、唱诵等多种表现形式。宗教礼仪不仅体现了信徒对神明或神圣事物的尊敬和信仰,也是宗教文化和精神生活的重要组成部分。

(二)政治礼仪

政治礼仪是与国家的政治活动相关的系列礼仪,是政治活动中不可或缺的一部分。在政治活动中,礼仪不仅代表了个人修养,更体现了对国家权力庄重而深沉的敬意。在诸如政治会议、接待外宾等场合,政治礼仪都发挥着举足轻重的作用。

政治礼仪强调着装庄重、朴素、大方。无论是国家领导人还是普通公务人员,其服装都应该体现出其身份地位,同时避免奢华夸张。例如,公务员在正式场合通常穿着深色西装,搭配白色或淡色衬衫,领带颜色则与西装和衬衫相协调,展现出一种稳重与职业的形象。

在会议或接见外宾时,政治礼仪要求参与者保持安静、尊重发言者,不随意打断或插话。在听取报告或演讲时,应当保持专注,并通过点头或微笑等方式表达认同与鼓励。

此外,政治礼仪还体现在对待外国元首或使节的态度上。在接见外宾时,通常会按照规定的程序进行,如行握手礼、合影等,这些都是表达友好与合作态度的礼仪形式。

政治礼仪的目的不仅是展示国家形象,更重要的是在交流中传达尊重与平等的信息。通过遵循政治礼仪,各国领导人和民众能够更好地理解彼此的文化和价值观,促进国际友好合作,助力世界和平与发展。

(三)生活礼仪

生活礼仪是人们在日常生活中和相互交往中应遵循的礼节和行为规范。生活礼仪通常体现了特定地域社会的风俗习惯和道德规范。生活礼仪涵盖了日常生活中的

知识活页

中国古语中的那些自谦词

知识活页

国际礼仪中礼炮鸣放的规定

各项社交活动和习俗。它涉及社会个体之间的交往、家庭成员之间的相处,以及婚丧嫁娶等礼仪活动。这些礼仪有助于维护和谐的人际关系,展现个人的修养和素质。在不同的文化背景下,生活礼仪可能有所差异,因此在跨文化交流时,了解并尊重对方的礼仪习惯尤为重要。

(四)军事礼仪

珍贵的家族聚餐

军事礼仪与战争和军事活动有关。在古代,军事礼仪包括出征、凯旋、祭祀英烈等仪式。这些礼仪不仅是为了纪念英勇的战士,也是为了鼓舞士气、凝聚军心。

作为军队生活的一部分,军事礼仪是军人在各种场合中所应遵循的行为准则。军事礼仪交织着纪律与尊重,它不仅体现了军队的纪律性,更展现了军人对于国家、对于职责的崇高敬意。

在军事礼仪中,敬礼是最常见的礼仪方式。无论是举手礼、注目礼还是举枪礼,都是军人向上级或国家象征表达敬意的方式。举手礼要求军人抬起右手接触帽檐,目光坚定,体现了军人的坚定与忠诚;注目礼则要求军人成立正姿势,目视前方,以目送和目迎来表达敬意;而举枪礼则通常在迎接外宾或执行特殊任务时使用,更为庄重和正式。

中国的国庆大阅兵

军人在着装和仪容上也有严格的要求。军人必须按照规定着装,保持军容严整,这不仅是对个体自身的要求,更是对国家和职责的尊重。同时,军人的头发也要保持整洁,男性军人不得留长发、大鬓角和胡须。女性军人则要求发辫不过肩,不得烫发。这些规定都体现了军人的纪律性和对职责的认真态度。

在军队中,称呼也是一种礼仪。上级对下级以及同级之间的称呼,通常使用姓名或姓名加同志的方式;下级对上级则使用首长或首长加同志的称呼。这种称呼方式不仅体现了军人之间的平等和团结,更体现了军人对于职责和荣誉的珍视。

军事礼仪是军队生活中的重要组成部分,它不仅规范了军人的行为举止,更塑造了军人的良好形象。通过运用和践行军事礼仪,军人能够更好地履行自己的职责,为国家和人民的安全与幸福贡献力量。

(五)节日礼仪

雪域高原的新年庆典

节日礼仪与丰富多彩的传统节日和纪念日相关,是指在特定节日或庆典中,人们遵循的一系列传统习俗和行为规范。这些礼仪不仅增添了节日的喜庆气氛,也有助于传承文化和强化社会联系。不同的节日有着不同的礼仪。人们通过庆祝节日来表达对传统文化的热爱和尊重,同时也能展示社会的和谐与繁荣。如春节、中秋节、清明节等传统节日都有相应的礼仪和习俗。节日礼仪不仅丰富了节日的内涵,也加强了人们之间的情感交流和社会联系。尽管不同的文化和地区之间节日礼仪各异,但共同目的都是表达庆祝和感恩,以及传承和弘扬传统文化。

总而言之,礼仪的种类繁多,每一种礼仪都有其独特的文化内涵和社会功能。它们不仅反映了人类社会的发展历程和文明程度,也体现了人们对美好生活的追求和向往。

（六）商务礼仪

商务礼仪是指在商务活动中，为了体现相互尊重，对商务活动参与方予以约束的一系列行为准则及规程。商务礼仪是商务人员在商务交往中所应恪守的行为规范，主要适用于商务人员之间进行有效沟通、处理所面临的人际关系等。

商务礼仪不仅有助于塑造个人及企业形象，提高客户满意度和美誉度，而且有助于达成提升企业经济效益和社会效益的目标。职业的形象和气质以及在商务场合中的礼仪运用，已成为在当今职场取得成功的重要手段。

商务礼仪的具体内容十分丰富，包括但不限于以下几种。

1. 洽谈礼仪

在商务洽谈时，应注视对方，认真倾听，以表达尊重。语速要适中，用词应得体。

2. 行为礼仪

例如握手礼仪，男士之间握手应微微使力，以表达高兴或感激。如需更进一步地表达，可以双手握对方的手。与女士握手时，应得到对方的允许。

3. 介绍礼仪

介绍他人时，通常应遵循先年轻后年长、先下属后上司、先女士后男士的顺序。

4. 餐桌礼仪

在用餐时，应使用公筷，避免大声说话或发出咀嚼声。餐具应轻拿轻放。剔牙时应用手遮挡。

5. 乘车礼仪

乘车时，上司或重要人物应坐在右后位，其次是副驾驶，最后是左后位。客人上车时，应做好协助，用手放在车门框上稍作遮挡，以防客人碰头。

6. 着装礼仪

商务着装应遵循符合身份、扬长避短、遵守惯例等原则，以展现专业、得体的形象。

总之，商务礼仪在商务活动中起着至关重要的作用，它不仅有助于建立良好的人际关系，提升企业形象，还能促进商务活动的顺利进行，实现共赢。因此，商务人员应充分了解并遵守商务礼仪，以展现自己的专业素养和良好形象。

三、服务礼仪

服务礼仪是指服务人员在工作岗位上，通过言谈、举止、行为等，对客户表示尊重和友好的行为规范和惯例。它是服务行业从业者必备的基本素质，也是提高服务质量、增强企业竞争力的重要手段。

服务礼仪包括但不限于以下几个方面。

（一）仪容仪表

服务人员应保持整洁、得体的仪表，包括穿着干净整齐的工作制服、保持头发干净整齐、妆容淡雅等。

（二）迎接礼仪

在服务过程中，服务人员应主动向客户问好、微笑示意，并引导客户就座。

（三）交流礼仪

在服务过程中，服务人员应与客户保持良好的沟通，注意语言文明、态度热情、耐心周到。同时，要尊重客户的隐私和权利，不泄露客户的个人信息。

（四）操作礼仪

在服务过程中，服务人员应遵循工作规范，熟练、准确地完成各项服务任务。同时，要注意保持工作区域的整洁和卫生。

（五）送别礼仪

在服务结束时，服务人员应向客户表示感谢和道别，并欢迎客户再次光临。

服务礼仪是服务行业从业者应遵守的行为规范，它不仅能够提升服务质量和客户满意度，还能够展示企业的形象和文化。因此，服务人员应该注重培养自己的服务礼仪素养，以提供更加优质、高效的服务。

四、旅游职业礼仪

旅游职业礼仪是服务行业礼仪的一个重要组成部分，它是指在旅游服务过程中，旅游从业人员通过一定的语言、行为和礼节，向游客表示尊重、友好和热情的服务规范和惯例。旅游职业礼仪旨在提高旅游服务质量，为游客提供更加舒适、便捷和满意的旅游体验。

旅游职业礼仪涉及的内容十分广泛，包括但不限于以下几个方面。

（一）仪表仪容

旅游从业人员应保持整洁、得体的仪表，穿着符合职业形象的工作制服，保持良好的个人卫生和形象。

（二）迎宾礼仪

在接待旅游宾客时，旅游从业人员应主动、热情、礼貌地向宾客问好，并介绍服务项目内容等相关信息。

（三）服务流程

旅游从业人员应遵循旅游接待服务流程规范，为宾客提供准确、及时、周到的服

职场中的点滴礼仪

务,确保消费体验的顺利进行。

(四)应对投诉

当宾客提出建议或投诉时,旅游从业人员应耐心倾听、认真记录,并尽快采取有效措施解决问题,以维护宾客的权益,提升宾客的满意度。

(五)尊重文化习俗

在接待服务过程中,旅游从业人员应尊重宾客的文化习俗和宗教信仰,避免不必要的误解或冲突。

旅游职业礼仪是旅游从业人员必备的基本素质,它不仅有助于提升旅游服务质量和宾客满意度,还能够展示旅游服务企业的形象和文化。因此,旅游从业人员应该注重培养自身旅游职业礼仪素养,以提供更加优质、高效、温馨的旅游服务。

知识活页
▼

旅游职业中的礼仪点滴

任务二　礼仪的发展与特征

任务描述:本任务从古代祭祀、宗法制度展开,系统梳理了礼仪的发展过程,并分析其在历史长河中的演变及影响。

任务目标:了解礼仪的发展脉络,掌握礼仪在各个发展阶段的代表性成果。通过本任务的学习,学习者能够对中外礼仪大事件有清晰的认识,建立对礼仪动态发展的认知,践行传承礼仪文化的使命担当。

知行合一
Zhixing Heyi

周公制礼乐

周武王灭商后,为了巩固新王朝的统治,任命周公为太宰,负责处理国家大事。周公深感责任重大,他认为,要想使周朝长治久安,就必须建立一套完善的礼仪制度来规范人们的行为,以此维护社会秩序和道德风尚。

于是,周公着手制定礼仪。他广泛收集古代礼仪的典籍和资料,结合周朝的实际情况制定了包括吉礼、凶礼、军礼、宾礼、嘉礼等在内的五礼制度。这套制度涵盖了社会生活的各个方面,从国家的祭祀、宴饮、朝会,到民间婚丧嫁娶、节庆活动等,都有详细的规定和要求。这为后世礼仪制度的发展奠定了坚实的基础,成为人们研习发展礼仪的重要参照。

分析
▼

一、礼仪的发展

礼仪的渊薮可以追溯至远古时代。从最初的简单形式到后来的复杂体系,礼仪在人类社会发展中扮演着不可或缺的重要角色,成为人类文明进步的重要标志。

(一)中国礼仪的发展

中国礼仪的产生与发展,与中华民族的历史、文化、哲学、伦理等诸多方面紧密相连,具有深厚的底蕴和独特的魅力。中国礼仪的历史悠久,可以追溯到古代的祭祀、宗法制度等。在历史的长河中,礼仪逐渐与伦理、道德、法律等相结合,形成了一套完整的礼仪体系。这一体系既是对个人行为的规范,更是对社会秩序和稳定的维护。

1. 礼仪的渊薮

礼物

在原始社会中晚期,人类逐渐告别茹毛饮血的莽荒生活,早期礼仪的萌芽开始酝酿。这一时期,受生产力水平局限,人类对风雨雷电等无法解释的自然现象心怀敬畏和崇拜,进而在敬畏大自然、崇拜祖先、祭天敬神的过程中萌发出最原始的礼仪。这些礼仪形式简朴、虔诚,反映了当时社会的主要意识观念。礼仪中经常会佐以物质供奉。其对于开化部落成员、规范生产和生活起到了重要作用。

2. 礼仪的形成

礼器

礼仪在夏、商、西周时期得到进一步发展。在这一时期,生产力水平提高,社会财富开始逐渐集中到少数人手中,阶级开始出现。统治阶级为了巩固自己的统治地位,将原始的宗教礼仪发展成符合奴隶社会政治需要的礼制。这个阶段的礼仪被打上了阶级的烙印,同时也逐渐形成了比较完整的国家礼仪与制度。

周代的《周礼》是我国最早的礼仪学著作,被后世誉为"礼经"。《周礼》中对礼法、礼义作了权威的记载和解释,并制定了礼仪制度的基本结构,将"礼"划分为五类,即"五礼"——吉、凶、军、宾、嘉。"五礼"对历代礼制有着深远的影响。

在西周时期,佩戴饰品饰物可以彰显活动仪式的规格层次,日常生活中尊老爱幼等礼仪传统逐步确立。

3. 礼仪的发展

"三礼"

春秋战国时期,诸侯列国纷争,天下"礼崩乐坏",礼仪进入了变革期。百家争鸣中,以孔子、孟子、荀子、管仲等为代表的诸子百家对礼进行了不同的解读和设计。这些思想建树推动了礼仪的发展。

孔子是中国古代的大思想家、大教育家,为历史文化的整理和保存做出了重要贡献。孔子认为:"不学礼,无以立。"(《论语·季氏篇》)他倡导:"质胜文则野,文胜质则史。文质彬彬,然后君子。"他要求人们用道德规范约束自己的行为,应力行"非礼勿视,非礼勿听,非礼勿言,非礼勿动"。他编订的《仪礼》,详细记录了战国以前贵族生活中的系列礼节仪式。孔子系统地阐述了礼及礼仪的本质与功能,将礼仪发展带到了一个新高度。

4. 礼仪的传承与变革

秦朝建立起中国历史上第一个中央集权的封建王朝,秦始皇在全国推行"行同伦"的统一改革,即在秦朝统治疆域内,推行衣食住行、风俗礼仪、信仰等的相对统一。秦朝的礼仪制度在中国历史上具有重要地位,它是在秦朝统一六国后,为了加强中央集权和维护社会秩序而建立的一套规范体系。这包括了对服饰、车马、乐器等方面的规定,以及对官员和民众行为的规范。秦朝的礼仪制度受到法家思想的强烈影响,强调法律的严格执行和对违规者的严厉惩罚。礼仪不再是单纯的道德规范,而是与法律紧密结合,成为国家治理的工具。秦朝的礼仪制度也因其过于严苛和烦琐而受到批评,特别是在秦朝末年,民众对繁重的礼仪和法律的不满成为导致秦朝灭亡的原因之一。

西汉初期,汉高祖刘邦命朝臣制定了朝礼之仪,发展了朝礼的仪式和礼节。后有董仲舒提出了"三纲五常"的礼仪规范。"三纲"即"君为臣纲,父为子纲,夫为妻纲"。"五常"即仁、义、礼、智、信。自此,"三纲五常"的礼仪规范成为中国整个封建时代的伦理圭臬。彼时,孔门后学编撰的《礼记》问世。

魏晋时期的礼仪变革与保守并存。一方面,有改革者试图简化和调整礼仪,以适应新的社会环境;另一方面,也有保守者坚持传统礼仪,强调其在维护社会秩序和道德规范中的重要性。礼仪在政治上的作用变得更加显著。礼仪不仅是维护社会秩序的工具,也成为政治斗争的武器。如曹操和曹丕通过改革礼仪来巩固自己的权威和地位。彼时,一些传统的礼仪被简化。如曹操对丧礼的改革,取消了"三年之丧"的规定,反映了当时对于丧礼的新态度和实际需要。同时,魏晋时期的士风以"清谈"著称,这种"清谈"文化在一定程度上影响了礼仪的实践。"清谈"中的自由讨论和个性表达,与传统礼仪的规范性形成了鲜明对比。

南北朝时期礼仪文书的制作、档案整理和文献编纂机制逐步成熟。这些文书不仅是礼仪活动的指导文件,也是政务运作的一部分。例如,举行礼仪活动前需要撰立仪注文书,这些文书成为王朝礼典指导礼仪实践的中介物。而仪注文书的积累、修订和汇总,最终促成了礼典的修撰。彼时,礼仪用乐得到了进一步的发展。音乐在国家礼仪中的作用被重视,礼仪用乐的结构形态和功能得到了系统的考察和研究。佛教和道教的兴起对南北朝的礼仪制度也产生了直接影响。宗教仪式中的礼仪元素被融入世俗礼仪中,同时也有世俗礼仪被宗教仪式所吸收。

隋唐时期的礼仪制度在中国历史上具有重要地位,这一时期的礼仪规范内容丰富,涵盖了冠婚丧葬、朝觐拜见、宾客接待等各个方面。隋唐礼仪的制定与实施,既体现了社会秩序的维护,又反映了当时人们对于道德、尊重与和谐的追求。《大唐开元礼》是唐代的一部重要礼书,在唐玄宗时期编纂,系统地总结了唐代的礼仪制度,反映了当时社会对礼仪的理解和实践,对后世产生了深远的影响。

五代时期虽然政治上分裂,但礼仪制度仍然受到重视,尤其是在皇帝祭天等重要礼仪上。根据历史记载,北方的五代政权与南方诸国纷纷举行皇帝祭天礼仪。这些礼仪在北方五代政权中表现得较为严谨周备,而在南方诸国中则多草率简略。皇帝祭天礼的举行与各政权宣示自身统治的正统性的意识直接相关。五代时期的礼制与政治紧密相关。礼仪不仅是维护社会秩序的工具,也是政治斗争的武器。如后梁太祖朱温在建立政权后举行了祭天礼仪,以此宣示其政权的合法性和正统性。五代时期的礼制也与宗教有所交融。例如,佛教和道教的礼仪在这一时期得到了发展,与国家礼制产生了互动。

宋代射礼

宋代时,家庭礼仪研究成果卓著是宋代礼仪发展的一大特点。在大量家庭礼仪著作中,北宋史学家司马光的《涑水家仪》和南宋理学家朱熹的《朱子家礼》较为著名。此外,射礼成为当时的一项重要礼仪活动。射礼在宋代不仅是一种体育活动,更是一种带有浓厚政治色彩和文化内涵的礼仪形式。

元代的礼仪在很大程度上反映了蒙古族和汉族文化的融合,同时也体现了严格的等级制度和对尊卑有序的尊崇。元代非常重视祭祀活动,祭祀对象包括天地、宗庙、社稷、先圣等。

明代的礼仪著作宏富,不仅详细记录了当时的礼仪规范,还反映了明代社会的风俗习惯和道德观念。其中,《大明集礼》由明太祖朱元璋亲自指导编修,它在传统的"五礼"(吉礼、凶礼、军礼、宾礼、嘉礼)基础上,增益了冠服部分,使明朝的服制跃居历代之首。《洪武礼制》作为明朝初期的重要礼仪著作,它详细规定了各种场合的礼仪程序和细节,体现了明代礼仪的庄重和严谨。《礼制集要》则是对明代礼仪制度的总结和提炼,它简明扼要地阐述了各种礼仪的要点和精髓,成为后人学习明代礼仪的重要范本,也为现代社会的礼仪文化建设提供了有益的借鉴和启示。

清朝建立后,满汉等民族的礼仪融合发展。清代礼仪是中国封建社会礼仪的集大成者,其烦琐复杂,注重细节和程序。在宫廷中,各种庆典、祭祀、朝会等场合都有着严格的礼仪程序,需要参与者按照规定的步骤和要求进行。到了清代后期,王朝腐败没落,民不聊生。因为战乱与赔款造成的国库空虚无力供养,作为体现国家实力与皇室威严的仪仗队被压缩及至解散。传统礼仪整体陷入衰落。随着西学东渐,一些西方礼仪也传入中国,对中国传统礼仪的冲击极大。

5. 礼仪的新旧交替

中华民国时期的礼仪在一定程度上延续了传统礼仪的元素,同时又受到了西方文化的影响,呈现出新旧交融的特点。

民国时期的礼仪教育

一方面,传统的社交礼俗和祭典礼俗仍在社会上占据主导地位。如见面时的作揖、拱手、请安等礼节,以及称谓上的"大人""老爷""太太"等,尚普遍存在于社会生活中。这些礼节体现了对长辈和尊者的尊重,也反映了当时社会的等级观念。

另一方面,在西方文化的传入和民国政府的推动,一些旧的礼节逐渐被废除,新的礼节开始兴起。1912年中华民国成立后,政府曾明令废除社交中的叩拜等旧礼节,改行鞠躬礼。同年,民国政府还公布了《中华民国礼制》,以法律的形式确立了新式礼节的合法地位。这些改革引导当时的民众在社交场合注重仪表和态度,尊重他人。

6. 礼仪复兴与发展

自中华人民共和国成立以来,我国礼仪文化经历了一系列重要的复兴和发展。这一过程不仅体现了国家对传统礼仪文化的重视,也展示了礼仪文化在现代社会中的新活力和价值。

首先,国家公共生活中的礼仪礼典建设日趋完善。其中包括纪念庆典活动、宣誓就职仪式、功勋荣誉颁授仪式、阅兵仪式、外事礼仪、治丧哀悼、元旦及春节致词与庆贺礼仪、先烈纪念日礼敬仪式、清明祭扫英烈的活动仪式等,为凝聚民心民力提供了重要精神与情感助力。

其次,在国家重特大事件中,大型仪式活动充分彰显了礼仪文化的别样力量。如自然灾害发生之际、展会赛会举办之际、国家举行的盛大仪式等,这些活动都体现了礼仪文化的仪式感、参与感、融入感,对于构建现代国家文明具有重大价值与特别意义。

再次,一些传统礼仪习俗也在现代社会中得到了新的传承和发展。例如,地坛的庙会、祭祀等活动,祭孔大典、成人礼等活动不仅吸引了大量民众参与,也促进了传统礼仪的传承弘扬。

最后,典礼制度的制度化、法治化建设得到长足发展。2014年,十二届全国人大常委会第十次会议以法律形式设立烈士纪念日,为开展烈士纪念日敬献花篮仪式提供了法律保障;2015年,全国人大常委会通过《中华人民共和国国家勋章和国家荣誉称号法》,有关方面分别制定党内、国家、军队三个功勋荣誉表彰条例,在此基础上分阶段逐步完善相关配套政策法规。又如宪法宣誓制度,2016年1月1日起正式实施《全国人民代表大会常务委员会关于实行宪法宣誓制度的决定》(2018年全国人大常委会又作出修订);2016年7月20日,国务院常务会议还通过了《国务院及其各部门任命的国家工作人员宪法宣誓组织办法》。

综上所述,中国礼仪文化在现代社会中得到了广泛的关注和重视。这些大事件的发生,不仅推动了传统文化的复兴和发展,也展示了礼仪文化在现代社会中的重要性和价值,中华礼仪体系构建日趋丰实。

知识活页 ▼

新时代礼仪制度彰显中国政治文明风范

(二)国际礼仪的发展

在中国礼仪传承发展的同时,世界其他国家地区也都形成了颇具地域特色的礼仪。这些礼仪与当地的历史、文化、宗教、哲学等紧密相连。其独特的传统和优雅的呈现,与中华礼仪一并构成了丰富多彩的国际礼仪。

受历史发展影响,欧美国家的礼仪具有较广泛的地域认同基础。欧美礼仪的产生和发展是一个多元化、多层次的互动过程,既包含了宗教的影响和历史的积淀,也包含了文化的融合和社会的变迁。这一过程不仅成就了欧美礼仪的独特传统和礼俗,也为欧美文明的发展提供了有力的支撑和推动。在欧美国家中,宗教尤其是基督教对礼仪的影响广泛而深远。从早期的教会仪式和圣礼,到后来的宫廷和贵族礼仪,再到日常生活中的各种场合,宗教教义为礼仪提供了理论基础和实践指南。基督教礼仪是指基督教教会中举行的各种宗教仪式和活动。这些礼仪体现了基督教的信仰和教义,是信徒宗教生活的重要组成部分。美国的礼仪体现了其多元文化和个人主义的价值观。在社交场合,应避免主动谈论政治、宗教或个人收入等可能引起争议的话题。

俄罗斯人在初次会面时通常会行握手礼。对于熟悉的人，尤其是在久别重逢时，他们可能会热情拥抱。在迎接贵宾时，俄罗斯人可能会献上面包和盐，这是给予对方的一种极高的礼遇。俄罗斯人非常看重人的社会地位，因此对有职务、学衔、军衔的人，最好以其职务、学衔、军衔相称。在社交场合，俄罗斯人喜欢热情、豪放的交流方式。

英国以其传统、保守和礼仪闻名于世。英国礼仪体现了其深厚的文化历史和社会规范。英国人非常重视礼貌和尊重，无论是在言语还是行为上。在交流中，他们通常会使用"请""谢谢"和"对不起"等礼貌用语。英国有着深厚的排队文化。无论是在公共交通、商店还是其他服务场所，人们都会耐心排队等候，插队被认为是非常不礼貌的行为。英国人通常尊重个人空间，不喜欢在公共场合有过多的身体接触。在交谈时，保持适当的距离是很重要的。英国餐桌礼仪非常讲究。使用刀叉时，应遵循"左叉右刀"的原则。在用餐过程中，应等待所有人都被服务完毕并由主人开始进食后才开始。用餐结束后，刀叉应并排放在盘子上，表示已经吃完。英国人非常守时，迟到被认为是不礼貌的。如果有事不能按时赴约，应提前通知对方。在社交场合，英国人通常避免谈论政治、宗教或个人财务等敏感话题，以免引起不必要的争议。

亚洲的日本、韩国、新加坡、印度等国家，其礼仪文化各具特色，呈现出独特的魅力。日本礼仪受日本文化、宗教、社会结构等影响，古代日本礼仪植根于神话传说和宗教信仰中。明治维新以后，西方文化和礼仪开始影响日本。在这个过程中，日本礼仪逐渐融合了西方的一些元素，形成了独特的现代日本礼仪文化。韩国礼仪发展过程中，形成了独特的人生礼仪文化。这些礼仪围绕着人的诞生、成人、婚姻、丧葬等重要节点展开，构成了一套完整繁复的礼仪体系。新加坡是一个多元文化的国家，其礼仪习俗融合了中国、马来西亚、印度等多种文化元素，形成了独特而丰富的礼仪传统，如禁止在公共场合吸烟、禁止吃口香糖等，展现了其作为现代化城市的文明和秩序。印度是一个多元文化和宗教的国家，其礼仪和风俗习惯深受各种宗教、地区、社会阶层及历史传统的影响。印度的节日众多，每个宗教都有特定节日，如洒红节、排灯节等，信徒会通过各种仪式和活动予以庆祝。

非洲是一个文化多样性的大陆，因此其礼仪习俗也异彩纷呈。在非洲，一种常见的打招呼方式是举起右手、手掌向着对方，这表示"我的手并没有握石头"，象征着友好与和平。这种习俗在非洲各地可能有所不同，但都传达了友好的意图。在非洲，握手和拥抱是常见的见面礼节，握手时应该握得有力，以表示真诚和尊重。人们通常使用尊称来称呼对方，以表达敬意。而在商务场合中，保持礼貌和尊重是尤为重要的。在非洲，强调肤色差异是一个大忌。在埃塞俄比亚等国家，与当地人交谈或碰面时，应避免不转睛地瞪着对方。非洲人普遍认为相机能够吸收被拍摄物体的"精气"。因此，在拍摄人、房屋或家畜之前，应先征得对方的同意，以免引起不快或冲突。在北非的某些地区，主人会为客人煮三小碗茶，然后再煮自家人的。如果客人喝不完三碗茶，最好在第一碗时就谢绝，否则只喝一碗是对主人的不敬。

大洋洲的礼仪习俗因国家和文化的不同而呈现多样性。澳大利亚民众注重礼貌

知识活页

关于"小费"的那些礼仪

知识活页

埃及游小礼仪

和公共秩序,约会时往往需要事先联系并准时赴约。在新西兰,人们见面和告别时通常会握手,鞠躬和昂首是他们的通用礼节。此外,大洋洲的土著居民在社交场合通常会通过歌舞和特定的礼节来表达对客人的尊重和欢迎。

在全球化的今天,国际交流日益频繁,了解和掌握不同国家的主要礼仪,有助于提升个人的国际形象和竞争力。同时,深谙国外礼仪有助于增进不同文化之间的理解和交流。此外,掌握国外礼仪也是提升国际形象、增强国际影响力的重要手段。通过遵循国际礼仪规范,我们可以更好地展示我国的开放姿态和合作精神,吸引更多的国际合作伙伴,共同推动全球进步与发展。

知识活页
中国人文精神的见面礼——拱手礼

二、礼仪的特征

礼仪特征作为人类文明的瑰宝和社会交往的精髓,不仅体现了人类社会的文明程度,更反映了人们的道德观念和价值追求。在多元化的现代社会中,礼仪的特征愈发显得丰富多彩。通过深入理解和实践礼仪特征,不仅能够提升个体的修养和形象,更能够为社会的和谐与进步贡献力量。礼仪作为一种行为规范,通过一系列的仪式、礼节和行为规范来体现,具有以下特征。

知识活页
周恩来与中国外交礼宾工作

(一)传统性与时代性

作为人类社会文化的重要组成部分,礼仪既承载着深厚的传统性,又展现出鲜明的时代性。这两者并不是相互排斥的,而是相互融合、相互促进的。

传统性是礼仪的根基和灵魂。它代表了人类社会的历史积淀和文化传承,是礼仪稳定和连续性的保证。传统礼仪的形式和内容,经过世代相传和发展,已经深入人心,成为民族文化不可或缺的组成部分。这种传统性让礼仪在传承中保持了其独特的魅力和价值,成为区分不同民族文化的重要标志。

时代性赋予礼仪持久旺盛的发展活力。随着社会的发展和时代的进步,礼仪也在不断地演变和创新,展现出鲜明的时代性特征。这种时代性体现在礼仪的变革性、创新性和多元性上。礼仪需要与时俱进,适应现代生活的需求,融入现代元素,以此更加贴近现代生活。同时,全球化的进程也加速了地域文化之间的交流融合,使得礼仪呈现出多元化的趋势。这种多元化既体现在不同民族、不同地区之间的礼仪差异上,也体现在新旧礼仪之间的融通与创新上。

传统性与时代性的融合,使得礼仪在保持其稳定性的同时,又具有活力和创新性。这种融合不仅体现了礼仪的历史传承和文化积淀,也展现了礼仪在现代社会中的发展和创新。这种融合让礼仪成为一个动态的系统,既能够承载过去的记忆和文化,又能够迎接未来的挑战和创新;不仅促进了人类社会文化的进步和发展,也使得礼仪成为连接过去和未来的桥梁。

知行合一

中式婚礼的"融"与"变"

在一座具有历史底蕴的庭院式酒店中,一场别具一格的现代中式婚礼正在上演。新人小李和小张选择了用传统与现代融合的方式来举行他们的新婚庆典。

婚礼前夕,庭院内挂满了红色的灯笼和喜字,渲染营造出浓厚的喜庆氛围。酒店的大堂布置得古色古香,中央摆放着一座精美的传统中国结装饰,两侧则是摆放着精致的茶具和点心。

婚礼当天,小李和小张身着精美的汉服,手牵手走进大堂。在主持人的引导下,他们首先进行了传统的拜堂仪式,向天地、父母和亲友表达敬意和感激之情。随后,他们按照现代婚礼的流程,宣读了誓词并交换了戒指。

婚礼上的细节也尽显传统与现代的完美结合。婚礼的背景音乐融合了古典和现代元素,既有传统的中国乐器演奏的古典音乐,也有现代流行乐队的演奏。婚礼现场的互动区域,则设置了供来宾亲自动手体验的剪纸、拓印等传统工艺项目。

此外,婚礼的餐饮也融合了中西元素。除了传统的中式餐桌外,还设置了西式自助餐区,供来宾自由选择。而每一道菜品都精心设计,既保留了传统的味道,又融入了现代的创意。

(二)普遍性与差异性

礼仪作为一种社会行为规范,既有其普遍性,也存在差异性。普遍性体现在礼仪的基本原则和价值观上,而差异性则体现在不同文化和社会背景下的具体表现形式上。

首先,礼仪的普遍性体现在对尊重、谦逊和友好的追求上。在不同的文化或社会环境中,尊重他人、谦逊待人、友好相处成为人们普遍信奉的共同理念。这些价值观是礼仪的核心,有助于促进人际关系的和谐融洽。

然而,礼仪的具体表现形式却存在明显的差异性。这种差异性主要源于不同文化和社会背景下的历史、传统、习俗等因素。例如,在亚洲文化中,鞠躬是一种常见的问候方式,而在欧洲国家,握手则更为普遍。又如,在某些地区,直接称呼他人的名字可能被视为友好和亲近,而在另外一些地区,直呼其名则可能被视为不礼貌或冒犯。

尽管存在上述差异性,但礼仪的普遍性与差异性并不是相互排斥的,而是可以相互融合的。在现代社会中,随着全球化的推进和跨文化交流日趋频繁,人们愈发意识到理解和尊重不同文化背景下的礼仪差异的重要性。通过学习和理解跨文化的礼仪,我们可以更好地适应更加广泛的社交场合,促进跨文化交流和理解。

综上所述，礼仪既有普遍性，也存在差异性。我们应该在尊重和理解差异性的基础上，学习和适应不同文化背景下的礼仪，以促进人际关系的和谐融洽，推动跨文化交流和发展。

（三）规范性与灵活性

礼仪的规范性主要体现在其为社会成员提供了明确的社交行为准则。这些准则以社会公认的价值观和道德观为基础，通过一系列具体的行为规范和社交规则，为人们在各种场合中的行为提供了明确的指导。无论是正式场合的着装要求、称呼礼仪，还是日常交往中的礼貌用语、尊重他人的行为准则，都是礼仪规范性的重要体现。

礼仪并非一成不变。相反，它在保持规范性的基础上，展现出适度的灵活性。这种灵活性使得礼仪能够适应不同的文化、地域和时代背景，满足人们多样化的社交需求。在跨文化交流中，礼仪的灵活性尤为重要。通过了解并尊重不同文化的礼仪规则，人们可以在保持自身文化特色的同时，实现有效沟通与和谐相处。

在实际应用中，礼仪的规范性与灵活性是相互统一、相辅相成的。人们在遵循基本礼仪规则的基础上，需要根据具体情境进行适度调整和创新。这种调整和创新既是对礼仪规范性的尊重，也是对其灵活性的践行。例如，在国际交往中，我们既要遵循基本的国际礼仪规则，又要考虑到不同国家、不同民族的文化差异和习惯，以实现和谐共处的目标。

因此，礼仪的规范性与灵活性是相辅相成的两个方面。只有在充分理解和尊重礼仪规范性的基础上，我们才能根据不同的需求和情境展现出适度的灵活性，从而实现社交活动的和谐与有效。

（四）自律性与互律性

在深入剖析礼仪的内涵时，我们不难发现其自律性与互律性的双重特性。这二者虽然表面看似有所冲突，但实际上却是相互依存、互为补充的。

首先，礼仪的自律性主要体现在个体的自我约束与管理上。这种自我约束源于个体对礼仪内在价值的认同，以及对个人行为社会责任属性的认同。一个真正具备礼仪自律的人，无论在公共场合还是私人领域，都能够表现出得体、尊重他人的行为举止。这种自律性不仅是个人素质的向上生长，更为社会和谐稳定提供了重要保障。

其次，礼仪的互律性还体现在社交场合中人们之间的相互约束与规范。这种互律性要求人们在交往过程中，不仅要尊重他人的感受和需求，还要对自己的行为进行适度的克制和调整。通过互律性的实践，人们可以共同维护良好的社交秩序，营造和谐愉快的交往氛围。

自律性与互律性有效融合的路径需要不断实践与思考。一方面，通过自我教育和自我约束以提升自身礼仪素养，确保在不同场合能够表现得体，尊重他人。另一方面，尊重他人的感受和需求，通过相互理解与包容来维护良好的社交关系。同时，我们还可以通过学习和借鉴他人的优秀礼仪实践，以及加强交流与沟通来增进彼此之间的理解与信任。

知识活页

形形色色的见面礼仪

知识活页

如何正确践行"女士优先"的原则

礼仪的自律性与互律性是构成其完整内涵的两个重要方面。通过不断的实践与思考,我们可以将这两者有效融合,提升自己的礼仪素养,同时也为社会的和谐稳定做出积极贡献。在未来的社会发展中,随着人们对礼仪的重视与实践的深入,我们有理由相信,一个更加文明、和谐的社会环境正在形成。

(五)民族性与世界性

礼仪的民族性与世界性特征,在"各美其美""美美与共"中共同推动着人类文明的进步。

首先,礼仪的民族性体现了各民族的独特性与多样性。不同民族在历史、文化、宗教和习俗等方面的差异,使得礼仪呈现出丰富多彩的形态。例如,东方礼仪注重谦逊、尊重与和谐,强调人与人之间的情感纽带;而西方礼仪则更加注重个人独立、平等与公正,注重规则与程序。这些不同的礼仪传统,不仅展示了东西方的独特魅力,也为世界文化的繁荣与发展作出了重要贡献。

其次,随着全球化的深入发展,礼仪的世界性特征也日益凸显。在国际交往中,尊重他人、遵守公共秩序、注重个人形象逐渐成为共识。这些基本的礼仪规则,不仅有助于促进两国之间的友好合作,也有助于维护社会秩序与公共利益。

在全球化背景下,礼仪的民族性与世界性并非相互排斥,而是可以和谐共存的。我们应当在尊重各民族独特礼仪传统的同时,积极推广和普及国际通用的礼仪规则。这样不仅有助于增进不同民族之间的相互理解与尊重,也有助于推动人类社会文明的和谐发展。

(六)情感性与象征性

礼仪作为人类社会文化的重要组成部分,其独特的魅力源于情感性与象征性的完美结合。这种融合不仅为人们的交往提供了丰富的情感表达途径,同时也成为传递社会价值观和文化传统的重要媒介。

从情感性的角度来看,礼仪是一种情感的传递和表达。无论是庆祝、纪念,还是悼念、道歉,都蕴含着丰富的情感色彩。例如,在奥运会开幕式上,各国代表团依次入场,运动员们身着国家队服,挥舞着国旗,这不仅是对他们运动能力的展示,更是对国家和民族的荣誉感和归属感的强烈表达。当运动员在赛场上取得优异成绩时,颁奖仪式上的升旗、奏唱国歌等环节,更是将运动员、观众和整个国家的情感紧密地联系在一起,形成了一种强烈的集体荣誉感和民族自豪感。

同时,礼仪的象征性则体现在其代表着某种意义或价值。礼仪往往是一种社会规范的体现,代表着某种道德、伦理或文化价值观。在不同的文化和社会背景下,礼仪通过其象征性特征,传递着特定的文化价值观,也在一定程度上塑造着人们的行为模式和社会关系。例如,在一些文化中,鞠躬是一种表示尊重和谦逊的礼仪行为;而在另一些文化中,握手则代表着友好和合作。这些象征性的礼仪行为,不仅丰富了人们的交往方式,也促进了不同文化之间的交流与理解。

知识活页

喜迎八方来客 共享亚运繁华

礼仪的情感性与象征性特征的融合,不仅使得礼仪成为表达情感、传递价值观的重要工具,也展现了人类文明的独特魅力与创造力。深入理解和体验礼仪的情感性与象征性特征,可以更好地领悟人类文化的博大精深,也可以更好地促进人与人之间的交流与理解。

(七)实用性与审美性

礼仪不仅具有实用性,还具有审美性。从实用性来看,礼仪能够帮助人们建立良好的第一印象,促进有效沟通,解决矛盾冲突,甚至影响商业决策。例如,在商业谈判中,得体的礼仪举止有助于建立良好的合作关系;在社交场合中,优雅的礼仪则能够提升个人的魅力和吸引力。从审美性来看,礼仪本身就是一种艺术。优雅的礼仪举止和精致的礼仪用品,不仅能够提升个人的气质和品位,还能够为社交场合增添美感和愉悦氛围。因此,学习和实践礼仪不仅是一种社会责任和义务,更是一种提升自我价值和追求美好生活的途径。

综上所述,礼仪具有传统性与时代性、普遍性与差异性、规范性与灵活性、自律性与互律性、民族性与世界性、情感性与象征性、实用性与审美性等多重特征。这些特征共同阐释了礼仪文化的丰富内涵和独特魅力,使礼仪在人类社会中发挥着不可替代的重要作用。通过学习和实践礼仪,人们可以提升自己的社交能力和综合素质,促进社会的和谐与发展。同时,礼仪也是一种跨越国界的文化交流桥梁,有助于增进相互理解和友谊,促进世界和平与发展。

任务三　服务礼仪的原则与特征

任务描述:本学习任务旨在帮助学习者全面了解服务礼仪的基本原则和主要特征,并通过实践应用提升个人的服务技能和礼仪水平。学习者需要通过学习掌握服务礼仪的原则,了解其特征,并用以指导服务情境下的礼仪实践。

任务目标:深入了解并掌握服务礼仪的基本原则和主要特征,提高个人服务礼仪素质,增强跨文化沟通能力,并具备创新思维和解决实际问题的能力。通过本任务的学习,学习者能够掌握专业、高效、贴心服务应遵循的原则与特征,树立并维护企业品牌形象。

服务礼仪增彩文化之旅

某国际旅行社的导游小安带领着一群来自英国的游客参观。小安深知旅游服务礼仪对于提升游客体验的重要性,因此在整个行程中,他始终保持着热情、专业和耐心的服务态度。

小安知道英国人的时间观念强,且特别注重社交礼仪。于是,小安每次出团之前都留足时间,确保提前到岗恭候宾客。同时,还特别注重自己的仪表和仪态。他穿着整洁的导游服,佩戴着专业的导游证,言行举止得体大方,给外宾们留下了深刻的印象。而与外宾交流时,他也谨记热情有度、保持必要距离,避免涉及客人的隐私。他的每一个细节都彰显着对旅游行业的尊重和热爱,也表达了他对外宾礼仪习惯的认同和尊重。

服务礼仪主要指的是礼仪在服务行业中的具体运用,是服务人员在自己的工作岗位上所应严格遵守的行为规范,也是他们向服务对象提供服务的标准做法。它涵盖了服务人员的仪容规范、仪态规范、服饰规范、语言规范和岗位规范等多个方面。服务礼仪不仅是对服务人员的行为规范,更是提高服务质量、提升客户满意度的重要手段。通过遵守服务礼仪,服务人员可以展现出自己的专业素养和服务态度,树立并维护企业的形象和声誉。

一、服务礼仪的原则

在现代服务业中,服务礼仪的重要性不言而喻。它不仅是一种表面仪式,更是一种深入人心的艺术。优秀的服务礼仪,如同春风拂面,给客户带来温暖与舒适,同时也为企业塑造出良好的形象。因此,对于服务人员来说,掌握服务礼仪的原则就如同掌握了一把通往成功之门的钥匙。

(一)尊重原则——奠定礼仪之基

尊重是服务礼仪的首要原则,在服务礼仪中占据着至关重要的地位。无论是服务供给者还是服务接收方,都应当相互尊重,以此建立良好的服务关系。

1.尊重原则强调对个体尊严的尊重

每个人都应被视为独特的个体,拥有自己的价值和尊严。在服务过程中,服务人员应始终保持着谦和的态度,以尊重的眼光看待每一位宾客。无论是面对社会名流,还是普通大众,都应一视同仁,给予同等的尊重。尊重体现在语言的礼貌、态度的谦逊以及行为的得体上。服务人员应避免使用冒犯性的语言或做出不适当的举止,而是要以一种友好、尊重的方式与宾客交流。服务供给者应尊重宾客的个人特点、需求和偏好,以真诚、友善和耐心的态度对待宾客。同时,服务接收方也应尊重服务提供者的劳动成果,不滥用服务,保持礼貌谦逊。

2.尊重原则要求服务提供者具备良好的职业素养

服务提供者具备良好的职业素养包括遵守服务行业的规范和标准,保持专业形象,提供高质量的服务。服务提供者应不断提升自己的专业知识和技能,以满足宾客的需求,并始终保持对宾客的尊重和关注。

3. 尊重原则强调对文化差异的尊重

在全球化的背景下,服务提供者可能会遇到来自不同文化背景的宾客。在这种情况下,服务提供者应尊重宾客的文化习俗和信仰,避免对宾客的文化进行贬低或误解。同时,服务提供者也应积极了解和学习不同文化,以提高跨文化沟通的能力储备。

综上所述,服务礼仪的尊重原则要求服务提供者和服务接收方相互尊重、相互理解,以建立良好的服务关系。通过遵循尊重原则,可以提高服务质量和客户满意度,为企业增值积极赋能。

知识活页

中国古代的尊称

(二)诚信原则——筑造信任之桥

诚信是服务礼仪的基石。在与客户交往中,服务人员应该始终保持诚实守信的态度,对待客户要真诚,不夸大其词,不隐瞒事实,为客户提供准确、可靠的信息和建议,避免误导客户或提供虚假信息,以一种负责任的态度为客户解决问题和提供帮助。诚信原则要求服务人员保持诚实和透明,不隐瞒对客户不利的信息,从而赢得客户的信任和尊重。同时,服务人员应该遵守承诺,一旦向客户做出了承诺,就必须全力以赴去实现,以赢得客户的信任和尊重。当服务人员恪守诚信准则时,客户会感到被尊重和珍视,从而更加信赖和依赖企业。

诚信是一个道德范畴,是公民的第二个"身份证",是日常行为的诚实和正式交流的信用的统称。诚信泛指为人处事真诚、老实、讲信用,一诺千金等,诚信主要表现在两个方面:一是为人处事真诚、实事求是;二是信守承诺。

诚信是社会主义核心价值观重要内容之一,诚实守信是践行社会主义核心价值观的实践要求。诚信是公民道德的基石,既是做人做事的道德底线,也是社会运行的基本条件。现代社会不仅是物质丰裕的社会,也应是诚信有序的社会;市场经济不仅是法治经济,也应是信用经济。"人而无信,不知其可也。"失去诚信,个人就会失去立身之本,社会就失去运行之轨。

我们倡导的诚信,就是要以诚待人、以信取人,说老实话、办老实事、做老实人。激发真诚的人格力量,以个人的言行遵守信诺,构建言行一致、诚信有序的社会;以良好的信用关系,营造"守信光荣、失信可耻"的风尚,增强社会的凝聚力和向心力。

(三)平等原则——构建服务之公

平等是服务礼仪的准绳。平等即要求服务提供者对待每一位客户都要一视同仁,不偏袒、不歧视,让每一位客户都能感受到尊重和关爱。平等原则的核心是尊重客户的权利和尊严,不论客户的身份、地位、财富等方面的差异,服务提供者都应该给予他们同等的关注和尊重。这意味着服务提供者需要保持礼貌、友善、耐心的态度,不因为客户的个人特征而有所偏见或歧视。

在服务过程中,平等原则还体现在服务提供者与客户之间的沟通和交流上。服务提供者需要倾听客户的需求和意见,尊重客户的想法和选择,不强行推销或强加自己的意愿。同时,服务提供者也需要向客户传递清晰、准确、及时的信息,确保客户能够充分了解服务内容和流程。

在构建服务环境时,平等原则同样重要。服务提供者应努力营造一个公正、透明和尊重的服务环境,确保每位客户都能享受到公平对待。通过遵循平等原则,服务提供者不仅能够赢得客户的信任和支持,还能为企业树立良好的口碑,从而推动企业的持续发展。

(四)专业原则——展现服务之魂

专业是服务礼仪的灵魂。服务人员应具备专业的知识和技能,以提供高质量的服务。服务人员要熟悉自己所在行业的规范和标准,了解客户的需求和期望,并具备解决问题的能力。在服务过程中,服务人员应展现出专业素养和高效的工作能力,以赢得客户的信任和满意。无论是面对复杂的问题还是琐碎的事务,服务人员都应保持冷静和专注,以专业的态度为客户提供满意的解决方案。当服务人员以专业的知识和技能为客户提供服务时,不仅能够提升客户的满意度,还能为企业树立良好的品牌形象。

(五)热情原则——点燃服务之火

热情是服务礼仪的重要体现。服务人员应以积极的态度对待工作,以热情和友好的方式对待客户。服务人员要主动向客户问候、微笑,并为客户提供周到的服务。热情原则要求服务人员具备良好的心态和情绪管理能力,将正能量传递给客户,营造愉快的服务氛围。当服务人员以热情的态度对待客户时,客户会感到被关注和重视,从而更加愿意与企业建立长期合作关系。

(六)细致原则——雕刻服务之细

在服务礼仪中,细致入微的要求至关重要。服务人员应关注每一个细节,从客户的言行举止中捕捉需求,提供个性化的服务。其应该仔细倾听客户的意见和建议,并及时做出回应。细致原则要求服务人员具备敏锐的观察力和良好的沟通技巧,以满足客户的期望和需求。无论是为客户倒上一杯热茶,还是为客户解答一个疑难问题,服务人员都应尽心尽力、照顾周全。当服务人员以细致的态度对待客户时,客户会感到被关心和照顾,从而更加满意和感激企业的服务。

(七)效率原则——追求服务之速

在快节奏的社会中,效率是客户非常看重的因素之一。服务人员应尽量缩短客户等待的时间,提高服务效率。服务人员要熟练掌握工作流程和技巧,迅速对客户的问题予以应答。同时,服务人员还应主动向客户说明服务进度和安排,保持与客户的良好沟通。当服务人员以高效的态度对待工作时,客户会感到被尊重和珍视,时间效益显著,从而更加信任和依赖企业。

（八）适度原则——把握服务之度

适度原则是指在服务过程中，服务人员应根据客户的需求和期望，提供恰到好处的服务。过度或不足的服务都可能影响客户的满意度。服务人员应敏锐观察客户的反应和需求，调整自己的服务方式和态度，确保服务既不过于烦琐也不过于简单。适度原则要求服务人员具备良好的判断能力和应变能力，以提供恰到好处的服务体验。当服务人员以适度的态度对待客户时，客户会感到被理解和满足需求，从而更加认可和青睐企业的服务。

（九）持续改进原则——塑造服务之未来

服务礼仪是一个不断学习和进步的过程。服务人员应不断反思自己的服务表现，发现不足之处并加以改进。服务人员要积极学习新知识、新技能，提高自己的综合素质和服务水平。同时，企业也应提供培训和支持，为服务人员创造更好的成长环境。服务人员只有不断进步和提高自身素养，才能满足客户日益增长的需求和期望。当服务人员以持续改进的态度对待工作时，不仅能够提升自己的职业素养和能力水平，还能为企业创造更大的价值和竞争力。

服务礼仪的原则涵盖了尊重、诚信、平等、专业、热情、细致、效率、适度以及持续改进等多个方面。这些原则共同构成了优秀服务的基础，对于提升客户满意度和维护企业形象具有重要意义。服务人员应时刻牢记上述原则，并将其融入日常服务工作中，以真诚、专业、高效的态度为客户提供优质的服务体验。同时，企业也应重视服务礼仪的培训和管理，为服务人员提供必要的支持和帮助，共同打造出色的服务团队和品牌形象。

知识活页

"读懂"Z世代文旅消费的新需求

二、服务礼仪的特征

服务礼仪作为各行各业服务质量的重要组成部分，不仅体现了一个组织或个人的专业素养和服务水平，而且对于塑造良好形象、增进人际交往效果具有不可忽视的作用。以下是服务礼仪所具有的五个核心特征。

（一）规范性

服务礼仪具有明确的规范性，它要求服务人员在提供服务时遵循一定的标准和程序。规范性不仅体现在服务人员的仪态、仪表、语言等方面，还贯穿于整个服务流程中，为客人提供一致、可靠的服务体验。

首先，服务礼仪的规范性体现在服务人员的仪表仪态上。服务人员需要保持良好的站姿、坐姿和行走姿态，展现出自信、专业的职业形象。同时，服务人员的着装也需要符合行业标准和岗位要求，做到整洁、得体。这种规范性不仅体现了服务人员的专业素养，也为客人营造了舒适、专业的服务环境。

其次，服务礼仪的规范性还体现在服务人员的语言和行为上。服务人员需要使用礼貌、得体的语言与客人沟通,不要使用粗俗、不当的言辞。在行为上,服务人员要遵循行业规定和操作规程,确保服务的准确性和安全性。例如,在餐厅服务中,服务人员需要按照规范的流程为客人斟酒布菜,确保宾客各尽其欢,且每道菜品的呈现方式和口感都达到最佳状态。

此外,服务礼仪的规范性还贯穿于整个服务流程中。从客人进入服务场所开始,到离开服务场所结束,服务人员都需要遵循特定的流程和规范,确保服务的连贯性和一致性。这种规范性不仅有助于提高服务效率,也强化了品牌形象,能够增强客人对服务的信任感和满意度。

服务礼仪的规范性是确保服务质量和客人满意度的关键所在。通过遵循服务礼仪的规范,服务人员能够展现出专业的形象和素养,为客人提供优质、高效的服务体验。同时,服务礼仪的规范性也有助于提升服务行业的整体形象和竞争力,推动其持续健康发展。

(二)灵活性

在服务行业中,服务礼仪的灵活性是一项至关重要的特征。它确保了服务提供者能够根据不同的情境、客人需求和场合,灵活调整服务方式,以达到最佳的服务效果。

在服务对象的差异性方面,服务礼仪展现出了其灵活性。服务提供者需要具备跨文化沟通的能力,尊重并理解不同文化背景的客人。服务人员通过细心观察和有效沟通,能够迅速识别并满足客人的个性化需求,确保每位客人都能感受到贴心、专业的服务。这种对不同服务对象的敏锐洞察和适应,正是服务礼仪灵活性的重要体现。

在应对不同场合时,服务礼仪同样表现出灵活性。不同的场合具有不同的氛围和要求,服务提供者需要根据场合的特点调整自己的仪表、仪态和语言。无论是庄重正式的商务会议,还是轻松愉快的休闲场所,服务人员都能够灵活调整自己的服务方式,以适应不同场合的需求,营造出恰到好处的服务氛围。

同时,服务礼仪的灵活性还体现在对突发情况和特殊需求的灵活应对上。服务提供者需要保持冷静、迅速反应,灵活应对各种突发情况。对于有特殊需求的客人,如残障人士、老年人等,服务人员更需要特别关注并提供个性化的服务,确保该类客人能够获得尊重和满意的体验。这种对突发情况和特殊需求的灵活应对,展现了服务人员的专业素养和应变能力。

服务礼仪的灵活性并不意味着随意性和无序性。服务提供者在运用灵活性时,必须坚持遵循服务礼仪的基本原则和规范。服务人员需要在熟练掌握服务礼仪的基础上,根据不同的情境和需求,灵活运用各种礼仪技巧和方法,以实现服务的最佳效果。

(三)情感性

服务礼仪不仅表现为一套规范化的流程和准则,更是情感传递与交流的媒介。在服务过程中,情感性的礼仪能够深化服务人员与客人之间的情感联系,增强彼此间的信任与亲近,进而提升服务质量和客人满意度。服务礼仪情感性的具体体现如下。

知识活页

西餐的上菜礼仪

1. 真诚微笑的感染力

真诚的微笑是服务礼仪中最直接、极富情感性的一种表达方式。它能够迅速消解陌生感,传递出服务人员的热情与友善,使客人在第一时间感受到温馨与舒适。服务人员应时刻保持微笑,将其作为传递情感、建立良好关系的重要桥梁。

2. 耐心倾听与积极回应

耐心倾听客人的需求和意见,并给予积极、恰当的回应,是服务礼仪情感性的重要体现。服务人员应全神贯注地聆听客人的心声,深入理解他们的需求和感受,通过及时的回应和行动,让客人感受到被尊重与重视。

3. 细致关怀与周到体贴

在服务过程中,细致关怀与周到体贴能够让客人感受到如家人般的温暖与舒适。服务人员应关注客人的每一个细节,如提供温馨提示、主动提供所需帮助等,通过无微不至的关怀,让客人在享受服务的同时,感受到服务人员的关心与体贴。

服务礼仪的情感性是提升服务质量和客人满意度的关键因素。通过真诚微笑、耐心倾听、细致关怀等情感性礼仪的表达,服务人员能够与客人建立深厚的情感联系,增强彼此的信任和亲近感。因此,企业应高度重视服务礼仪情感性的培养与提升,为客人提供更加优质、温馨的服务体验。

(四)国际性

随着全球化的推进,服务行业已成为各国经济文化交流的重要纽带和桥梁。服务礼仪作为服务行业的关键组成部分,其国际性特征日益凸显。在服务礼仪中具备国际化的知识技能储备,对于提升服务质量、树立国际名片具有重要意义。服务礼仪的国际性主要体现以下三个方面。

1. 文化差异的尊重与融合

在国际服务交往中,不同国家、民族的文化差异是客观存在的。服务礼仪的国际性首先体现在对文化差异的尊重与融合上。服务人员需要了解并尊重各国客人的文化背景、习俗习惯,避免因文化差异造成的误解和冲突。同时,服务人员还需要学会在尊重差异的基础上,融合不同文化元素,为客人提供具有国际化特色的服务体验。

2. 语言交流的国际化

语言是服务礼仪的重要组成部分,也是国际服务交流的关键环节。服务人员需要具备良好的外语表达能力,能够运用流利、准确的外语与客人进行交流。此外,服务人员还需要了解并掌握国际通用的服务用语和礼貌用语,以确保在跨国服务交流中能够顺畅、得体地表达自己的意图。

3. 服务标准的国际化

服务礼仪的国际性还体现在服务标准的国际化上。伴随全球化进程,各国之间的服务标准逐渐趋于统一。服务人员需要了解和掌握国际通行的服务标准,如国际饭店业的服务标准、国际航空业的服务标准等,以确保服务质量符合国际标准要求。

服务礼仪的国际性是全球化背景下服务行业发展的必然趋势。掌握国际服务礼仪知识及技能,对于提升服务质量至关重要。因此,企业应重视国际服务礼仪的宣传推广与教育培训,加强跨文化交流、学习国际范例,以不断提高服务人员的国际礼仪素养和服务水平。

金钥匙(国际金钥匙组织)于1929年诞生于欧洲,是一个专业化、个性化的国际品牌组织,拥有先进的服务理念和标准。金钥匙国际联盟组织1995年正式引入中国,截至2024年3月,覆盖到全国330多个城市,3000多家高星级酒店、高档物业及服务企业,拥有5000多名金钥匙会员,其质量体系被列入国家星级饭店标准。

(五)创新性

随着时代的变迁和社会的进步,服务礼仪不断推进,展现出旺盛的创新性。这种创新性不仅体现在服务内容和方式上,更立足于对传统礼仪的新诠释和新拓展,以满足当下客人日益多样化、个性化的需求。

在传统服务礼仪的基础上,现代服务行业通过引入新的服务内容和方式,实现了对传统礼仪的推陈创新。例如,通过利用互联网和智能技术,服务人员能够为客人提供更加便捷、高效的服务体验。在线预订、智能导航、无人值守等创新服务模式的出现,不仅提高了服务效率,也为客人带来了全新的服务感受。同时,在服务方式上,现代服务行业也更加注重个性化和特色化。服务人员通过深入了解客人的喜好和需求,提供定制化的服务方案,让客人感受到独一无二的关怀和尊重。这种创新性的服务方式,不仅提升了客人满意度,也增强了行业企业的市场竞争力。

传统服务礼仪中蕴含着深厚的文化底蕴和人文精神。但在现代社会中,这些传统礼仪往往需要进行重新诠释和拓展,以适应新的时代背景和客人需求。例如,在对待不同文化背景的客人时,服务人员需要尊重并理解他们的文化差异,灵活调整服务礼仪,以确保客人感受到尊重和舒适。此外,现代服务行业还注重对传统礼仪的拓展和创新。通过对传统礼仪元素的提炼和再创造,服务人员能够创造出更具现代感和时尚感的服务礼仪形式。这种创新性的传统礼仪拓展,不仅保留了传统礼仪的精髓,也为其注入了新的活力和内涵。

服务礼仪的创新性还体现在跨界融合与创意应用方面。现代服务行业可以积极地与其他领域进行跨界合作,将不同领域的元素和理念融入服务礼仪中,创造出独具特色的服务体验。例如,将艺术与服务礼仪相结合,通过艺术化的表现形式来展现服务人员的专业素养和良好形象;将科技与服务礼仪相结合,利用科技手段提升服务效率和质量等。这种跨界融合与创意应用不但丰富了服务礼仪的内涵和外延,而且为客人带来了更加多元化、个性化的服务体验。它使得服务礼仪不再局限于传统的形式和规范,而是能够不断适应新的时代需求和市场变化,展现出更加广阔的发展前景。

知识活页
AI帮助改善提高服务质量

任务四 旅游职业礼仪的功能与作用

任务描述：本任务旨在深入探讨旅游职业礼仪在旅游行业中的功能与作用。具体包括旅游职业礼仪对提升旅游服务质量的作用、旅游职业礼仪对塑造旅游企业形象的影响、旅游职业礼仪在促进旅游行业可持续发展方面的作用。

任务目标：了解服务礼仪在旅游行业中的功能与作用。通过本任务的学习，学习者能够对旅游职业礼仪的价值与地位有清晰的认识，能够独立思考和总结旅游职业礼仪的实际应用和重要性。

吴先生的不满

吴先生与他的团队刚刚为公司签下了一个年度大订单。兴奋之余，吴先生与他的同事们打算庆祝一下。当他们来到一家餐厅，接待他们的服务员面无血色、无精打采，吴先生一看到她就没了刚才的好心情，仔细留意才发现，原来这位服务员面容邋遢不修边幅，头发油腻，肩膀上还有散落的头皮屑。当开始上菜时，吴先生又看到传菜员的指甲油缺了一块，指甲还有些污垢，吴先生的第一反应就是"不知是不是掉进了我的菜里？"这顿饭吴先生吃得非常不舒服，最后在他们找服务员结账时，服务员却一直对着反光玻璃墙面修饰自己的妆容，丝毫没有注意到客人的需求。最后，吴先生一行悻悻地离开，还不忘念叨："下次再也不来了，也告诉亲朋好友们，千万别来这家店。"

分析

一、旅游职业礼仪的功能

旅游职业礼仪具有多重功能，它既有助于提升旅游服务质量、提高宾客满意度，同时也有助于树立良好的企业形象。具体而言，旅游职业礼仪可以帮助服务人员与宾客更好地沟通，增进彼此的理解和信任。同时，规范的礼仪还能展现出服务人员的专业素养，让宾客在消费体验中感受到舒适与尊重。在旅游产业开发和推广中，将礼仪这一重要因素融入其中，可以直接提升用户体验。此外，旅游职业礼仪对于传播地域文化、促进旅游行业的发展也具有积极的作用。

（一）塑造良好的形象

旅游业是典型的窗口行业，来自五湖四海的旅游者，首先接触到的往往是旅游从业人员。而旅游者往往也是通过与旅游从业人员的接触来判断、评价一个国家或一个地区的礼仪文化程度和精神风貌。旅游从业人员良好的礼仪形象最为直观,具有宣传效能,能为其所在的地区、城市和国家树立良好的形象,赢得口碑声誉。

1. 专业形象

通过遵守践行旅游职业礼仪,旅游从业人员能够展示出专业、高效和可靠的职业形象。这包括穿着得体、言行举止优雅、沟通表达清晰等方面,让旅游者感到安心进而产生深度信任。

2. 热情友好形象

旅游从业人员的热情和友好态度是塑造良好形象的关键。微笑、问候、主动帮助等行为能够让宾客感受到温暖和关怀,从而留下积极的印象。

3. 文化特色形象

旅游职业礼仪应该融合展示区域本地的文化特色和传统。例如,穿着传统服饰、使用具有地域特色的礼节,向游客展示目的地的独特魅力,增强旅游体验的特色差异。

4. 品牌实体形象

对于旅游企业来说,全体员工整齐划一的服务礼仪有助于塑造统一标准的品牌形象。这涉及企业知名度和美誉度的提升,有助于在竞争激烈的市场中脱颖而出。

5. 网络评价形象

当下旅游消费者在选择旅游产品和服务时经常参考其他用户的评价。良好的服务礼仪能够赢得宾客的好评和推荐,从而对企业的网络形象产生积极影响,推动网络形象树立及传播。

6. 社会责任形象

注重旅游职业礼仪也体现了企业对社会责任的担当。如尊重宾客的文化差异、保护环境、提供公平待遇等,展示了企业的社会责任感,塑造出企业的社会责任形象。

旅游职业礼仪在塑造良好形象方面发挥着至关重要的作用。它能够影响宾客的感知和评价,进而影响企业的声誉和竞争力。因此,对于旅游从业者来说,注重和培养良好的服务礼仪是塑造良好形象的重要路径。

(二)增强沟通效果

1. 建立良好的第一印象

旅游从业人员得体大方、热情友好的仪表仪态,有助于在第一时间给宾客留下积极正面的印象,并为进一步深入的沟通打下良好的基础。

2. 提高语言表达能力

礼貌的用语、清晰的表达、专业术语的运用等,均能够让宾客更容易理解信息,快速抓住交流的核心主题,避免沟通中的误解和障碍。

3. 增进信任和好感

尊重宾客、关注宾客需求的态度，能够增进宾客对旅游从业人员的信任和好感，带入客我双方积极的情绪价值，使沟通更加顺畅。

4. 展示专业素养

熟练掌握并恰当运用服务礼仪规范，展示旅游从业人员的专业素养，能够让宾客参与交流并听取建议的意愿强烈。

5. 适应文化差异

了解不同地区和国家的礼仪文化，能够更好地与来自不同文化背景的宾客进行有效沟通，避免文化冲突。

6. 缓解紧张和冲突

在突发或紧急情境下，运用恰当的服务礼仪和沟通技巧，可以缓解当事人的紧张情绪，促进问题的顺利解决。

7. 优化沟通氛围

旅游从业人员强烈的服务意识，热情友好、真诚和蔼的服务态度，优雅的举止、得体的言谈，会对旅游者的心理满意程度产生十分积极的效果，直接使客人在感官上、精神上产生尊重感和亲切感。在和谐、愉快的沟通氛围中，宾客更愿意参与交流，分享他们的需求和感受。由此，旅游企业可以获取高质量的服务信息并提供更有针对性的项目服务。

8. 增强团队协作

一个旅游企业往往由多个分工不同的部门组成，每个部门之间都存在着相互协作、支持的关系。在沟通方面注意礼仪和分寸，不仅可以调节员工之间、部门之间的关系，形成相互尊重、团结协作的风气，还可以减少内耗、提高工作效率。服务团队成员之间良好的礼仪互动能够直接增强团队协作，提高工作效率，为宾客提供更优质的全链条式服务。

9. 提高互动效能

服务礼仪在客我互动中发挥着重要作用。它能够调节客我双方的人际关系，增进旅游从业人员与宾客之间的理解和信任。通过遵循运用礼仪规范，服务人员能够展示自身的礼仪修养和素质，促进高质量互动的生成。

以上功能表明，旅游职业礼仪可以有效地增强沟通效果，提升宾客的满意度和旅游体验。

知识活页
应对跑单小妙招

知识活页
《一碗阳春面》里的服务礼仪

（三）提升服务质量

当今旅游业竞争激烈，客源成为旅游企业赖以生存和发展的基础和生命线。创造客源，最根本、最有效的措施就是不断提升服务质量。以质取胜、创造客源，是旅游企业的成功之路。旅游从业人员的礼仪风范是影响顾客是否购买旅游产品的重要因素，是提升服务质量的重要抓手。

1. 提供精准服务

旅游从业人员通过运用恰当的礼仪,如微笑、礼貌用语、肢体语言等,可以更好地与宾客进行沟通,理解宾客的需求和期望,从而提供更精准、令客人更满意的服务。

2. 提升宾客认可度

旅游职业礼仪要求旅游从业人员具备服务礼仪专业知识和技能储备,如仪容仪表、仪态举止、服务流程等。这些专业素养的展现能够让宾客感受到服务的专业性和可靠性,提升宾客对所提供服务质量的认可度。

3. 提高服务效率

良好的旅游职业礼仪可以帮助旅游从业人员更好地组织和安排工作,减少误解和冲突,迅速进入标准化服务流程,提高服务的效率和流畅性。如有序的接待流程、及时地回应和解决问题等,都能让宾客有更优良的消费体验。

4. 优化服务环境

旅游职业礼仪包括对服务环境的维护和管理,如保持整洁、安全、舒适的环境支持等。这样的环境能让宾客在享受服务的过程中更加愉悦和舒适,从而提升他们对服务质量的评价。

5. 解决问题与应对挑战

在旅游消费体验的过程中,可能会遇到各种问题和挑战,如服务延时、伤病事故、其他突发事件等。具备良好礼仪的旅游从业人员能够更加冷静、理智地处理问题,采取合适的措施,从而有效地解决问题,提升服务质量。

6. 建立良好的口碑

优质的服务礼仪能够给宾客留下深刻美好的印象,并带动他们自觉主动地向身边人推荐或分享自己的消费体验。这样的口碑传播对于提升旅游服务的知名度和美誉度具有重要意义,可以带动市场份额的快速增长。

综上所述,旅游职业礼仪在提升服务质量方面具有重要作用。它能够提供精准服务、提升宾客认可度、解决问题以及建立良好口碑等。这些功能的实现会将旅游服务质量提升到一个更高层级。

(四)传播地域文化

1. 展示区域特色

旅游从业人员通过穿着具有地方特色的服装、运用具有区域风俗特色的问候方式,同时辅以传统手工技艺制作、民族舞蹈表演等,能够向宾客展示区域当地独特的文化元素,强化旅游目的地的品牌形象。

2. 传承文化习俗

礼仪是传统文化的重要组成部分，通过世代相传的礼仪活动，文化得以传承和发展。这些礼仪活动往往蕴含着深厚的历史文化内涵，反映了人类对自然和社会的认识和理解。导游或旅游从业人员可以向宾客介绍区域当地的传统习俗、节日庆典、饮食文化、历史故事、名胜古迹等，传播地域的民俗风情、历史文化，丰富宾客的旅游体验，让宾客更好地了解和体验当地的文化特色。

3. 促进文化交流

旅游从业人员的礼仪展示是宾客旅游消费体验的重要组成部分，是宾客在体验地域文化过程中直面的现场展示，生动鲜活的展示内容及形式有助于促进不同文化之间的理解和交流。

通过旅游职业礼仪，地域文化得以更生动、更直接地呈现在宾客面前，宾客也有机会更直接、更深入地接触和体验当地文化。这样的文化传播不仅丰富了宾客的旅游体验，也有助于保护和传承地域文化，促进区域旅游业的可持续发展。

二、旅游职业礼仪的作用

伴随着经济社会发展和人民生活水平提高，我国旅游市场快速发展，需求持续扩大。旅游职业礼仪在旅游行业中起着越来越重要的作用。它不仅有助于提升游客的满意度，还能塑造企业的良好形象，进而推动旅游业的发展。

（一）提高旅游企业经济效益

旅游服务业的经营特点决定了，在同样的物质条件下，旅游企业的效益是由顾客的数量和质量决定的。因而如何获取更多高质量的顾客是每个旅游企业十分关心的问题。在企业获得成功的许多条秘诀中，注重礼仪是相当重要的，而失礼对企业造成的损失是难以估量的。"有礼者敬人"，如果旅游业的每一位员工在其整个服务过程中都能注重礼仪，帮助顾客最大限度获得物质及精神上的满足，就能够创造出更加和谐的人际关系，从而给旅游企业带来良好的经济效益。

1. 吸引宾客

良好的服务礼仪有助于给客人留下积极的印象，加深他们对旅游消费体验的好感好评，从而带动重复消费并吸引更多客人前来参与，为旅游业带来更多的客流收入。如一家民宿以独特的文化体验和贴心的服务而闻名遐迩。民宿主理人通过与客人的互动，根据客人的时间、兴趣以及经费预算，分享当地的文化故事和传统，提供当地特色的美食和活动推荐，带给客人优良的增值服务。客人在这里不仅能感受到家的温暖和舒适，还能找到为自己量身的适宜的深度体验，加深对当地民俗文化的理解。这种高质量的服务体验吸引了更多客人选择该民宿，为民宿带来了源源不断的客流和良好的经济效益。

知识活页

"锦江"
——最具文化底蕴的酒店品牌

2. 提升宾客满意度

提供优质的服务礼仪,满足宾客的需求和期望,能够提高宾客的满意度。满意的宾客更有可能成为回头客,产生更多连带消费或者自发主动向他人推荐,从而为旅游企业增加业务量。如某酒店注重员工的礼仪培训,结合酒店入住客人的客史档案,以客人姓氏加头衔(称呼)的方式跟两次及以上入住本酒店的客人打招呼,使得老顾客的住宿体验大大提升,从而获得了更多的好评和回头客,也吸引着新入住客人重复购买酒店产品,从而提高了酒店的经济效益。

3. 增加消费

服务接待人员礼貌、热情、专业的服务礼仪,更容易激发消费者产生消费欲望,在旅游体验过程中增加消费支出,如购买纪念品、参加付费项目等,从而提高旅游企业的经济效益。如某景区的讲解员对景区人文典故的挖掘深入细致,在景区讲解介绍中展示了严谨、专业、精湛的专业能力水平。由此,在旅游纪念品店选购纪念品的环节中,游客在看到一件件做工精巧的工艺品时,能够与景区的人文典故联系起来,工艺品的艺术价值和文化内涵自然浮现相映成趣,激发了游客的购买意愿,实现了景区购物收入的大幅增长。

4. 树立品牌形象

注重服务礼仪能够使旅游企业树立良好的品牌形象,提升其在市场中的竞争力。品牌形象识别度高的旅游企业能够在激烈的市场竞争中脱颖而出,吸引更多的客户,提高企业经济收益。如某酒店将迎宾工作向前延伸至客人出发前,即根据客人的预订信息,在客人出发前,以信息提示方式提醒客人酒店所在地的气温、天气情况及行程注意事项,做客人的贴心小管家。该酒店这一举措,提前想客人之所想,以专业、高效、周到的服务赢得了市场口碑,吸引了更多游客选择入住,良好的品牌形象深入人心。

5. 创造合作商机

旅游职业礼仪良好的企业更容易与其他企业建立合作关系,拓展业务领域,创造更多的商机,进而提高经济效益。如一家旅游景区的工作人员以亲切的笑容、热情的问候和专业的服务迎接游客,为游客提供详细的景区信息和导览。同时,景区内的休憩区整洁舒适、座位充足、无线网络便捷、免费茶水供应品类丰富、充电设施齐备充足。周全细致的配套设置,尽显景区的人性化服务理念,以客人为中心的礼仪取向昭然。由此,各个旅行社积极主动伸出合作的橄榄枝,跨区域组团前往景区打卡。这种良好的口碑传播和同业认同,拓宽了企业在圈内的发展空间,为景区带来了源源不断的旅游团。

(二)促进社会和谐

旅游职业礼仪在促进社会和谐方面具有以下重要作用。

1. 增进人际关系

旅游从业人员通过礼貌、友好的沟通方式,能够有效地增进与宾客之间的关系,减

知识活页

诚信守约,打造"安心住"民宿——漫心别院

少矛盾和冲突的发生,营造积极和谐、融洽的旅游消费氛围。在这一优良的接待环境中,人际关系温馨,有助于消解异地旅游途中的紧张和焦虑。

2. 提升社会文明程度

旅游职业礼仪的规范运用,是社会文明礼仪在旅游行业微环境中的展示和体现,是整个社会文明素质的一个缩影和代表。当人们无时无刻,不管身在何方都能做到遵守礼仪规范时,整个社会的文明程度也就随之提高。

3. 促进文化交流与融合

旅游活动本身就是一种文化交流的方式,而旅游职业礼仪则在这个过程中起到了桥梁的作用。它可以帮助不同文化背景的人们更好地理解和尊重彼此的文化差异,促进文化的交流与融合。

4. 减少旅游纠纷

在旅游过程中,吃饭、住宿、参观游览、交通出行、购物、娱乐等各个环节紧凑,服务领域中的参与人员众多,业务接待呈现时段的密集性,由此可能会出现问题或纠纷。由于礼仪具有很强的凝聚情感的作用,要处理好纠纷,旅游从业人员需要有较高的礼仪修养水平。处理纠纷的第一原则是有礼有节。不管发生什么情况,都要发扬"礼让"的精神,以利于事态的良性发展与解决。服务失礼只会激化矛盾,使事态进一步恶化,而讲究服务礼仪有助于缓和冲突,让当事人理性处理,维护行业环境。

5. 树立道德榜样

旅游服务行业是典型的"窗口"行业,从业人员是行业企业及区域旅游的礼仪形象代言人。该群体的服务礼仪质量水平直接关涉游客和其他社会成员对目的地景区(城市)的评价和印象,也能产生积极的示范引导价值。通过他们的榜样力量,可以引导更多的人注重礼仪,共同促进社会的和谐发展。

综上所述,旅游职业礼仪在促进社会和谐方面发挥着积极的作用。它不仅有利于个体之间的和谐相处,也有助于推动不同群体之间的交流与融合,为构建一个更加和谐、文明的社会环境贡献力量。

(三)增强行业竞争力

注重礼仪是旅游企业服务水平和管理水平的重要体现。服务礼仪是旅游行业发展的需要。旅游业要为来自五湖四海各行各业的顾客提供服务,并且要达到顾客满意,除具备良好的职业道德和熟练的业务技能外,尤其应注重服务礼仪。员工是否具备优质的服务礼仪,反映出一个企业的管理水平和服务水平。以星级酒店为例,除了要具有既定标准的设施和设备,员工的礼仪也是一项重要的评定内容。在当今竞争激烈的旅游业市场,产品同质化现象严重,因而旅游从业人员的素质对服务质量的影响就更为突出。注重礼仪会产生积极的效果,不仅能够赢得顾客的满意,使其留下美好的印象,还可以弥补"硬件"的某些缺失与不足。注重礼仪礼节,越来越成为现代旅游业服务质量的一项重要内容。

1. 提升服务品质

在竞争激烈的旅游市场中，优质的服务品质是吸引游客的关键因素之一。良好的旅游职业礼仪可以让游客感受到更加贴心、专业的服务。旅游职业礼仪是提升服务品质的重要抓手，服务礼仪形象打造是一项系统工程。

2. 提升顾客忠诚度

旅游企业通过培训员工，使其掌握规范的服务礼仪，能够塑造出专业、高效、友好的品牌形象。优质的服务礼仪给游客留下深刻的印象，从而增加客户的忠诚度。忠诚的客户不仅会再次选择该企业的服务，还可能向他人推荐，为企业带来更多的客户。这对于提升企业在市场中的知名度和美誉度，增强竞争力具有重要意义。

3. 树立独特标签

在众多旅游企业中，注重服务礼仪的企业才有可能脱颖而出。服务礼仪的设计与实施，是旅游企业产品的重要组成部分，也是为旅游消费者所能直观感受并作为体验评价重要指标的一部分。有厚度内容、有特色温情的旅游职业礼仪，能够铸就旅游企业别具特色的显性标签，让企业在竞争中占据优势。

4. 满足市场需求

随着人们生活水平的提高，消费者对旅游服务的期待和要求也越来越高。旅游职业礼仪的提升是旅游产品品质提升的重要内容，其能够助力满足消费者对于高品质旅游体验的需求，营造更优良的旅游体验环境及过程，实现旅游消费的升级。

5. 促进从业者发展

高素质的员工队伍是企业竞争力的核心资源。洛克说："礼仪是在他的一切别种美德之上加上一层藻饰，使它们对他具有效用，去为他获得一切和他接近的人的尊重和好感。"礼仪修养反映出一个人的学识、修养、品格、风度，是个体发展的重要内容，能够提升个体的价值。同时礼仪也是现代社会的通行证，要想在现代社会中寻求发展空间，实现自我价值，良好的礼仪修养是一把必备的钥匙。注重旅游职业礼仪的培训，有助于提高旅游从业员工的综合素质和职业发展。

综上所述，旅游职业礼仪通过提升服务品质、塑造品牌形象、培养客户忠诚度等方面，增强了旅游企业在行业中的竞争力。在竞争日益激烈的旅游市场中，重视和不断提高旅游职业礼仪水平，将成为企业取得成功的关键因素之一。

（四）弘扬中华传统文化

习近平总书记指出："培育和弘扬社会主义核心价值观必须立足中华优秀传统文化。"传统礼仪文化是中华优秀传统文化的重要组成部分，蕴含着鲜明的人文精神和道德规范，有助于培养自强不息、仁爱友善等文化品性，遵循"取其精华，去其糟粕"的原则，挖掘礼仪文化中的合理内核，并将礼仪文化中蕴含的向善、为和、有序的价值观念，融入社会主义核心价值观，与当代旅游服务文化相结合，使之与友善、和谐、文明、法制等现代价值观念相联系,成为旅游职业礼仪涵养社会主义核心价值观的重要源泉。

1. 传播中华传统礼仪文化

旅游从业人员通过展示优雅的仪态、谦逊的态度和文明的言辞,向游客传播中华礼仪文化的价值观和传统美德。

2. 展示中国礼仪风范

旅游从业人员以礼待人,树立文明、友善、热情的形象,这是对中国"礼仪之邦"名片的维护和宣扬。旅游从业人员得体大方、彬彬有礼,展示的是中华礼仪的大国风采,有助于提升国家和地区在宾客心中的礼仪形象。

3. 推进道德教化

礼仪作为一种道德规范,对人们的行为具有引导和约束作用。通过践行服务礼仪,能够引导消费者践行良好的道德品质和社会责任。如在餐饮服务中,增加并保留落实主动为客人打包的服务流程。在餐后服务中,润物无声地跟客人分享食材的珍贵和来之不易,提醒客人要爱惜粮食、杜绝浪费。将中华民族克勤克俭的优良传统传播到更多客人的心中,将光盘行动落实到每一餐每一桌客人的接待中。让客人在体验服务中,重温中华传统,做传统美德的时代传承人和赓续者。

4. 促进文明互鉴

宾客在感受中华礼仪风范美德的同时也积极融入文明文化的交流互鉴中。他们也会将这些美好的旅游体验带回家乡,从而促进不同国家和地区之间的文化交流与理解。

5. 树立品格尊严

弘扬中华礼仪可以让人们更加了解和珍视自己的文化遗产,增强民族自豪感和认同感。旅游职业礼仪不仅是一种职业要求,更是树立国格人格的重要路径。

(五)促进和谐交流,维护民族尊严

"礼之用,和为贵"是"孔门七十二贤"之一的有子提出的主张。"礼"在春秋时期泛指社会的典章制度和道德规范。这句话的意思是,"礼"在应用的时候,以形成和谐最为可贵。中国是"礼仪之邦",自古以来都履行"礼"的准则,从《周礼》到《礼记》,都倡导人们要学习礼仪,修缮自身,以提高精神境界从而达到与周围人的和谐共存。在对外交往中,恰当的礼仪可以展现出一个地区或国家的文明程度和精神风貌,在国际交往中,了解对方国家的不同礼节习俗,理解并尊重对方所特有的风俗习惯,有助于增进地区间的情感和友谊,促进国际和谐交流与合作。

"1+X"旅行策划职业技能等级证书:明确了对服务礼仪的素质能力要求。其中,对定制旅游产品需求研判工作领域的沟通礼仪提出了较高的标准

及要求。

"1+X"酒店运营管理职业技能等级证书：贯穿了对服务礼仪的素质能力要求。其中，对前厅运营督导工作领域提出了较高的礼仪标准及要求。

"1+X"现代酒店服务质量管理职业技能等级证书：突出了对服务礼仪素质能力要求。其中，对服务管控工作领域提出了较高的礼仪标准及要求。

行业趋势

当前个性化定制旅游勃兴。旅游企业借助大数据分析和人工智能技术，为旅游者提供高度个性化的旅游方案，成为重要的新兴业务板块。从行程规划、餐饮住宿到特色活动，每一项服务皆根据旅游者的兴趣和需求进行量身定制，确保游客获得独一无二的旅游体验。服务面向的小众化对旅游职业礼仪的个性化也提出了更高的要求。融合旅游职业礼仪的基本特征和原则，并契合宾客差异化的需求，赋予旅游职业礼仪新的时代内涵，正成为具有重要实践意义的行业命题。

教学互动

训练项目：

旅游职业礼仪认知测评与训练。

训练要求：

（1）由任课教师布置教学情境两组——餐饮包间客人将不明物置于菜品中并无理取闹，要求店方给予折扣优惠；游客因不能享受景区票价优惠与工作人员起争执。学生自由分组并选择任一命题情境，设计解决方案并现场模拟。

（2）小组就解决方案质量进行相互评议赋分。

（3）教师点评方案中礼仪运用的得失。

训练提示：

（1）模拟演练应体现特定旅游服务情境下礼仪运用的差异化要求。

（2）方案设计应遵循科学理性原则，融合旅游服务本质属性中的礼仪要求。

项目小结

本项目详细介绍了旅游从业人员职业服务礼仪的含义、发展、特征及功用，并引述部分经典案例予以阐明。

任务一介绍了礼仪及旅游职业礼仪的含义。目的在于帮助学习者了解并掌握旅游服务接待中礼仪的基本内涵,培养良好的职业礼仪认知基础,为服务礼仪技能学习奠定基础。

任务二介绍了礼仪发展的历史脉络、礼仪的特征属性。目的在于帮助学习者了解并掌握礼仪有丰厚历史文化积淀并持续发展,学会以动态的眼光理解并运用礼仪。

任务三介绍了服务礼仪的原则及其特征。目的在于帮助学习者了解并掌握服务礼仪运用的基本原则,明确服务礼仪的基本特征,以有效指导具体服务情境下礼仪知识及技能的应用。

任务四介绍了旅游职业礼仪的基本功能与重要作用,明确了服务礼仪在旅游服务行业中的价值地位。目的在于帮助学习者端正服务礼仪学习的态度,有效掌握旅游职业礼仪相关知识与技能。

项目训练

能力训练

小关是湘味酒楼的一名新员工,主要负责酒楼的几个餐饮包间的服务。一天,在服务的过程中,一位客人直接问小关:"服务员,你们老板每个月给你发多少钱呀?"小关一开始觉得自己刚入职工资水平不高,不好意思说。但后来想起职前培训中讲的服务礼仪中的真诚原则,于是礼貌客气地直接告诉了客人自己每个月的工资数。此外,为了彰显服务的热情周到,小关还把她了解的其他同事的工资收入、上司的工资水平一并告诉了顾客,甚至把每天的营业情况也毫无保留地分享给了顾客。

请分析:小关在服务中的礼仪运用是否得当?

知识训练

项目二
旅游从业人员职业形象礼仪

 项目描述

　　本项目详细介绍了旅游从业人员在个人仪容、行为仪态、服饰着装三个方面的职业形象礼仪规范,使学习者具有一定的审美和良好的职业形象。

 项目目标

知识目标

1. 掌握旅游从业人员修饰仪容的方法。
2. 掌握旅游从业人员的仪态要求。
3. 掌握旅游从业人员的着装要求。

能力目标

1. 能够按照旅游服务行业的礼仪规范修饰仪容。
2. 能够按照旅游服务行业的仪态礼仪规范提供服务。
3. 能够按照旅游服务行业的礼仪要求规范着装。

素养目标

1. 具有一定的审美和良好的职业形象。
2. 具有规范服务意识和卓越服务精神。
3. 具有较强的沟通协作意识。

项目二 旅游从业人员职业形象礼仪

知识导图

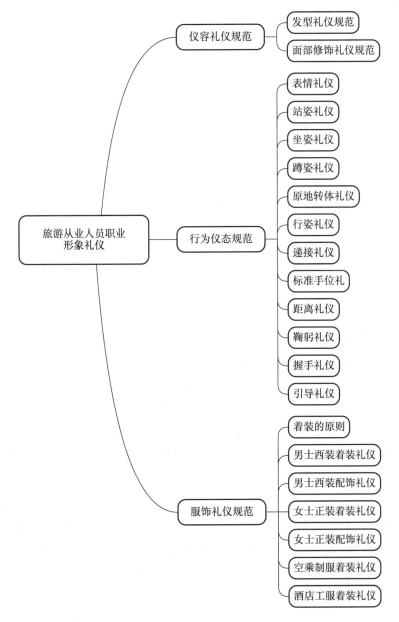

项目引入

民航首个乘务员职业形象规范发布

2021年5月,由中国航空运输协会编制的《民航客舱乘务员职业形象规范》正式对外发布,这是我国民航业首个关于乘务员职业形象的团体标准,被认为将进一步助力提升整个行业的知名度、美誉度及社会公众对行业的信赖度。从1955年至今,中国民航客舱乘务员队伍经历了从无到有、从小到大的发展历程,从"十八姐妹"到今天的10万客舱人,民航客舱人服务着广大的国内外旅客,职业形象也在日益提升,展现了"真情服务""民航形象"。《民航客舱乘务员职业形象规范》是客舱乘务员职业形象管理工作的规范,主要涵盖了制服、配饰、发型、妆容、职业姿态、职业礼仪六个方面,并强调了服从机长管理、工作场合职业礼仪等维护客舱安全的相关内容。旨在为民用航空公司设计客舱乘务员职业形象提供基础性和通用性规范,为促进中国民航客舱队伍整体建设,强化队伍"真情服务"意识,"立足小客舱,服务大世界",提升乘务员职业形象和促进客舱安全做出努力。

该规范编制工作于2020年7月启动。中国航空运输协会客舱乘务工作委员会组织来自国航、东航、南航、海航和厦航的专业人员组成起草组,在参考相关乘务员管理的具体规定基础上,经过起草通稿和反复修改,并征求41家会员航空公司客舱部门负责人和民航院校意见,多次研讨完善后,提请行业专家和团体标准专家逐条审查通过。

中国航空运输协会理事长助理、客舱乘务工作委员会主任冯润娥介绍,职业形象是指在公众面前树立的专业形象,民航客舱乘务员的职业形象不仅代表航空公司的企业形象,也是民航行业形象的重要组成部分。民航职业形象规范上升到行业层面的团体标准尚属首次,在世界范围也处于领先水平。这一标准兼顾客舱安全,并贯彻落实了"真情服务"理念,为国内航空公司制定职业形象标准提供了依据和规范,也为相关院校在培训空乘学员提供了重要参考,在其他服务行业职业形象建设方面也具有一定借鉴意义。

该规范有很多民航特色的要求。例如,民航客舱服务具有安全限制、特情限制和空间限制;制服剪裁应合体,套装穿着以方便乘务员工作为主,最大限度地降低不安全因素;空勤登机证在进入候机楼隔离区域或上下飞机时,应规范佩戴;着制服期间不应喧哗打闹等。该规范也有很多符合时代要求的新内容。例如,做好自媒体管控,不泄露旅客隐私;仅在工作值勤期间穿着制服,不穿着制服乘坐公共交通工具或进行私人活动等。

资料来源 《中国民航报》。

任务一　仪容礼仪规范

任务描述: 本任务立足于旅游从业人员的个人仪容礼仪,对发部修饰、面部修饰和手部修饰的方法进行了较为全面的介绍,包括女士盘发、男士短发造型、化妆相关的面部基础知识、化妆品和化妆工具、化妆的方法和流程等内容。

任务目标：了解旅游从业人员的仪容礼仪规范。女性学习者能够打造简洁的女士职业盘发造型，化干练的职业妆，定期修饰手部，并保持整洁、大方的个人职业形象。男性学习者能够打造简洁的男士职业短发造型，保持整洁的面容，定期修饰手部，展现整洁、大方的个人职业形象。

一次失败的面试

马上大学毕业的张华接到一家五星级酒店的面试通知，岗位是前台接待员，她非常高兴，想着能从事自己本专业的工作，她就兴奋不已。为了慎重对待这次面试机会，她特地跑到理发店让理发师给她设计了一个看起来成熟一点的卷发，还把头发染成了板栗色，看起来十分漂亮。然后又去美容院做了闪亮的美甲。一番打扮下来，她对自己很满意，于是信心十足地参加了面试，谁知道却没有被录取，她不甘心，追问面试官原因，面试官说了一句话："这位同学，你的造型应该去参加时尚Party！"

通常，仪容指人的外观、外貌。其中最重要的是容貌，主要包括发型、面容和手部三部分。在人际交往中，仪容是引起交往对象关注，并影响对方对自己的整体评价的关键因素。得体的仪容会给人留下良好的印象，旅游从业人员在服务过程中应保持良好的职业形象，重视自身的仪容礼仪，做好发部修饰和面部修饰。

一、发型礼仪规范

旅游从业人员要经常修剪、清洗、梳理头发，保持头发的整洁，避免头屑、异物粘在头发上，防止头发产生异味。

（一）女士职业发型

对女性旅游从业人员来说，可以留短发，也可以留长发。短发的长度一般不过肩，刘海不能遮住眉毛。长发的女士，最好将头发扎起来或者挽起。职业盘发是最具职业风范的一种发型，简洁的盘发可以给人干练、睿智的感觉，特别适合职场女性，是女性旅游从业人员的最佳选择。下面就向大家介绍女士职业盘发方法。

大光明式盘发的前额发，是全部向后梳起来的，从正面看没有明显的分发线，露出饱满、圆润的额头。这种盘发比较适合标准脸型的人。大光明式盘发整体给人简洁、干练之感，符合女士职业发型的要求。

背面　　　　　　　　　　正面　　　　　　　　　　侧面

大光明式盘发

1. 盘发工具

在学习盘发之前,先要准备好盘发所需的工具。一般来说,盘发所需工具包括挑梳、打毛梳、隐形发网、U形夹、一字夹、黑色皮筋、啫喱水和啫喱膏、发际线填充粉,以及其他工具等,如下表所示。

盘发所需工具及说明

盘发所需工具	说明	图示
挑梳	挑梳又称尖尾梳,梳子的尾部呈尖刺状,可以用来分发缝。此外,其梳齿较密,便于梳理发丝	
打毛梳	打毛梳的梳齿高低错落,使用时,从发梢至发根的方向倒梳头发,可以将发丝打毛	
隐形发网	隐形发网用于收拢碎发,其质地柔软,网眼细,使用后可以使头发和发网浑然一体,达到"隐形"的效果。选购隐形发网时,应选择符合自己头发颜色、符合自己发量和发长的型号。使用中,要定期检查,及时更换破损的发网,避免盘发时露出碎发,影响整体效果	
U形夹	U形夹用于固定盘好的发髻。每次盘发前,应根据自己的发量和发长,准备4—6枚型号合适的U形夹。要注意盘发的U形夹,应是符合自己头发颜色的且无装饰物的款式	

续表

盘发所需工具	说明	图示
一字夹	一字夹的固定效果较好，可以用于收拢耳后和后颈的碎发，防止发丝下垂。一字夹也有型号之分，应根据自身的发量选择合适的型号。同时，还要注意选择符合自己头发颜色的且无装饰物的款式	
黑色皮筋	黑色皮筋可以用来扎马尾。应选择没有任何装饰物的纯黑色皮筋，不要选择过细或过宽的以及波浪形的款式。因为太细的皮筋容易绷断，太宽的皮筋则不方便插上U形夹	
啫喱水和啫喱膏	选择喷雾型啫喱水时，不仅要关注定型效果，还要注意产品质量，以防啫喱水干涸后在头发上残留下白色的粉末，影响美观。啫喱膏比啫喱水具有更好的定型效果，可以收拢碎发，使盘发造型更加精致。啫喱膏或发蜡更适合短发造型时使用，短发的女士可以用这类产品来做定型或打造动感造型	
发际线填充粉	发际线填充粉主要用于填补额角发际线的空缺位置，使前额的毛发细软蓬松，增强发际线的毛流感。此外，发际线填充粉还可以用于修饰过少的发量，填补头顶较明显的发缝	
其他工具	盘发时，还需准备镜子、鸭嘴夹（辅助夹）、喷壶等其他工具。条件允许的情况下，还可以准备一台吹风机，用于烘干和定型头发	

2.盘发方法

1)准备工作

(1)盘发前,准备好相关物品,如梳子、啫喱水、夹子等工具,并保证室内光线充足,且有一面可以看到全脸的镜子。

(2)面对镜子坐好,将头发披散开,从发根至发梢梳顺所有的头发。

(3)发际线粉要用在定型喷雾之前,因此盘发前,要先用发际线填充粉填补前额角发际线空缺位置和头顶的发缝。

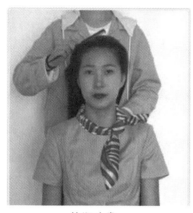

梳顺头发

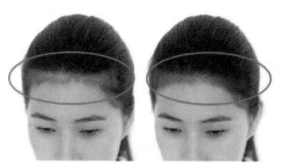

填补发际线前后对比图

2)制作前额发拱

(1)自外眼角向发际线方向作垂线,两侧垂线与发际线的交点,为分取前额发的位置。

(2)将头顶靠近额头的头发挑出来一部分,然后一分为二。

(3)将最前端的一部分头发往前搭,暂时固定。

(4)抓住后面一部分头发的发梢,用打毛梳从发梢向发根的方向倒梳,将头发打毛,并喷少量发胶将其定型,增加支撑力。发量较少者或是低颅顶的人可以多倒梳一下,发量较多者或是高颅顶的人则可以省略这个步骤。

(5)将最前端预留的头发,向后搭在打毛好的后端头发表面。

(6)将两层前额发固定在一起。

(7)用挑梳的尖头部分,将发顶的发拱调整成圆润的弧形。

挑分前额发

倒梳打毛前额发

用挑梳调整头顶的发拱

◆ 打造高颅顶

利用前额发制作发拱,加高颅顶,可以提高面部的视觉中心,缩小脸部轮廓,达到瘦脸的效果。

高颅顶是符合现代人的审美观念的,正面发际线到头顶的距离越大,颅顶越高。一般来说,如果发际线到头顶的距离与发际线到眉毛的距离接近1:1的比例,就可以算是高颅顶了。

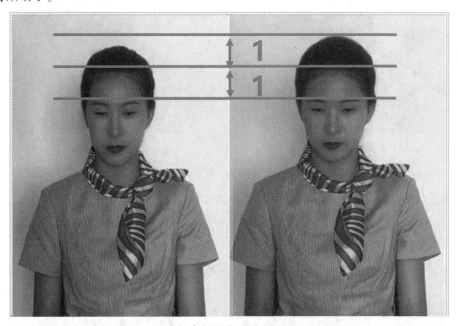
加高颅顶前后对比图

3) 固定马尾

(1) 将固定好的前额发和后面的头发合在一起,扎成马尾。

(2) 扎马尾时,可以稍微仰头,这样可以避免马尾下方的头发鼓包。

(3) 扎马尾的位置既不要太高也不要太低,以耳廓的上沿为基准。扎好后,要用挑梳再次调整发顶发拱的弧度。

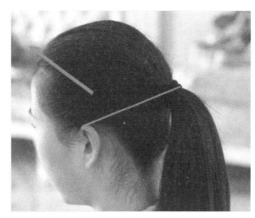

固定马尾

4）盘发髻

（1）选取与发长和发量相适应的隐形发网，将发网的一端套入皮筋下面压好。或用U形夹钩住发网的一端插入皮筋里。

（2）用隐形发网包裹住整个马尾发辫。

固定发网

包裹头发

（3）用一字夹将隐形发网的边缘封口，并将其卡在马尾皮筋下面。注意，卡一字夹的位置要尽量靠近皮筋，以便后面用发髻来遮挡。

（4）按顺时针的方向，将套有隐形发网的马尾绕盘起来。需要注意的是，盘发髻的过程中要把隐形发网的边缘藏在内层。

发网封口

绕盘发髻

（5）一般来说，齐肩发的发长可以盘一圈半的发髻，是最适合大光明式盘发的发长。绕盘发髻时,第二圈要绕在第一圈的里面,收尾时要将发尾藏在第一圈的发髻里面。

(6) 按压、整理发髻,用外面的第一圈包住里面的第二圈,使发髻整体呈扁平的圆饼形状,而不是外凸的球状。

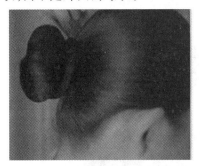
隐藏发尾

调整发髻

(7) 在发髻的上、下、左、右四个方向插入U形夹,以固定发髻。注意,要以垂直于后脑的方向插入U形夹,然后扭转90°,将U形夹沿着头皮的方向插入发髻。

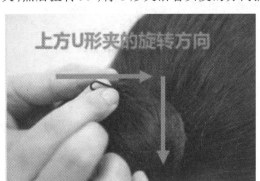
固定发髻

◆ U形夹的使用方法

以垂直于后脑的方向插入U形夹,然后扭转90°,将U形夹沿着头皮的方向插入发髻。

上方U形夹向下,两侧U形夹向发髻里侧,下方U形夹向上。

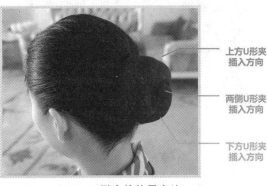
U形夹的使用方法

◆ 标准发髻

盘好的发髻应是单层的、扁平的圆饼状,而不是多层的、外凸的不规则形状。

发髻的中心,应在耳朵上沿至后脑的延长线上,且位于后脑正中的位置。

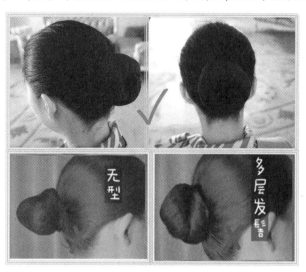

标准发髻

(8)使用挑梳的尖头部分将耳后的碎发朝马尾根部收拢,并分别在两侧耳后用一字夹夹住碎发来固定。

(9)整理头顶、前额、后颈的碎发,可以适当涂抹啫喱水做定型。

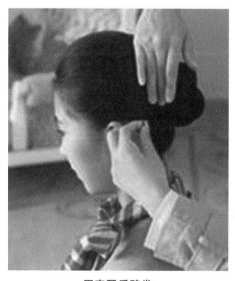

固定耳后碎发

(二)男士职业发型

一般来说,男士职业发型以端正、清爽为宜,需要注意如下几个方面。

1. 造型端正

男性旅游从业人员在打造职业发型时,应呈现简单大方、亲切自然或庄重而保守的整体风格,职业发型不宜过分时髦,尤其是不要为了标新立异而有意选择极端前卫的发型,如爆炸式、朋克式、飞机头等发型,皆不适合作为职业发型。

2. 发长适宜

对于从事旅游工作的男士,发型应长短适中,基本要求是"前发不覆眉,侧发不掩耳,后发不触领"。即头额发不遮盖眉部,鬓角的头发不遮盖耳部,后颈的头发不可长至衬衣的衣领。

3. 发色自然

男性旅游从业人员不宜染过于鲜艳的发色,如红色、黄色等。最适合的发色为自然发色。如果头发偏黄或有白发,可以染成深色。

二、面部修饰礼仪规范

对于旅游从业者来说,保持整洁的面容是最基本、最简单的仪容要求。男士要注意面部整体和细节的整洁,如眼部、鼻腔、口腔、胡须等。女士通常要化职业妆。适当的妆容是一种职业规范,也是对被服务对象表示礼貌和尊重的体现。值得注意的是,职业妆容以淡雅、含蓄、干练为标准,不宜浓妆艳抹。在开始学习化妆之前,我们可以先来了解一下五官比例与化妆的关系。

(一) 五官比例

五官原指眼、耳、鼻、舌、身,后来人们习惯于将面部的器官称为"五官"。化妆中所说的"五官",特指化妆时所涉及的眉、眼、鼻、唇、耳五部分。其中,耳部在化妆中所占比重相对较小,可以忽略,其他各部位均是化妆修饰的重点。

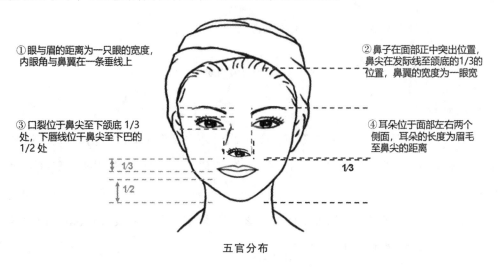

五官分布

> 知识活页
>
>
>
> 一本空乘妆容手册竟有 12 页 123 条规定

按照美学标准,标准脸型的长度与宽度的比为黄金分割比例,即长宽比为1.618∶1。而我国传统的面部五官比例标准则是"三庭五眼"。"三庭"决定脸的长度,"五眼"决定脸的宽度。三庭指上庭、中庭和下庭:上庭是从发际线到眉心;中庭是从眉心到鼻底;下庭是从鼻底到颌底。五眼是以自己一只眼睛的宽度作为衡量的标准,在面部,横向分成五等份。两内眼角之间的距离是一只眼睛的宽度;两外眼角延伸到耳孔的距离,也是一只眼睛的宽度。

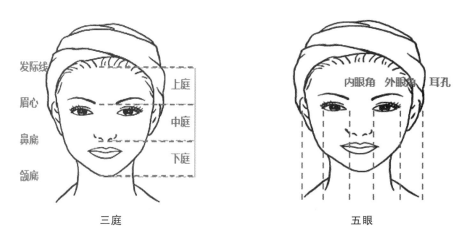

三庭　　　　　　　　五眼

接下来我们就按照眉、眼、鼻、唇的顺序,来一一了解一下五官的具体构成。

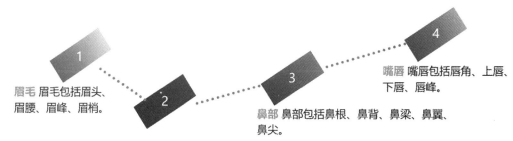

眉毛 眉毛包括眉头、眉腰、眉峰、眉梢。

眼睛 眼睛包括上眼线、上眼睑、内眼角、外眼角、下眼睑、下眼线、眼窝。

鼻部 鼻部包括鼻根、鼻背、鼻梁、鼻翼、鼻尖。

嘴唇 嘴唇包括唇角、上唇、下唇、唇峰。

五官的具体构成

1. 眉毛

眉毛起自眼眶的内上角,沿眼眶内侧上缘向外呈弧形至眼眶外侧,靠近鼻根部的内侧端称眉头,外侧端称眉梢,外高点称眉峰,眉峰正下方是眉心,眉头与眉峰之间的部分是眉腰。

运用"三点一线法",可以画出标准眉形。具体来说,就是鼻翼、内眼角、眉头"三点一线",以及鼻翼、外眼角、眉梢"三点一线"。

眉毛各部位名称

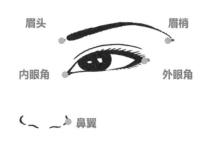

三点一线法

标准眉形应符合以下条件。

(1) 眉头的位置在鼻翼与内眼角连接的延长线上。

(2) 眉梢的位置在鼻翼与外眼角连接的延长线上。

(3) 眉头至眉腰、眉腰至眉峰、眉峰至眉尾为三等分，眉峰的位置在眉头至眉梢的2/3处。

(4) 眉头与眉峰之间是眉腰，眉峰正下方是眉心。

(5) 眉梢与眉头在同一水平线上，或略高于眉头。

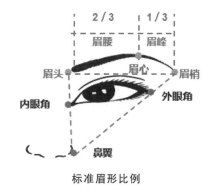

标准眉形比例

2. 眼睛

眼睑就是我们通常所说的眼皮，位于眼球前方，分为上眼睑和下眼睑。睫毛分为上睫毛和下睫毛，生长于睑缘，且排列整齐。眼角是上眼睑与下眼睑结合处的夹角，分为内眼角和外眼角。

标准眼形类似一个圆润的平行四边形，中间最宽，顺着眼角逐渐变窄。内眼角有较长的内线弧度，外眼角有上扬的弧度，形状类似饱满的橄榄或杏仁。内眼角和外眼角两点之间的连线应该趋于水平。眼睛的宽度和长度比例应该是2∶3。内眼角是打开的、双眼皮折痕线呈自然的月牙形。化眼妆的一般顺序是晕染眼影、粘贴美目贴、描画眼线、美化睫毛。

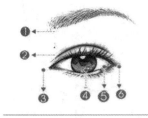

眼睛各部位名称

标准眼形比例

3. 鼻部

外鼻形如三棱锥体，突出于颜面中央。上端较窄，最上部位于两眼之间，叫鼻根；下端高突的部分叫鼻尖；鼻根与鼻尖之间隆起的部分叫鼻梁；鼻梁两侧为鼻背；鼻尖两侧向外隆起的部分叫鼻翼。

标准鼻形的长度为面部长度的1/3，宽度为面部宽度的1/5。鼻根位于两眉之间，鼻梁由鼻根向鼻尖逐渐隆起，鼻翼在过内眼角的垂直线上。

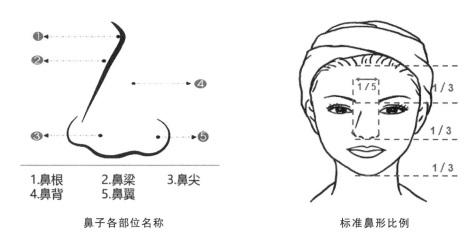

鼻子各部位名称　　　　　　　　标准鼻形比例

4. 嘴唇

嘴唇的位置在鼻尖至下颌底的1/3处。唇峰位于唇中线与唇角之间距离的1/3处，是上唇唇缘上相对唇中线对称的两个最高点。上唇与下唇的边缘衔接处是唇角。

标准唇形的宽度为平视时双眼眼球内侧的间距。一般来说，下唇略厚于上唇，亚洲人上下唇厚度的标准比例是2∶3，而欧洲人则为1∶2。唇峰位于唇中线与同侧唇角之间距离的1/3处。两唇峰之间的宽度为整个唇部宽度的1/3。

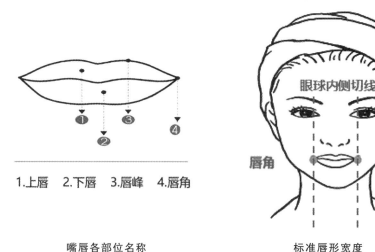

嘴唇各部位名称　　　　　　　　标准唇形宽度

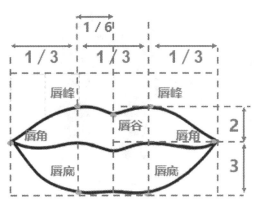

标准唇形比例

(二) 面部轮廓

我们的面部并非平面,而是有凹凸变化的立体形状。从立体的角度来看,面部可以分为正面和两个侧面,正面也可以分为内轮廓和外轮廓。在修饰面部时,可以利用色彩的明暗对比,改善扁平的面型,增强面部的立体感。

外轮廓是颞骨到颧弓外侧再到下颌角,这条线是外轮廓线,决定了脸型。内轮廓是从颧骨到苹果肌再到下巴尖,这些面部凸起的骨骼外缘是内轮廓线。内轮廓线决定了面部层次和立体感,主要影响因素有鼻子、苹果肌等。

内、外轮廓线离得近,脸型越窄,立体感越强。相反,距离越远,脸型越宽,面部的立体感就越弱。面部轮廓在受光后,各个部位的明暗深浅都不相同。受光部位为亮面,如额头、鼻梁、颧骨、下颌等。背光部位为暗面,亮面和暗面交界处为明暗交界线。

"四高三低"指的是面部的明暗变化。所谓"四高",分别为额头、鼻尖、唇珠和下巴尖,这些都是亮面。而"三低"分别指两眼之间的鼻额交界处、唇珠上方的人中沟,以及下唇下方的凹陷处,这些应为暗面。

(三) 脸型与化妆

脸型即面部的外轮廓线,指平视面部正面时,发际线以下的全脸边缘线条。常见的脸型包括椭圆脸、圆脸、方形脸、长方形脸、倒三角形脸和菱形脸等。

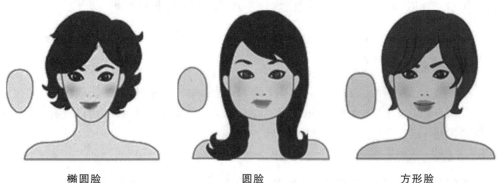

椭圆脸　　　　　　　　圆脸　　　　　　　　方形脸

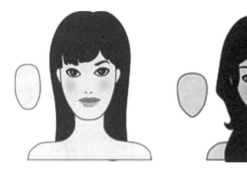

长方形脸　　　　　　　倒三角形脸　　　　　　　菱形脸

1. 椭圆脸

椭圆脸长宽比合适,是最均匀、最理想的脸型。其特点是前额宽于下颌,额头与颧骨等宽,下颌角线条圆润。这种脸型端正、典雅,是传统审美中的最佳脸型。化妆时,宜保持其自然形态,不必通过化妆进行修饰。

2. 圆脸

圆脸的特点是面部宽度与长度接近,额头和下巴偏短,双颊饱满,面部线条圆润丰满,少有棱角。化妆修饰时,应从纵向拉长、横向削窄面部轮廓。

3. 方形脸

方形脸又称国字脸,主要特征为额头高而开阔,两腮突出,下巴短且宽,面部线条棱角分明。方形脸轮廓分明,是一种常见的男士脸型,因此对于女士来说显得不够柔和。化妆修饰时,应削弱面部棱角的坚硬感,增加柔和度。

4. 长方形脸

长方形脸的外轮廓较长,五官间距也相对较大,额头与脸颊的宽度接近。化妆修饰时,应从纵向上缩短、横向上加宽外轮廓。

5. 倒三角形脸

倒三角形脸又称甲字形脸,其特征为额头宽,两颊及腮部内收,下巴窄而尖。化妆修饰时,应收窄额头的宽度。

6. 菱形脸

菱形脸又称杏仁脸,颧骨是面部最宽的部位,额头和下巴相对较窄,面部立体感突出。化妆修饰时,应从视觉上拉宽脸颊,削窄颧骨,使轮廓线条柔和。

(四)皮肤与化妆

1. 中性皮肤

中性皮肤是一种比较理想的皮肤类型,但现实中完全的中性皮肤很少见,其主要特征是皮肤水润、光滑、有弹性,肤色均匀,毛孔细小。随着季节和年龄的变化,中性皮肤也会发生一定的变化,应适时调整护理方法。

2. 油性皮肤

油性皮肤的特征是皮肤油腻、粗糙,毛孔粗大,不易产生细纹。因皮脂分泌多,会导致毛孔堵塞,引起粉刺、痤疮等皮肤问题。油性皮肤应选择清洁力较强的洁面产品和含油脂较少的粉底液或粉状粉底,还要注意皮肤的清洁和保养。油性皮肤易脱妆,因此夏季化妆时,可以在涂粉底液前先涂抹具有控油功能的妆前乳。其他季节化妆时,可以选用偏干的粉底液或粉底霜。为保证妆效,应注意随时补妆。

3. 干性皮肤

干性皮肤油脂分泌少,角质层含水量低,皮肤干燥,容易生长细纹。干性皮肤的人应尽量选用滋润型洁面产品和粉底液、粉底霜。

4. 混合性皮肤

混合性皮肤兼有油性皮肤和干性皮肤的特征,一般是在额头、鼻子,以及鼻翼两侧构成的T区分泌油脂,而在脸颊两侧与下巴构成U区,较为干燥。混合性皮肤的人应分区化妆,例如在T区使用定妆粉控油,而U区不定妆。

5. 敏感性皮肤

敏感性皮肤高度不耐受,其特征是皮肤比较脆弱,遇到刺激时,皮肤会出现红肿、发痒、脱皮等过敏现象。敏感性皮肤的人应选用不含酒精的敏感肌专用化妆品,且不宜频繁更换化妆品。初次使用的化妆品,应在手臂内侧或耳根处少量涂抹,进行敏感性试验,确定是否有过敏反应。

(五)打造职业妆容

化妆的步骤,整体可以分为三步,分别是清洁护肤、底妆和彩妆。

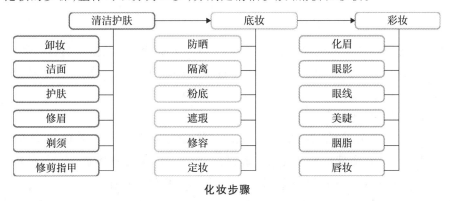

化妆步骤

1. 清洁护肤

1)卸妆

卸妆是清洁护肤的第一步,选对卸妆产品很重要。一般来说,卸妆产品包括卸妆油、卸妆水、卸妆乳、眼唇专用卸妆液和卸妆湿巾等。

卸妆油是卸妆力较强的产品,几乎能卸除所有彩妆,但并非所有肤质都适用。卸妆水无油感,不用乳化,通常卸妆力中上,能卸除大部分的防水产品,但也有少部分非常难卸的防水、防油产品,卸除不净。卸妆乳是有油感的乳液状液体,其质地温和、卸妆力中等,适用于卸除普通日常妆。但对于防水、防油产品效果有限。眼唇专用卸液一般是水、油分离状的,用前需要摇匀,是针对眼部和唇部这两个最难卸也最敏感的部位设计的产品,通常配方温和。卸妆湿巾使用起来方便快捷,适合出行时携带,但卸妆力一般,并不是日常护肤的最佳选择。部分含有酒精的卸妆湿巾会刺激皮肤,甚至引起眼、唇等敏感部位的刺痛感。

卸妆产品

卸妆时,应放轻力度先从眼部、唇部这些彩妆部位开始,然后再将脸部的彩妆和油垢彻底卸除。

(1) 眼部卸妆。

应将化妆棉垫在下眼睑处,闭上眼睛,使化妆棉上的卸妆液沁润上睫毛。稍待片刻,再用棉棒蘸取卸妆液,从睫毛根部至梢部反复擦拭,去除睫毛膏。最后换一块干净的化妆棉,用同样的方法卸除睫毛的污垢。卸除眼线时,应使用棉棒蘸取卸妆液,从内眼角至眼梢,在眼睫毛根部反复轻轻擦拭。卸除眼影时,应闭上眼睛,在眼皮上敷上浸满卸妆液的化妆棉,稍待片刻后由内向外轻轻擦拭,此动作可反复多次,直至擦净为止。

(2) 唇部卸妆。

可以使用浸满卸妆液的化妆棉敷于唇上,等待3—5秒,唇妆溶解后由一侧嘴角向另一侧嘴角轻轻擦拭。注意唇纹处和嘴角处是卸除唇妆的盲点,应反复擦拭,把渗入深层的唇膏清除彻底。

(3) 卸除面部妆容。

取适量的面部卸妆乳,点在额头、脸颊、鼻子和下颏各处。将手润湿,在脸颊、鼻翼、额头和发际处各个部位做螺旋状按摩,使卸妆乳渗透到皮肤表面的化妆品中,并与其融合。然后用化妆棉将脸部轻轻擦拭干净,最后再用清水洗净。

2) 洁面

洁肤类化妆品包括洗面奶、泡沫型洁面产品、洁面皂等,用于溶解、卸除化妆品、清洁油脂和污垢。

(1) 洗面奶。

洗面奶中的表面活性剂具有润湿、分散、发泡、去污、乳化五大作用,是洁面品的主要活性成分。奶油状洗面奶含有油相成分,适用于干性皮肤。水晶状、透明产品不含油相成分,适合大部分人。

(2) 泡沫型洁面产品。

泡沫型洁面产品品种繁多,有洁面啫喱、洁面液、洁面膏、洁面粉等,这些洁面产品均能够产生泡沫,洗净力强,但刺激性较强,适用于油性、混合性及不敏感的肌肤。

(3)洁面皂。

洁面皂又称美容皂、洁肤皂、滋养皂,是具有保湿、控油、抗痘、美白等功效的美容护肤类香皂。

为了深层清洁皮肤角质,应定期在洁面之后,使用去角质霜。洁面时,用双手蘸取洁面泡沫,运用打圈的方法,在面颊、额头、眼周、鼻部、嘴部、下颌等部位进行按摩,直至将污垢清洁干净。用温水洗净泡沫,冲洗时,要注意洗净发际、眉尾和鼻翼周围的泡沫,避免泡沫残留在面部。冲洗干净后,用棉质毛巾轻轻按压面部,或用手轻拍面部,直至水分完全吸收。

3)护肤

化妆前的润肤对保护皮肤有着重要作用。润肤是指在清洁后的皮肤上涂抹与肤质相适应的营养液和润肤霜。也可以在妆前敷用面膜,使皮肤得到滋润,进一步体现健康、润泽的肤质,并使其易于上妆。护肤类化妆品包括化妆水、眼霜、精华素、乳液、面霜等。日常的护肤流程包括爽肤、润肤两项。定期保养护肤包括去角质和敷面膜等。

(1)爽肤。

化妆水一般为透明的液体,通常包括爽肤水、柔肤水、精华水三种。爽肤水又称紧肤水、化妆水等,用于洁面之后,起到二次清洁的作用。使用爽肤水,可以恢复肌肤表面的酸碱值,调理角质层,使肌肤更好地吸收营养,为使用保养品打好基础。柔肤水通常包含水溶性保湿剂和保湿因子,能够帮助皮肤补充水分,适用于干性皮肤和敏感性皮肤。与一般的化妆水相比,精华水中的保湿成分、美白成分、抗氧化成分等营养成分含量更高。

爽肤即洗完脸后擦拭化妆水。爽肤的主要作用是平衡油脂分泌,补充皮肤水分,提高面部的光泽感及水润度,有利于之后使用的眼霜、精华素、乳液、面霜等护肤品更好地被皮肤吸收。敷化妆水的方法有两种:第一种是先用化妆水浸湿化妆棉,然后避开眼部周围的皮肤,用化妆棉轻轻擦拭皮肤;第二种是将化妆水倒在手心,用双手轻轻拍打面部,使皮肤更好地吸收化妆水。擦完化妆水后,用双手轻按面部并停留数秒,用手心的温度促进化妆水的营养渗透到皮肤内部。

(2)润肤。

润肤即擦拭眼霜、精华素、乳液、面霜等护肤产品,目的是补充皮肤的营养和水分,以增强皮肤的新陈代谢能力。为了使皮肤得到最有效的护理,在使用护肤产品时,应先进行眼部护理,再进行面部护理。

① 眼霜可以用来保护眼睛周围较薄的一层肌肤,对去除眼袋、黑眼圈、鱼尾纹等有一定的效果。眼霜的种类很多,从类型上大致可以分为眼膜、眼胶、眼部啫喱、眼贴等;从功能上,可以分为滋润眼霜、紧致眼霜、抗皱眼霜、抗敏眼霜等。涂抹眼霜的方法是先用无名指取半粒黄豆大小用量的眼霜,由内眼角向外眼角方向轻轻按压眼部周围的皮肤,直至眼霜完全吸收。

② 精华素分为水剂和油剂两种,具有抗皱防衰老、保湿、美白、祛斑等功效。使用时,用指腹将乳液在脸上轻轻推开、按摩涂抹,以使皮肤更好地吸收乳液。

③ 乳液、面霜是基础护肤非常重要的一步,具有美白、补水、抗衰老等作用。乳液相对清爽一些,适合夏季使用。面霜滋润度高,适合秋冬季节使用。使用面霜时,取适量置于手心,利用手心的温度使其化开,然后用指腹将其涂抹在脸上,并打圈按摩。

正常、健康的皮肤应该是光滑、有弹性、有光泽的,但由于不良因素的影响,如不均衡的饮食、不规律的生活作息、抽烟、不良情绪等,会导致皮肤代谢速度变慢,角质细胞无法自然脱落,只能堆积在皮肤表面,从而使皮肤变得粗糙、暗沉。因此,应定期利用磨砂膏、去角质凝胶等去角质的产品去除皮肤表面堆积的角质,让皮肤重新"呼吸"。

另外,还可以使用面膜进行润肤。面膜通常为贴片式,可以在短时间内为皮肤补充大量水分及营养。常用的面膜有保湿、美白、抗皱、清洁和局部保养等功效。面膜如同护肤程序中的"加餐",那么如何使面膜发挥最大的功效呢?以贴片式保湿面膜为例,应先用温水清洁皮肤,使脸上的毛孔打开,促进皮肤更好地吸收面膜的营养。然后将面膜敷在脸上,用手指轻轻按压面膜使其与皮肤完全贴合。注意通常敷面膜的时间在15—20分钟即可,不宜过长,否则面膜会反向吸收面部皮肤的营养。最后取下面膜,用指腹轻轻地点拍面部,促进面膜营养的吸收。

4) 修眉

女性旅游从业人员应定期修眉,保持眉型整洁大方。修眉的工具包括修眉钳、修眉刀、修眉剪、电动修眉刀等。修眉钳用于拔除眉毛,钳口通常为圆头,可以避免夹伤皮肤。修眉刀可用于修正眉形,使形边缘整齐。修眉剪有弯头和直头两种类型,一般要配合修眉钳和修眉刀来使用,主要用于修剪眉毛过长的部分,而并非齐根剪断眉毛。电动修眉刀易上手、好操作,且安全性较高,适合新手使用。

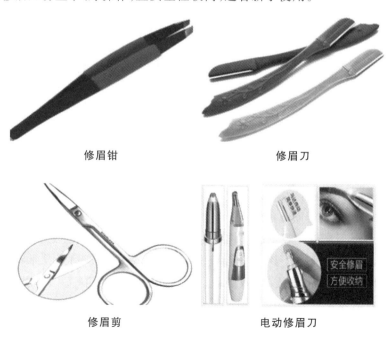

修眉钳　　　　　　　　　修眉刀

修眉剪　　　　　　　　　电动修眉刀

根据使用的化妆工具不同,修眉的方法主要有三种:拔眉法、剃眉法、剪眉法。下面分别介绍这几种方法。

(1)拔眉法。

拔眉法是指用修眉钳将多余的眉毛连根拔除,达到修饰眉型的效果。修眉前,应先用温热的湿毛巾热敷眉毛片刻,以达到软化皮肤、扩张毛孔、减轻痛感的效果。然后用食指和中指将眉部皮肤绷紧,以免眉钳夹到皮肤,再顺着眉毛生长的方向一根一根地拔。注意,不要逆着眉毛的生长方向拔眉毛,那样会加剧疼痛感。拔眉时,不可东一根西一根地拔,应该按照先上后下,或先下后上的顺序一点一点有秩序地进行,这样不仅速度快,而且眉形更容易修整整齐。

拔眉法的优点是修整过的皮肤很干净,眉形保持的时间相对较长;缺点是拔眉时有轻微的痛感,且长期使用拔眉法修眉,会损伤眉毛的生长系统,使眉毛的再生率越来越低。

(2)剃眉法。

剃眉法是利用修眉刀将多余的眉毛剃除,修整眉型的方法。因修眉刀十分锋利,操作不当会割伤皮,所以使用修眉刀时应特别小心。新手可以选择电动修眉刀,安全性和便利性都要优于传统的刀片式修眉刀。操作时,应一手持刀,一手将眉部皮肤绷紧,使修眉刀与皮肤呈45°在皮肤上轻轻滑过,将眉毛从根部切断。

剃眉法的优点是修眉速度快、无痛感;缺点是剃过的部位不如拔眉法显得干净,而且眉毛再生速度快,眉形保持时间短。

(3)剪眉法。

剪眉法是用修眉剪将杂乱或下垂的眉毛剪掉,使眉形显得整齐。操作时,先用眉梳将眉毛理顺,然后再用眉剪将多余的部分剪掉。一般需要搭配修眉刀或修眉钳一起操作,才能达到更好的修眉效果。

5)剃须

剃须用品主要包括剃须泡沫、剃须刀等。剃须前,用热水洗脸或热毛巾敷脸,湿润温热的水蒸气可以让毛孔彻底放松,同时又能软化胡须,为下一步剃须做好准备。胡须是全身上下最坚硬的毛发,在没有完全软化它们的时候就强行剃须,不仅很难剃干净,而且还容易受伤。所以,应先用毛巾敷脸。可以用剃须膏和剃须泡沫刷快速打圈打出泡沫,将剃须泡涂抹于脸颊、唇四周并稍等片刻,直到胡子变软为止。剃须泡沫可以使面部变得更滑润平整,减少刀头对皮肤的刺激。

不同肤质建议用不同的剃须产品,油性皮肤或者胡须浓密的男士,皮肤会更加丰润一点,浓稠的泡沫会更加易于附着在脸上,可以选择剃须泡沫。胡茬比较粗的话,可以选择质地更加细腻的剃须啫喱。先顺着胡须生长的地方刮,再剃鬓角、两颊和颈部胡须,然后以26°仰角刮下颚,最后再刮上唇。因为下颚以及上唇的胡子更厚、更多,需要更长时间来软化,如果还觉得不够干净,再逆着胡须生长的方向重复刮一次即可。剃须后,用柔软的毛巾轻轻擦干皮肤和多余的泡沫,30秒后用须后护理膏,镇静、舒缓皮肤,之后用爽肤水、保湿乳液或面霜进行日常护肤步骤。

需要注意的是,清晨剃须为佳。洗澡前不要剃须,因为刚剃完须后,其实有很多肉眼看不见的微创伤口,伤口都是比较敏感的,沐浴露和洗发液以及热水都会对伤口有一定的刺激,容易引起皮肤发红或过敏。

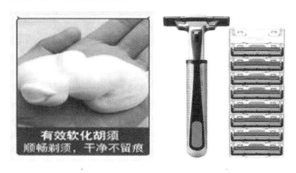

剃须泡沫　　　　　剃须刀

6)修剪指甲

修剪指甲的工具包括指甲锉和指甲剪等。旅游从业人员应定期修剪指甲,保持指甲长度适宜,以指甲不超过指尖为标准长度要求。指甲表面应光亮,甲缝应洁净,没有污垢。

指甲锉　　　　　　指甲剪

2. 底妆

粉底的基本成分是油脂、水分以及颜料等。颜料的多少决定粉底的颜色。根据水分、油分的比例不同,粉底可以分为乳液状粉底和膏状粉底。根据用途的不同,还有遮瑕膏和抑制色两种。

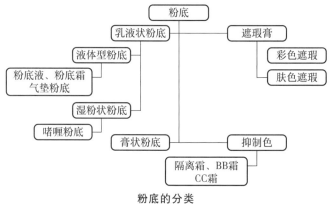

粉底的分类

乳液状粉底又可以分为液体型粉底和湿粉状粉底。液体型粉底油脂含量少,水分含量较多,妆感温润、自然,适合干性皮肤使用。而湿粉状粉底则适合干性、中性皮肤使用。

膏状粉底油脂含量多,具有较强的遮盖力,适合用来修饰瑕疵过多的面部。遮瑕膏是一种特殊的粉底,主要用于遮盖黑痣、色斑等较重的瑕疵。抑制色,主要是利用补色的原理来调节肤色。

一般来说,底妆的顺序是防晒、隔离、粉底、遮瑕、修容和定妆。根据化妆品的不同质地,彩色遮瑕要在粉底之前,而肤色遮瑕要用在粉底之后。膏状修容产品用在定妆粉之前,而粉状修容用在定妆粉之后。接下来,我们按照化妆的顺序来依次认识一下底妆化妆品和化妆工具吧。

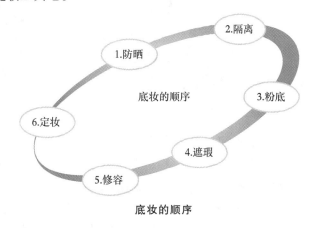

底妆的顺序

1)防晒

根据肤质不同,选择的防晒产品也有所不同。油性皮肤应选择渗透力较强的水剂型、无油配方的防晒霜,这些产品使用起来清爽不油腻,不堵塞毛孔。油性肤质要慎用防晒油和物理性防晒产品。干性皮肤应选用质地滋润、具有补水和抗氧化功效的防晒产品。敏感肌肤应选择物理防晒霜。涂抹防晒霜时,先将防晒霜分别点在脸上的不同部位,然后用指腹慢慢推开,再以大范围画圆的方式将防晒霜涂抹均匀,最后再加强涂抹鼻尖等容易晒伤的部位。若使用防晒喷雾,可以直接将其喷洒到需要防晒的部位。

2)隔离

隔离霜有隔离彩妆及紫外线、灰尘的作用,既可以避免皮肤受到伤害,还可以修饰肤色,使粉底更加服帖。常用的隔离产品有防晒隔离、抑制色隔离等。防晒隔离具有防晒功效,而抑制色隔离是利用补色原理,有效减轻面部晦暗,调和面部的蜡黄色以及脸颊上不自然的红色,起到协调肤色、增加皮肤的红润度及白嫩感的作用。例如,肤色偏红的部位可以用绿色调节,肤色偏晦暗或蜡黄的部位可以用紫色调节,苍白的皮肤可以选用红色隔离霜,而缺乏光泽的皮肤则可以选用米色隔离霜。需要注意的是,抑制色隔离霜和彩色遮瑕膏等调节肤色的产品要用在粉底之前。涂抹隔离霜时,先取适量乳霜轻点在毛孔粗大的鼻子和脸颊处,然后按照鼻子从上向下、脸颊从上向斜下方的方向轻轻涂抹,填平毛孔。最后用化妆海绵轻拍涂抹部位,抹平抹匀。

3) 粉底

乳液粉底可以分为液体型粉底和湿粉型粉底。粉底液属液体型粉底,主要用于调整肤色,改善肤质,遮盖皮肤瑕疵。气垫粉底的粉芯是用带有无数个细孔的海绵将粉底液充分吸收而制成的,外包装采用类似粉饼的粉盒,且粉盒中会有自带的气垫粉扑及小镜子,携带和使用都很方便,适合外出补妆使用。粉底膏是膏状粉底,油脂含量多,具有较强的遮盖力,可以使皮肤富有光泽和弹性,适用于面部瑕疵过多者。

粉底液　　　　　　气垫粉底　　　　　　粉底膏

涂抹粉底的方式有很多种,可以直接用手涂抹,也可以用粉扑或粉底刷进行涂抹。直接用手涂抹是最方便的粉底涂抹方式,容易掌控力度,但也容易留下指纹,在眼底、下颌和鼻翼等细节处容易涂抹不均。此外,手温还会影响粉底质地。用海绵粉扑涂抹粉底操作简单,上粉均匀、服帖。但是,因粉扑会吸收过多粉底而造成浪费,且粉扑使用期限短,需要定期更换。用粉底刷涂抹粉底能够完整地保留粉底的原有质地,其操作灵活,且刷出的底妆厚薄均匀。粉底刷使用寿命长,易于清洗和保养。使用粉底刷涂抹粉底的缺点是粉底刷携带不方便,且需要多加练习才能掌握其使用技巧。可以根据个人的实际情况选择涂抹粉底的方法。

涂抹粉底的手法主要有以下几种。一是点法。涂抹粉底时先把粉底按照从上至下、从中间向两边的顺序,以打点的方式涂于面部。二是擦法。粉底点完后用粉扑或指腹由上往下、由内向外轻擦。三是压法。粉底擦均匀后用洁净海绵从面颊起进行全脸按压,将过剩的粉底、油脂吸走,使粉底和皮肤的亲和性增强,着色效果更好,使肤色更自然,避免"浮"的感觉,并使底色保持的时间更长。四是推法。推法适用于对特殊部位,如鼻唇沟的粉底涂抹。

4) 遮瑕

遮瑕膏是一种特殊的粉底,质地较干,遮盖力强,适用于局部瑕疵,如斑点、痘印、毛孔粗大、眼袋、黑眼圈等。

遮盖黑眼圈时,先用遮瑕刷蘸取适量的橘红色遮瑕膏,点涂在黑眼圈处,再用遮瑕刷将遮瑕膏晕染均匀。蘸取与肤色接近的遮瑕膏,将其点涂在晕染开的橘红色遮瑕膏上面。点涂完后,先用遮瑕刷轻拍、晕染遮瑕膏,然后将遮瑕刷上剩余的遮瑕膏晕染在黑眼圈下方,使遮瑕区域与脸颊过渡自然。

遮盖痘痘时,用遮瑕刷蘸取适量的绿色遮瑕膏,轻轻地点在痘痘上。用遮瑕刷轻轻拍打遮瑕膏,使其在痘痘周围自然晕开。为了让痘痘更加隐形,需要使用与皮肤颜色接近的遮瑕膏,用上述方法在痘痘上进行遮盖。遮瑕完毕后,涂抹粉底液,使遮瑕膏与粉底液的颜色自然地融合在一起。

遮瑕膏

5) 修容

修容棒用在定妆粉之前,一般分为单头和双头两种:单头修容棒只有修容一端,而双头修容棒则具有修容和高光两种功效。

修容粉用在定妆粉之后,一般会有两个色系:深色系以咖啡色或棕色为主,用于在鼻梁两侧、下颚等处打造阴影;浅色系,也就是高光,通常以亮白色和米白色为主,用于额头、鼻梁、眉骨以及颧骨等部位。

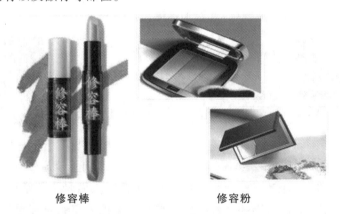

修容棒　　　　　　修容粉

涂抹修容粉的工具主要包括轮廓刷和亮粉刷两种:轮廓刷可以用于面部外轮廓的修饰,刷毛较长且触感轻柔,顶端呈椭圆状;亮粉刷可用于在需要突出的部位涂抹亮色化妆粉,以强调面部的立体感。

6) 定妆

定妆粉又称散粉或蜜粉,质地有亚光和珠光之分,一般用在粉底液之后,与粉底液结合,调和妆容的光亮度,防止脱妆。选择定妆粉时,应选择细腻、顺滑、附着性好的产品,颜色要与粉底液的颜色接近。上定妆粉时,可以先用粉扑将定妆粉拍按在皮肤上,再用散粉刷掸掉浮粉,刷出薄厚均匀的底妆。

3. 彩妆

1) 眉妆

眉笔是描画眉毛的工具,呈铅笔状,笔芯较硬,颜色饱和,能够描画出流畅的线条。常用的眉笔有黑色、棕色和灰色等,应尽量选择与发色相近的颜色。

眉粉一般为两色或三色及深浅搭配的多色款。使用时,用眉刷蘸取,由眉头向眉梢方向均匀涂抹,眉粉的妆感柔和、自然、线条感弱。

眉笔

眉粉

2) 眼妆

眼影是用于美化眼部的彩妆之一,主要用于加强眼部的三维效果,修饰眼形,衬托眼睛的神采。眼影的品种多样、色彩丰富,常用的产品有眼影粉和眼影膏等。眼影粉为粉块状,粉末细致,色彩丰富,使用方便,可以分为珠光和哑光两种。眼影刷有两种,一种是毛质眼影刷,另一种是海绵棒状眼影刷,两者均可用于晕染眼影,增强眼睛的立体感。不同之处在于海绵棒状眼影刷比毛质眼影刷晕染的力度大、上色多。眼影膏没有眼影粉的色彩丰富,但色泽鲜艳,具有光泽度和滋润感。

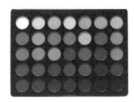

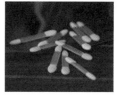

眼影粉　　　　眼影膏　　　　毛质眼影刷　　　海绵棒状眼影刷

通常,上、下眼睑都需要晕染眼影。上眼睑由上睑缘向上至眉弓骨下方晕染,即晕染整个眼窝。下眼睑只在贴近下睫毛根部的一小条区域做晕染。常见的晕染眼影的方法包括单色眼影、双色眼影和多色眼影。单色眼影的晕染是最简单的,它不需要考虑配色,只需确保晕染范围不超过眼窝、下眼睑只晕染眼尾处即可。双色眼影是眼影盘中常见的一种组合,通常采用相近色或类似色组合。双色眼影的晕染侧重于加重眼尾,即先用浅色在眼窝内打底,再用深色加深眼尾,塑造眼部轮廓。多色眼影的晕染最为复杂,通常包含单色和双色眼影的晕染方法。

修饰眼线的化妆品可以调整和修饰眼形,使眼部轮廓更鲜明、更富有神采。眼线化妆品的种类较多,主要包括眼线液、眼线膏、眼线笔等。眼线液呈半流动状,并配有细小的毛刷,上色效果好,但操作难度较大。眼线笔的外形类似于铅笔,芯质柔软,易于描画,效果自然。眼线膏呈块状,晕染层次感强,上色效果好,不易脱妆。

使用眼线液描画眼线时,用手指将上眼睑轻轻地向上提拉,露出一条缝,然后贴着睫毛根部画内眼线。瞳孔上方的眼线可以适当画宽一些,有扩大眼睛的效果。让眼睛保持微眯的状态,从内眼角开始,向外眼角方向画出基本外眼线的形状。在外眼角处按照想要的角度画出眼线尾端。画眼线尾端时,要使其与基本眼线自然地连接在一起,并逐渐变细。

美睫化妆时,应先使用睫毛夹,由睫毛根部至梢部依次以强、中、弱的力度施力,将睫毛夹出卷翘的弧度。再使用睫毛膏,涂刷睫毛,使其呈现浓密、纤长的效果。

眼线液　　　　眼线笔　　　　眼线膏　　　　睫毛膏

3) 胭脂

胭脂是用来修饰面颊的彩妆,可以用于矫正脸型,突出面部轮廓,统一面部色调,使肤色更加健康、红润。胭脂主要有粉状和膏状两种,较为常用的是粉状胭脂。粉状胭脂外观呈块状,含油量少,色泽鲜艳,使用方便。胭脂刷是晕染胭脂的工具,刷毛多而柔软,富有弹性,前端呈圆弧状。

常见的腮红色系有粉色系、棕色系和橘色系。腮红颜色的选择要根据肤色而定。偏白肤色可以选择的腮红颜色范围较大,但最适合用粉色系的腮红,它能让白嫩的皮肤看起来更加白皙透亮。偏黑肤色带有健康的自然美感,可以使用棕色系的腮红,能使面部轮廓更加立体。偏黄肤色较适合橘色系腮红,它能很好地调和偏黄皮肤的色差,提亮肤色,使面部看起来红润、有气色。

打腮红时,先用腮红刷蘸取粉状腮红,轻轻抖掉浮在刷头上的腮红。微笑一下找到苹果肌的位置,用蘸有腮红的刷面从苹果肌处向太阳穴方向扫刷,且力度越往外越轻。

粉状胭脂　　　　胭脂刷

4) 唇妆

唇膏是所有彩妆中颜色最丰富的一种,具有调整唇形、改善唇色和滋润唇部的作用。按照形状,唇膏可以分为棒状和软膏状两种。此外,唇部彩妆还包括唇彩和唇釉等。其中，棒状唇膏易于携带、使用方便，是最常见的唇妆产品。唇彩质地细腻，光泽柔和，颜色自然，滋润感强。若想画出细致的唇妆，可以使用唇刷。选择唇刷时，最好选择顶端刷毛较平的款式，这种形状的刷子有一定的宽度，刷毛较硬，但有一定的弹性，既可以用来描画唇线，又可以用来涂抹全唇。

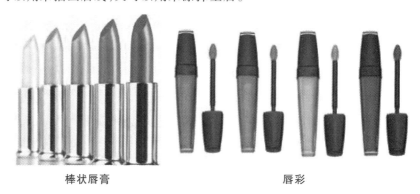

棒状唇膏　　　　　　　　　唇彩

"1+X"证书直通车

"1+X"酒店运营管理职业技能等级证书（中级）：要求旅游行业从业人员能够按照酒店标准，检查接待人员仪容仪表、行为规范及出勤；能够依据酒店标准，检查下属仪容仪表、行为规范；能够检查员工仪容仪表及出勤情况。

任务二　行为仪态规范

任务描述： 本任务对旅游从业人员规范的表情、站姿、坐姿、蹲姿、原地转体、行姿、递接、准备手位、距离、鞠躬、握手、引导等仪态动作进行了较为全面的介绍。

任务目标： 了解旅游从业人员的仪态礼仪规范。按照礼仪规范做出表情、站姿、坐姿、蹲姿、原地转体、行姿、递接、准备手位、距离、鞠躬、握手、引导等仪态动作。

知行合一
Zhixing Heyi

用微笑化解客人的不满情绪

某宾馆，一位住宿客人外出后，他的朋友来访，要求进入他的房间去等候。由于住宿客人事先没有留言交代，因此总台服务员没有应允访客的要求。住宿客人回来后见朋友还坐在大堂沙发上等候，十分不悦，并与服务员争执起来。大堂经理张丽闻讯赶来，刚开口解释，客人就火气很大地指着她呵斥起来。张丽是一位有着多年工作经验的老员工了，她明白在这种情况下任何解释都是毫无意义的,于是她脸上保持着亲切友好的微笑,一边听着客人的斥责,一边点头表示理解对方的感受。10分钟过去了,客人把满腹的不满都说出来了,情绪渐渐平静下来。张丽这时才心平气和地告诉客人酒店的有关规定,并对刚才发生的事情表示歉意。客人接受了张丽的解释,并表示:"你的微笑征服了我,而我刚才那么冲动,真的很不应该!希望下次还能再见到你亲切的微笑。"

分析
▼

一、表情礼仪

人的面部表情,主要分为目光、微笑、唇部表情、眉部表情四个部分。

(一)目光

1. 注视的角度

从注视的不同角度来区分,目光可以分为平视、斜视、仰视和俯视四种。

平视,也称正视,即视线呈水平状态,一般代表平等、公正或自信、坦率。常用于在普通场合与身份、地位平等的人进行交往时。

斜视,表示怀疑、疑问、轻蔑。即目光不是从眼睛正中射向对方,而是从眼角斜视对方,这是极为失礼的,也会给人一种心术不正的感觉。

仰视,一般表示尊敬、崇拜、期待。即主动居于低处,抬眼向上注视他人,以示尊重、敬畏对方之意。

俯视,即向下注视他人,可以表示对晚辈的宽容、怜爱,也可以表示对他人的轻慢和歧视。

2. 注视的部位

从注视的部位来看,注视对方的双眼为关注型注视,表示自己聚精会神、一心一意地注视对方。注视对方双眼时,时间不能太长。在正规的社交活动中,注视对方额头为公务型注视,表示严肃、认真、公事公办。注视双眼到唇部这一区域,是在社交场合面对交往对象时的常规方式,因此也称为社交型注视,表示礼貌、尊重对方。而注视双眼到胸部这一区域,多用于关系密切的男女之间,因此也称为亲密型注视,表示亲近、友善。

3. 注视的时间

一般情况下,目光注视对方的时间占相处时间的30%—60%,表示友好和重视;注视时间不到全部相处时间的30%,就意味着轻视;而注视时间超过全部相处时间的60%,则意味着有敌意或者有寻衅滋事的嫌疑,是非常失礼的行为。

4. 眼神的类型

不同的眼神表示不同的含义。下面介绍几种常见的眼神类型。

1）柔视型

目光直视对方,有神却又不失柔和。这种目光投射出去,给人以自信和亲切的感觉。

2）热情型

目光充满活力,给人以活泼、开朗和蓬勃向上的感觉。这种目光如果运用得当,可以使对方情绪渐涨,提高谈话兴趣。但如果不分对象、不分场合,一味地热情相望,也会产生相反的效果。

3）他视型

即与对方讲话时眼睛却望着别处。这种眼神是不尊重他人的注视形式,容易使对方产生误解。

4）斜视型

即目光不是从眼睛正中射向对方,而是从眼角斜视对方。这是极为失礼的注视方式,会给人心术不正的感觉。

5）无神型

目光疲惫、视线下垂,不时看向自己的鼻尖。这种目光给人冷漠之感,这样的注视方式往往会使谈话的气氛冷淡。

5. 目光在社交中的运用

有时,我们会发现目光有一定的规律和特征,如一旦被别人注视而将视线突然移开的人,大多有着自卑的心理。无法将视线集中在对方身上,并很快收回视线的人,多半属于内向性格、不善交际的人。听别人讲话时,一味地点头却不将视线集中在谈话者身上,表示对话题不感兴趣。在社交活动中,目光的交流必不可少。交谈时,将视线适时适当地集中在对方的眼部和面部,代表了自己在真诚地倾听,是对对方的一种尊重和理解。与此相反,交谈中视线游离、不专注的情况则是无礼的表现。以下是在社交中礼貌运用目光的几个注意事项。

（1）当他人在交际场合说错了话或者是做了不自然的动作时,一定会感到很尴尬,生怕人们嘲笑他、蔑视他。这时,我们应该尽量转移视线,不应该一直盯着打量,否则会让人认为是在用目光表示讽刺和嘲笑。

（2）一般来说,交谈中的双方应注视对方的眼睛或脸部,以示尊重。但是当双方缄默无语时,就不要再一直注视对方的脸。因为双方无话题时,会产生一种冷漠、踌躇不安的氛围,此时的注视势必使对方显得更尴尬。

（3）在送别客人时,要等客人转过身,并走出一段路不再回头张望时,才能转移目送客人的视线。

（4）不要在街上或其他公共场合围观或一直盯着他人打量,因为这样做是很不礼貌的。

（二）微笑

工作期间随意聊天谈笑引发客人投诉

某日某航班，一位旅客投诉：在飞机降落时想要去洗手间，被乘务员阻止。旅客认为乘务员在解释期间有不尊重她的意思。经向旅客电话了解，旅客说："刚播报了飞机下降广播后我想上洗手间，当我到后舱时，乘务员以飞机下降不安全为由阻止我上洗手间，这个乘务员在跟我说话期间与其他机组成员一直聊天说笑。"旅客认为既然是以安全为由，乘务员尚且闲聊说笑不以身作则，怎么能谈得上安全，她对该乘务员的行为表示不满。

分析

微笑是一种能令人愉悦的表情，一个微笑就能带给对方一种温馨的感觉。发自内心、自然适度的微笑，才是内心情感的自然流露，这样的微笑才能自然亲切、温柔友善、恰到好处。在服务场合，服务人员必须将微笑贯穿于服务的全过程，要做到对所有的客人一视同仁、微笑服务。微笑不但要讲究精神饱满、气质典雅，而且要注意适时适当，指向明确，不可以笑得莫名其妙，更不能在不明白对方意图、听不懂对方语言的情况下贸然微笑。微笑不宜发出笑声，特别是女士更要注意克制，切不可咯咯地笑个不停，更不能不分场合地表现出不合时宜的微笑或大笑。

1. 微笑的分类

1）一度微笑

一度微笑只牵动嘴角肌，适用于初次见面时。

2）二度微笑

二度微笑嘴角肌、颚骨肌同时运动，适用于交谈进行中。

3）三度微笑

三度微笑嘴角肌、颚骨肌与其他笑肌同时运动，是一种会心的微笑，适用于欢送宾客时，一般以露出6—8颗牙齿为宜。

2. 微笑的练习方法

1）情绪记忆法

当需要微笑时，可以回想生活中那些最使自己高兴的事，这样脸上就会自然流露出笑容。

2）对镜训练法

对镜训练法是指对着镜子，做自己最满意的表情，并反复练习。

3）含筷训练法

这是一种很多企业在培训员工时都使用的方法，要求练习者用上下牙齿咬住一根筷子,露出上排6—8颗牙齿,同时也使唇部呈现恰到好处的微笑弧度。

4)口型对照法

口型对照法,即通过一些相似的发音口型,找到适合自己的最美的微笑状态。

(三)唇部表情

抿紧嘴唇是消极情感的一种反映,表示因遇到了麻烦,或某些方面出现了问题而内心不安,但却不愿意即刻表现出来,所以在压力的驱使下把嘴唇闭紧,通过这个动作来控制自己。

缩拢嘴唇说明对对方所讲述的内容持否定态度,或是正在酝酿着转换话题。了解缩拢嘴唇的含义,有助于我们主导谈话的内容。

在与人交谈时,用上牙齿咬住下嘴唇,或者是用下牙齿咬住上嘴唇,通常表示这个人正在认真聆听对方讲话,并在心里认真揣摩对方的意思,也可能是在反省自己。

(四)眉部表情

眉部表情主要表现为两种,即皱眉和扬眉。

一般来说,皱眉表示有厌恶、纠结、烦恼的情绪,有提醒他人远离和不要再打扰自己的意思。而扬眉可以表示欣喜、惊讶、得意等情绪。

二、站姿礼仪

美国作家威廉姆·丹福斯说过,"我相信一个站姿挺拔的人的思想也同样是正直的"。良好的站姿能衬托出人的美好气质和风度。男士站姿要体现出英武、刚健、潇洒、强壮的风采。女士站姿要体现出典雅、柔美、轻盈的感觉。具体的动作要领是"头正、肩平、胸挺、臂垂、腿并"。

(一)垂臂式站姿

垂臂式站姿是基本站姿,男女皆可采用。但是多用于男士,在服务中,女士一般不会采用垂臂式站姿。

其要领为头正目平、面带微笑,上体正直、肩平挺胸。从侧面看,头、颈、肩、背要呈一条直线。双臂自然下垂,五指并拢,虎口向前,手指向下,中指紧贴裤缝。两腿绷直,双膝并拢,两脚跟紧贴,两脚尖呈V字形,张开角度在30°左右。

垂臂式站姿

项目二　旅游从业人员职业形象礼仪

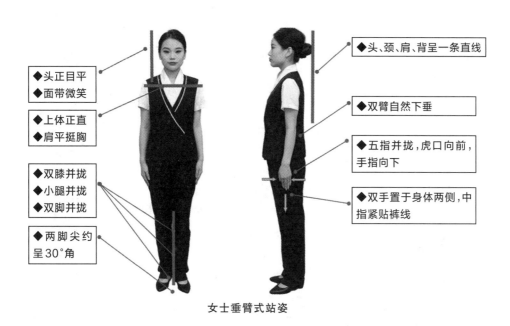

女士垂臂式站姿

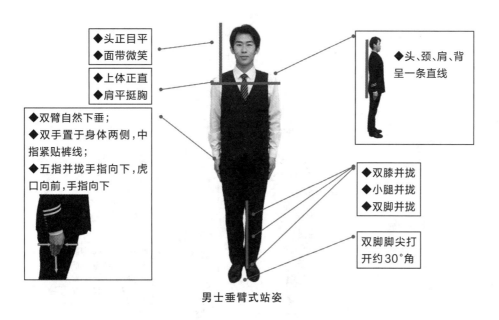

男士垂臂式站姿

（二）女士V字步腹前握指式站姿

接下来我们来看服务中女士常用的一种站姿，即V字步腹前握指式站姿。其动作要领为：两脚尖呈V字形分开约30°角，两腿并拢、挺直，双手虎口交叠于腹前，贴于肚脐处，手指伸直但不外翘。

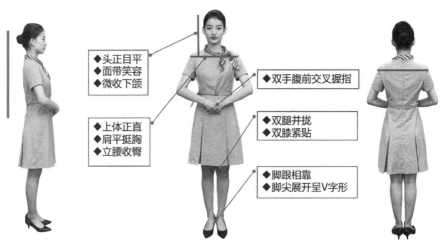

女士V字步腹前握指式站姿

(三) 女士丁字步腹前握指式站姿

女士丁字步腹前握指式站姿,常被定义为标准职业站姿。女士站成小丁字形,即一只脚的脚跟靠于另一只脚内侧脚窝,两脚尖向外略展开约60°角,形成一个丁字;双腿并拢,双膝紧贴;上体保持正直,两肩端平,挺胸,立腰收臀,双手于腹前交叉握指,右手握左手的手指部分,使左手四指不外露,左右手大拇指内收在手心处。

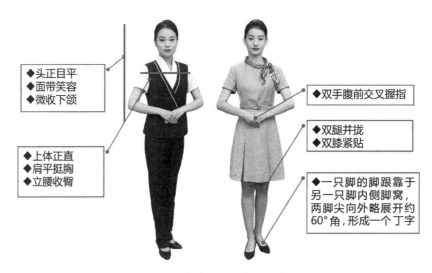

女士丁字步腹前握指式站姿

(四) 男士前握拳式站姿

男士前握拳式站姿,即双臂交叉于腹前,左手握拳,右手握住左手腕,双脚分开,使脚尖与肩同宽,身体重心落于两脚之间。这种站姿适合在工作中与服务对象交流时使用。

男士前握拳式站姿

(五) 男士后握拳式站姿

男士后握拳式站姿,即双臂于背后交叉,右手握住左手腕,自然贴于背部,双脚分开,使脚尖与肩同宽。这种站姿略带威严,适用于较为正式、严肃的迎送场合。

男士后握拳式站姿

(六) 常见的错误站姿

1. 弯腰驼背

人在站立时如果弯腰驼背,通常还会伴有颈部弯曲、胸部凹陷、腹部凸出、臀部撅起等不良体态,这些不良体态会使人显得无精打采,看起来就缺乏锻炼,甚至会给人一种萎靡不振的感觉。

2. 手位不当

站立的时候,应当以正确的手位配合站姿。在站立时,手撑在脑后、手托着下巴、双手抱胸、手肘支在某处、双手叉腰或将手插在口袋里,都属于手位不当,这些手位会破坏站姿的整体效果。

3. 脚位不当

站立时的正常脚位包括V字步、丁字步或平行步等。要注意避免人字步和蹬踩式等脚位不当的站姿。人字步即俗称的内八字;蹬踩式指的是在一只脚站在地上的同时,把另一只脚踩在鞋帮上,或是踏在其他物体上。

4. 身体歪斜

我们常说"站有站相,坐有坐相","立如松"是对站姿的基本要求,即站立时不能歪歪斜斜。如果站立时出现头偏、肩斜、腿曲、身歪或是膝部不直等问题,就会直接破坏人体的线条美,使人显得颓废消沉或自由散漫。

(七)站姿练习方法

1. 头顶书本练习法

头顶书本练习法要求穿着制服练习,每次训练时间可控制在20—30分钟,最好配以轻松舒缓的音乐,以减轻疲劳感。具体做法是:颈部自然挺直,下巴微收,上身挺直,目光平视,面带微笑;把书本放于头顶正中,保持书本不掉落,头和躯干自然保持平稳。按照这种方法锻炼,可纠正站立整体重心偏低、低头、歪头、晃头、左顾右盼的不良习惯。

2. 双膝夹纸练习法

双膝夹纸练习法的做法是:把书本放于双膝中,用力夹住,保持纸张不掉落。这种练习方法可纠正O型腿。

3. 背靠墙练习法

背靠墙练习法的做法是:将后脑、后背、双肩、臀部、小腿后侧以及脚跟与墙壁靠紧;分别将三个圆形纸团放于脖颈、两肩与墙壁之间,保持纸团不掉落;双腿盖伸直。这种练习方法可纠正脖颈前伸、含胸扣肩、身体重心偏移的不良习惯。

4. 两人贴背练习法

两人贴背练习法的做法是:两人背对背相贴,按照背靠墙练习法的标准进行练习。可以在两人紧贴的背部之间放置纸板,练习过程中要保证纸板不掉落。

| 头顶书本练习法 | 双膝夹纸练习法 | 背靠墙练习法 | 两人贴背练习法 |

三、坐姿礼仪

（一）入座与离座

1. 男士入座

（1）从椅子左侧，迈右腿向右跨步至座位前。

（2）背对椅子呈标准站姿。

（3）右脚向右后退半步，使小腿触及椅子以感觉椅子的位置。

（4）身体稍前倾向下落座。

（5）落座无声，挪回右脚。

（6）双脚与肩同宽，脚尖朝前。

（7）双臂下垂，双手五指并拢，分置于双膝上。

男士入座

2. 男士离座

（1）右脚先向后收半步。

（2）起身，收回右脚与左脚并拢。

（3）左腿向左跨步，右腿跟上，从椅子的左侧离座。

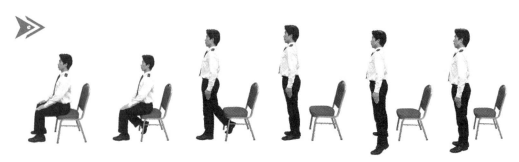

男士离座

3. 女士入座

(1) 从椅子左侧,迈右腿向右跨步至座位前。
(2) 背对椅子呈标准站姿。
(3) 右脚向右后退半步,使小腿触及椅子以感觉椅子的位置。
(4) 如果穿的是裙装,在落座时要用双手由臀后从上至下整理裙装。
(5) 落座无声,挪回右脚。
(6) 落座后,挪回右脚与左脚并拢,忌挪脚、倒步等小动作。
(7) 双臂自然下垂,双手交握置于大腿上。

女士入座

4. 女士离座

(1) 右脚先向后收半步,起身,收回右脚与左脚并拢。
(2) 女士着裙装时,起身同时整理裙边。
(3) 左腿向左跨步,右腿归位,呈站姿,从椅子的左侧离座。

女士离座

（二）男士垂腿开膝式坐姿

垂腿开膝式坐姿，是正式场合下的男士坐姿。要求头正目平、面带笑容、微收下颌、身正肩平，头、颈、肩、背呈一条直线。落座时，不能靠椅背，也不宜将椅面坐满，坐椅面的1/2—2/3比较恰当。落座后，上身与大腿呈直角，大腿与小腿呈直角，小腿垂直于地面。两手五指并拢，分别置于两侧的膝盖上，双膝和双脚的开距均与肩同宽。

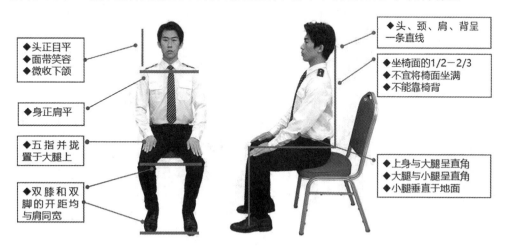

男士垂腿开膝式坐姿

（三）男士双脚交叉式坐姿

双脚交叉式坐姿，适用于男士非正式场合。要求头正目平、面带笑容、微收下颌、身正肩平，头、颈、肩、背呈一条直线，双臂自然下垂，五指并拢置于大腿上。落座时，不能靠椅背，也不宜将椅面坐满，坐椅面的1/2—2/3比较合适。落座后，上身与大腿呈直角，大腿与小腿呈直角，双膝开距与肩同宽。双脚踝部交叉，垂直放置于地面。交叉后的双脚不可内收或斜放，也不宜向前伸。

男士双脚交叉式坐姿

（四）男士前直后屈式坐姿

前直后屈式坐姿，男女均适用，多用于调整坐姿时使用。男士前直后屈式坐姿，双膝开距均与肩同宽，一腿在前，与地面垂直，一腿在后弯曲。直腿的整个脚掌着地，屈前脚掌着地，后脚掌翘起。

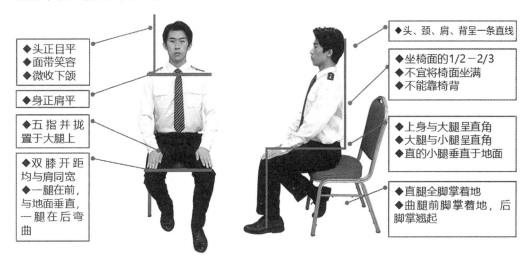

男士前直后屈式坐姿

（五）女士正襟危坐式坐姿

正襟危坐式坐姿，是适用于正规场合的女士坐姿。要求头正目平、面带笑容、微收下颌、身正肩平，头、颈、肩、背呈一条直线。落座时，不能靠椅背，也不宜将椅面坐满，坐椅面的1/2—2/3比较恰当。落座后，上身与大腿呈直角，大腿与小腿呈直角，小腿垂直于地面。双手交握置于大腿上，双膝、小腿、双脚均并拢。

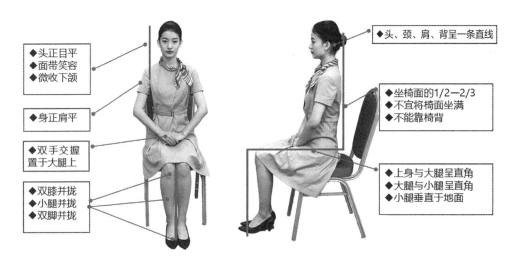

女士正襟危坐式坐姿

（六）女士双腿斜放式坐姿

双腿斜放式坐姿，适用于女士着裙装就座于较低处。要求头正目平、面带笑容、微收下颌、身正肩平，头、颈、肩、背呈一条直线。落座时，不能靠椅背，也不宜将椅面坐满，坐椅面的1/2—2/3比较恰当。落座后，上身与大腿呈直角，小腿在垂直于地面的平面内斜放。双手交握置于大腿上，双膝、小腿、双脚均并拢。双脚向左或向右侧斜放，小腿与地面呈45°角。

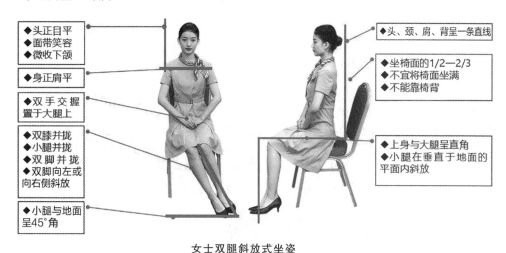

女士双腿斜放式坐姿

（七）女士双腿叠放式坐姿

双腿叠放式坐姿，适用于女士着裙装就座于较低处。要求头正目平、面带笑容、微收下颌、身正肩平，头、颈、肩、背呈一条直线。落座时，不能靠椅背，也不宜将椅面坐满，坐椅面的1/2—2/3比较恰当。落座后，上身与大腿呈直角，小腿在垂直于地面的平面内斜放。双手交握置于大腿上，双腿一上一下完全重叠，中间无缝隙，上面的腿的脚尖应垂向地面。叠放的双腿与地面呈45°角。

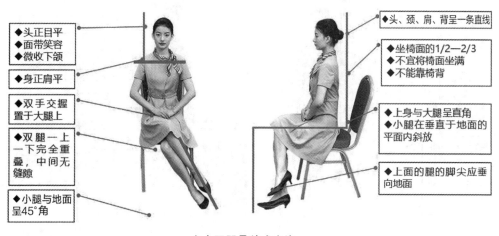

女士双腿叠放式坐姿

（八）女士双脚交叉式坐姿

双脚交叉式坐姿，适用于女士着裙装就座于较低处。要求头正目平、面带笑容、微收下颌、身正肩平，头、颈、肩、背呈一条直线。落座时，不能靠椅背，也不宜将椅面坐满，坐椅面的1/2—2/3比较恰当。落座后，上身与大腿呈直角，小腿在垂直于地面的平面内斜放。双手交握置于大腿上，双膝并拢，可垂直地面或斜放，斜放时小腿与地面呈45°角。双脚踝部交叉，交叉后双脚可内收或斜放，但不宜向前伸。

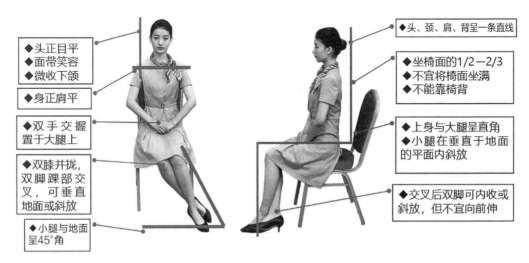

女士双脚交叉式坐姿

（九）女士前直后屈式坐姿

前直后屈式坐姿，男女均适用，多用于调整坐姿时使用。女士前直后屈式坐姿，双腿并拢后，一腿在前，与地面垂直，一腿在后弯曲。前直小腿垂直于地面，前后脚在一条直线上。

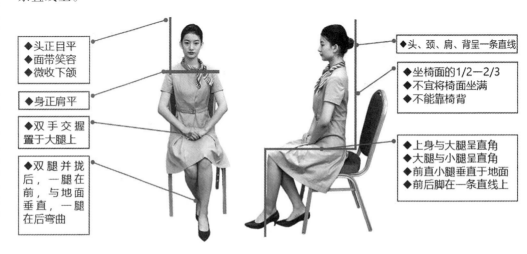

女士前直后屈式坐姿

（十）坐姿的注意事项

1. 坐姿要点

首先，要有序落座，忌抢先入座。落座时，应礼让尊长，平辈之间可同时就座。其次，入座时，不宜将椅面坐满，一般来说，坐椅面的1/2—2/3较为恰当。最后，落座后，要求仪态端正，要尽量做到头正目平、腰背挺直、四肢摆好，不晃不歪。

2. 要注意避免几种错误坐姿

1）跷二郎腿

女士在非正式场合可以采用双腿叠放式坐姿，但要注意采用正确的姿态。正确的做法是：双腿的大腿重叠，并且不留空隙。不论是男士还是女士，如果是跷起二郎腿或将一条小腿架在另外一条大腿上，中间留出太大的空隙，就不妥当了。

2）抖腿

无论是不是正式的场合，都不能在落座时抖腿，以免给人留下轻浮无礼的印象。

3）双腿前伸

落座之后，不要把双腿直挺挺地伸向前方。身前有桌子的话，则要防止把双腿伸到桌面之外去，双腿前伸会显得坐姿懒散无礼。

4）蹬踩盘坐

有的人为了坐得舒适，落座时会将腿部高高跷起或者用脚蹬踩在身边的桌椅上，甚至盘坐在座椅上，这些都是不妥的。

5）双腿过度叉开

女士落座时，双膝双腿一定要合拢，不可岔开。而男士虽然可以开膝落座，仍要注意面对他人时，双腿不可过度叉开。不管是过度叉开大腿还是过度叉开小腿，都是失礼的表现。

四、蹲姿礼仪

（一）女士高低蹲

1. 女士高低蹲的动作要领

在站姿基础上，一条腿在前保持不动，另一条腿沿着双脚内侧稍向后退半步，双手从背后自上而下整理裙边，屈膝下蹲。蹲下后，前脚全脚着地，后脚跟翘起。后腿膝盖内侧靠于前腿小腿内侧，形成前膝高后膝低的姿态，臀部向下，可贴于后脚翘起的脚跟上。高低蹲基本上以低膝的后腿做支撑。

女士高低蹲的动作要领：蹲下

从蹲姿起身时，后脚蹬地，上身保持直立状态，向上提起，双手从背后自上而下整理裙边。待双腿伸直后，向前收回后脚，与前脚并拢呈垂臂式站姿。

女士高低蹲的动作要领：起身

2.女士高低蹲的动作要点

上身保持垂直状态，头、颈、肩、背呈一条直线。双手交握自然地放在两腿间或高腿的膝盖上，低腿紧贴高腿，中间不留缝隙。两脚呈一前一后状，两脚尖均朝前，双脚内侧在一条直线上。前脚全脚掌着地，后脚跟翘起。从正面看，双脚内侧在一条直线上，而从侧面看，前脚脚后跟和后脚脚尖之间有一段距离。

- ◆双手交握自然地放在两腿间或高腿的膝盖上
- ◆低腿紧贴高腿，中间不留缝隙
- ◆上身保持垂直状态，头、颈、肩、背呈一条直线
- ◆两脚呈一前一后状
- ◆两脚尖均朝前
- ◆双脚内侧在一条直线上
- ◆前腿全脚掌着地，后脚跟翘起

女士高低蹲的动作要点

（二）女士交叉式蹲姿

交叉式蹲姿比较优美典雅，适合女士。

1.女士交叉式蹲姿的动作要领

下蹲时，左脚在前，右腿从左腿后方伸向左侧，两脚尖均保持向前，两腿交叉重叠。屈膝下蹲的同时整理裙边。

女士交叉式蹲姿的动作要领：下蹲

从蹲姿起身时，右脚蹬地，上身保持直立状态，向上提起，双手从背后自上而下整理裙边。待双腿伸直后，向右收回右脚，与左脚并拢呈垂臂式站姿。

女士交叉式蹲姿的动作要领：起身

2. 女士交叉式蹲姿的动作要点

右膝盖在左膝盖下方，左脚在前，脚掌完全着地，左小腿基本垂直于地面，右脚在后，脚跟提起，双腿合力支撑身体。腰背挺直、上身略向前倾。左、右腿可互换姿势。上身保持垂直状态，头、颈、肩、背呈一条直线。双手交握自然地放在前腿的膝盖上。双腿夹紧，中间不留缝隙。双脚呈一前一后交叉状，两脚尖均朝前。从前面看，双脚分别位于有一定距离的两条平行线上。

女士交叉蹲的动作要点

（三）男士高低蹲

1. 男士高低蹲的动作要领

在站姿基础上，左腿保持不动，右腿斜向右后方，后退半步，屈膝下蹲，呈左膝高、右膝低之势，双膝打开距离与肩同宽。

男士高低蹲的的动作要领：下蹲

从蹲姿起身时，右脚蹬地，上身保持直立状态，向上提起。待双腿伸直后，右脚向左前方向收回，与左脚并拢呈垂臂式站姿。

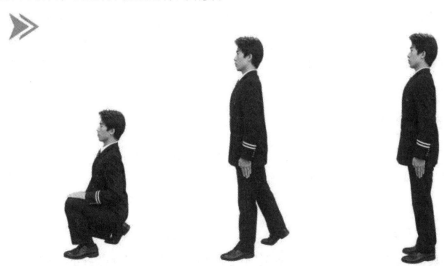

男士高低蹲的的动作要领：起身

2. 男士高低蹲的动作要点

左脚全脚着地，脚尖朝前，小腿基本垂直于地面，右脚脚尖朝前，脚跟翘起。臀部向下，可贴于右脚翘起的脚跟上。高低蹲基本上以低膝的右腿做支撑。左、右腿可互换姿势。上身保持垂直状态，头、颈、肩、背呈一条直线。五指并拢，双手自然地放在两膝上。双膝开距与肩同宽，两膝呈一高一低状。从正面看，双脚脚尖均向前，呈一前一后状，分别位于有一定距离的两条平行线上。前腿全脚掌着地，后腿前脚掌着地，后脚跟翘起。

男士高低蹲动作要点

（四）蹲姿的注意事项

在做蹲姿时，要注意不要突然下蹲，或在距人过近的、不恰当的方位下蹲。下蹲时，要注意适当遮掩。在拾取低处的物品时，女士可以采用高低蹲。下蹲时，应以侧面对向物品，同时还要注意一手拾取物品的同时，另一手应遮盖着低腿处压住裙边。

此外，当为坐姿客人提供服务时，也可以采用蹲姿，因为蹲姿可以减少站姿时给人带来的压迫感。将站姿时的俯视目光调整为蹲姿的仰视目光，可以使客人获得更好的服务体验。

五、原地转体礼仪

原地转体有两种方法：一种是直接转体，另一种是借位转体。

从方向上来看，转体又可以分为左转、右转和后转三种。其中，后转是从右侧转。转体时，要注意上身不晃、手臂夹紧、脚跟不分开。

（一）直接转体

左转时，左脚以脚后跟为轴向左转90°，然后右脚也向左转90°，与左脚并拢。

右转时，右脚以脚后跟为轴向右转90°，然后左脚也向右转90°，与右脚并拢。

后转时，右脚以脚后跟为轴向右转90°，左脚按顺时针的方向后转180°，使左脚脚跟内侧与右脚脚尖呈直角，最后右脚向右转90°，与左脚并拢。

直接转体

（二）借位转体

左转时，右脚后退（上前）半步，左脚以脚后跟为轴向左转90°，然后右脚也左转90°，与左脚并拢。

右转时，左脚后退（上前）半步，右脚以脚后跟为轴向右转90°，然后左脚也向右转90°，与右脚并拢。

后转时，左脚后退（上前）半步，右脚以脚后跟为轴向右转90°，左脚按顺时针的方向后转180°，使左脚脚跟内侧与右脚脚尖呈直角，右脚向右转90°，与左脚并拢。

六、行姿礼仪

行姿，指的是一个人在行走时采取的身体姿势。行姿是一个流动的造型体，优雅、稳健、敏捷的走姿，会给人以美的享受，产生感染力，反映出积极向上的精神状态。

（一）女士行姿

女士在行走时，应保持头正目平、微收下颌、上身挺直、两肩平稳、收腹立腰，从侧面看，头、颈、肩、背呈一条直线。

在摆臂时，大臂收拢基本不摆动，用小臂带动手腕摆动。前摆臂向里，后摆臂沿身体一侧向后。手部呈自然握笔式姿态。迈步时，脚尖朝前，双脚内侧沿一条直线交替前行。要注意重心平稳，步幅适度，步速匀缓。

（二）男士行姿

男士在行走时，应保持头正目平、微收下颌、上身挺直、两肩平稳、收腹立腰，从侧面看，头、颈、肩、背呈一条直线。

摆臂时，大臂带动小臂摆动，小臂带动手腕摆动。前摆臂向里，后摆臂沿身体一侧向后。手部呈半握拳姿态。迈步时，脚尖朝前，双脚内侧沿两条平行的直线交替前行。要注意重心平稳，步幅适度，步速匀缓。

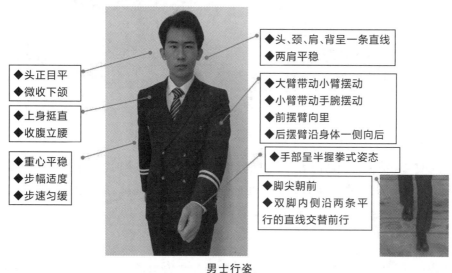

男士行姿

（三）行姿动作要领

1. 摆臂

关于行姿的动作要领，首先是手臂的摆动。男士摆臂时，大臂带动小臂摆动，小臂带动手腕摆动。前摆时，手臂向身体中间收拢，手臂与身体基本呈35°角。后摆时，手臂贴紧身体，与身体呈15°角。女士摆臂时，大臂向身体内侧稍稍收拢，使手臂显得修长。大臂基本不动，小臂带动手腕摆动，摆动幅度小。摆臂方向，不论男女一概都是前摆向里，后摆向后。

摆臂

2. 手部

关于手部姿态，男士双手呈半握拳状，女士双手呈自然握笔式。

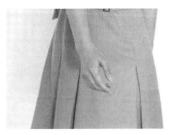

手部姿态

3. 重心

关于重心，要注意移动的重心是腰部，而不是脚部。行走时，上身躯干保持站姿姿态，要求头、颈、肩、背在一条直线上。腿向前迈出时不要屈膝，脚跟先着地，然后脚掌着地，身体重心由腰部带动，向前平稳移动。

4. 步幅

步幅也叫步度，是指行进时两脚之间的距离。行姿步幅可以以一脚距离为参考。

重心　　　　　　　　　　　　步幅

5.步速

步速是指行走的速度。行走时,切勿忽快忽慢,要么突然快步奔跑或要么突然止步不前,都会让人不可捉摸。

男士行走时的步位一般要求两脚跟先着地,两脚尖略外展。两脚跟交替落在两条平行线上。女士行走时的步位要求脚跟先着地,两脚尖指向行进方向,两脚跟内侧交替落在一条直线上。若女士的步位走在两条平行线,臀部会失去摆动,腰部会显得僵硬,失去步态的优美。

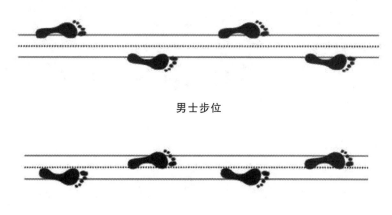

男士步位

女士步位

(四)变向行走

行进间的变向行走,主要包括前行左转、前行右转和后转三种。

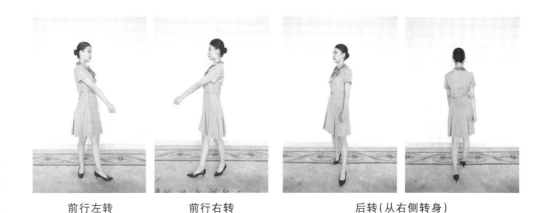

前行左转　　　前行右转　　　后转（从右侧转身）

（五）服务中的不同行姿

1. 后退步

后退步是指向他人告辞时，应先向后退两三步，再转身离去。退步时，脚要轻擦地面，不可高抬小腿，后退的步幅要小。转体时，要先转身体，头稍后再转。

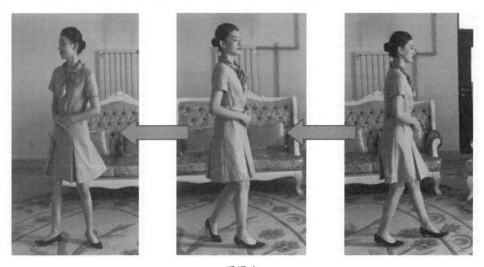

后退步

2. 侧行

侧行是指当服务人员走在前面引导客人时，应尽量走在客人的左前方。髋部朝向前进的方向，上身稍向右转体，左肩稍前，右肩稍后，侧身向着客人，与客人保持两三步的距离。

3. 让行

让行是指当走在较窄的路面或楼道中与人相遇时让别人先走。让行时，要采用侧身步，两肩一前一后，并将胸部转向他人，不可将后背转向他人。

侧行

让行

七、递接礼仪

在递接物品时,我们应以站姿,使用双手递接,不方便使用双手时尽量使用右手。在递接的过程中,应伴以语言提醒,并注意与对方的目光交流。递送物品时,应使正面朝向对方,并留下物品的最佳持握点,便于对方接取。

(一)递送饮品

首先,递送瓶装饮品时,应左手托底,右手握在瓶身的下 1/3 处递上,且应注意瓶身上的商标应正面朝向对方。如果饮品是直接递送到对方手中,应留出便于接取的位置。如果递送的是茶杯,则应左手托底,右手握住杯把,双手递上,且应注意将茶杯把指向客人的右手边。

(二)递送尖锐物品

在递送剪刀时,应双手握住尖锐一头,将剪刀把手朝向对方。而在递送签字笔时,应双手横握住笔的两头,方便对方接拿笔的中部。注意,递送之前要检查笔帽是否盖好、笔尖是否收回,避免签字笔笔头外露。

(三)递送文件

在递送文件时,应双手捏住文件上部,从胸前的高度略向下推出,并递上,并且要注意带有文字或标识的一面应正面朝向对方,方便对方接取后阅读。

(四)递接名片

在递送名片时,应呈站姿、面带微笑、正视对方,将名片正面朝向对方,恭敬地用双手的拇指和食指分别捏住名片上端的两个角,胸前的高度推出并递上。递送时,可以说一些"我叫××,这是我的名片"或"请多关照"之类的客气话。

在接受他人的名片时,应恭敬地双手接过,并礼貌回答"谢谢"或"久仰大名"等。接过名片后,应从上向下,从正到反,认真阅读,以表示对递送者的尊重。还可以就名片上的某些问题当面请教,否则在谈话中说错了对方的姓名或职务便会失礼。然后当着对方的面郑重其事地将名片放入自己的名片盒或名片夹中。将名片随意地放在一堆物品中间,或塞进衣袋,弃置一旁,都是十分无礼的表现。

八、标准手位礼

标准手位礼是目前为止在机场要客服务礼仪中最规范、最完整的手位礼仪,充分展现了服务的标准姿态及规范的礼貌礼仪。标准手位礼共有八个,均是左手背后,以右手来完成。这是由于我们在做引导手势时,按照"以右为尊"的原则,一般使用的是右手。

标准手位礼

(一)一位手

一位手用于礼宾起身向前行进时的礼貌提示及方向指引。要求身体保持基本站姿,左手放于身后腰部;右手从右侧抬起,大臂与小臂呈直角,小臂与地面平行;右手心在垂直于地面的基础上向上翻45°;目光朝向右手尖所指方向,并配以礼貌用语:"您这边请!"

一位手

（二）二位手

二位手是贵宾需要走楼梯下行时的礼貌提示及手势指引。要求身体保持基本站姿，左手放于身后腰部；右手从右侧抬起，大臂与小臂向下呈160°角，右手心在垂直于地面的基础上向上翻45°；目光朝向右手尖所指方向，并配以礼貌语言："请您注意脚下，慢走！"

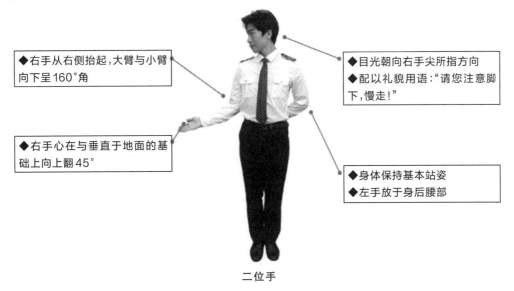

二位手

（三）三位手

三位手是指贵宾需要走楼梯上行时的礼貌提示及手势指引。身体保持基本站姿，左手放于身后腰部；右手从右侧抬起，大臂与小臂向上呈60°角；右手心在垂直于地面的基础上向上翻45°；手腕与肩在同一条直线上；目光朝向右手尖所指方向，并配以礼貌语言："请您从这边上楼！"

三位手

（四）四位手

四位手是贵宾的行进方向需要改变时的提示及手势指引。身体保持基本站姿，左手放于身后腰部；右手抬起到胸前，大臂与小臂向上呈直角；小臂与身体保持一拳距离；右手心在垂直于地面的基础上向上翻45°；目光朝向右手尖所指方向，并配以礼貌语言："您这边请！"

四位手

（五）五位手

五位手是礼宾需要走楼梯下行时的礼貌提示及手势指引。身体保持基本站姿，左手放于身后腰部；右手抬起到身前，大臂与小臂向下呈160°角；小臂与身体保持一拳距离；右手心在垂直于地面的基础上向上翻45°；目光朝向右手尖所指方向，并配以礼貌语言："请您从这边下楼！"

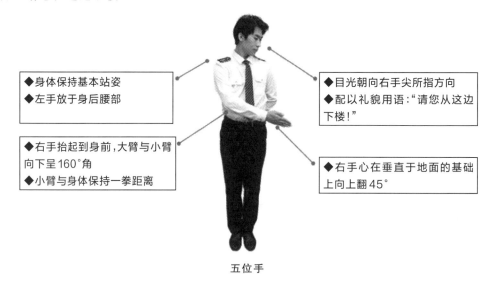

五位手

（六）六位手

六位手是礼宾需要走楼梯上行时的礼貌提示及手势指引。身体保持基本站姿，左手放于身后腰部；右手抬起到身前，大臂与小臂向上呈60°角；小臂与身体保持一拳距离；右手心在垂直于地面的基础上向上翻45°；手腕与肩在同一条直线上；目光朝向右手尖所指方向，并配以礼貌语言："请您走这边上楼！"

六位手

（七）七位手

七位手是示意放置在比较高处的物品，而不是行走方向示意。身体保持基本站姿，左手放于身后腰部；右手从身体右侧抬起，大臂与小臂向上呈160°角；小臂稍稍向上弯曲，臂弯与下巴高度平行；右手心在垂直于地面的基础上向上翻45°；目光朝向右手尖所指方向，并配以礼貌语言："请您看这边！"

七位手

（八）八位手

八位手同样用于示意放置在比较高处的物品。身体保持基本站姿，左手放于身后腰部；右手抬起到身前，大臂与小臂呈120°角；右手高度略高于头顶；右手心在垂直于地面的基础上向上翻45°；目光朝向右手尖所指方向，并配以礼貌语言："请您看这边！"

八位手

那么，标准手位礼有哪些易错点呢？一是要注意手掌的姿势，手心不可向上，也不可向前，而应是垂直于地面的基础上向上翻45°。二是要注意控制好目光的落点，目光不应落在自己的手上，而是应该看向指尖所指方向。

掌心向上　　　　　　掌心向前　　　　　　目光看手

九、距离礼仪

在社交活动中，人与人之间在空间上会保持一定的距离。美国人类学家、心理学家、方法意义学创始人霍尔博士通过大量事例说明，人在文明社会中与他人交往而产生的关系，其远近亲疏是可以用界域或距离的大小来衡量的。曾有这样一个实验，在一间大厅里，摆放一排椅子，假定两个陌生人先后进入大厅，如果第一个人坐在南侧，另一人紧挨第一个人坐下的话,第一个人会本能地移开,与第二个人保持一定的距离。与这个实验相似的现实场景也很常见。例如,在拥挤的公共汽车上,当素不相识的人的身体紧贴在一起时,人们也绝不允许他人贴近自己的脸,特别是嘴唇和眼睛。这些情况都表明,无论在何种情况下,人体周围都有一个属于自己的空间,人际交往只有在这个允许的空间限度内才会显得自然与安全。

社交距离可以分为四种,即亲密距离、社交距离、礼仪距离和公共距离。

(一)亲密距离

0.5米之内为亲密距离。这是恋人之间、夫妻之间、父母子女之间以及至爱亲朋之间的交往距离,在公众场合,只有这些关系才能进入亲密距离这一空间。除了客观上十分拥挤的场合以外,是不应进入他人的这一空间的,否则就是对对方的不尊重。即使因拥挤而被迫进入这一空间,也应尽量避免身体的任何部位触及对方,更不能将目光死盯在对方的身上。

(二)社交距离

0.5—1.5米为社交距离。在这一距离,双方都把手伸直,还有可能相互触及。由于这一距离有较大开放性,适合同事、一般朋友之间。这也是人际交往中比较常见的一种距离。

(三)礼仪距离

1.5—3米为礼仪距离。人们在这一距离时可以互相问候、交谈,适用于讲课、演讲、会谈等比较严肃、庄重的场合。同时这种距离也是商业活动、国事活动等正式社交场合所采用的距离。例如,一些领导人、企业负责人的办公桌往往就设计成宽度在2米以上的款式,这种设计可以凸显出距离与威严。

(四)公共距离

3米之外为公共距离。处于这一距离的双方只需要点头致意即可,而并不适合互相问候或交谈。这是一种在公共场所与陌生人之间的距离。

十、鞠躬礼仪

知行合一
Zhixing Heyi

客人背后的鞠躬礼

刚刚毕业的张华应聘到一家五星酒店的前台做实习生。正值旅游旺季的某日,大厅里宾客进进出出,络绎不绝。一位手提皮箱地客人走进大厅,行李员立即微笑着迎上前去躬鞠问候,并跟在客人身后问客人是否需要帮助提皮箱。这位客人也许有急事，嘴里说了声："不用，谢谢。"就头也不回地径直朝电梯走去。那位行李员朝着客人匆匆离去的背影深深地鞠了一躬，嘴里还不断地说"欢迎，欢迎。"实习生张华感到困惑不解，便问身旁的值班经理："当面给客人鞠躬是为了礼貌服务，可那位行李员朝客人的后背深鞠躬又是为什么呢？""既为了这位客人，也为了其他客人。"经理说："如果此时那位客人突然回头，他会对我们的热情欢迎留下印象，同时也是给大堂里的其他客人看的，他们会想，当我转过身去，酒店的员工肯定对我一样礼貌。"张华听了值班经理的话后若有所悟。

鞠躬起源自我国商代名为"鞠祭"的一种古老祭祀仪式。在这种仪式中，祭祀者将牛、羊等牲畜的尸体不切成块，而是弯曲成团状后进行奉祭。这种做法象征着祭祀者的虔诚、忠诚和决心。随着时间的推移，这种表达敬意的身体语言逐渐从祭祀仪式中脱离出来，成为日常生活中人们表达尊敬、感谢、歉意等情感的常见礼节。鞠躬的动作通常包括身体向前弯曲、低头避开对方的视线，以表示恭顺和没有敌意。

鞠躬不仅仅是一种身体语言，它还承载着丰富的文化和社会意义。鞠躬礼不仅在中国，在日本、韩国、朝鲜等国家均被广泛使用。在不同的文化背景下，鞠躬的深度和角度可能有所不同，但核心意义是表达对对方的尊重和敬意。

（一）鞠躬的基本要求

行鞠躬礼时，施礼者通常距离受礼者2米左右。施礼者脱帽，呈立正姿势，目视受礼者，上身前倾，同时目光向下，略微停顿后恢复站姿。鞠躬时，以髋关节为轴，上体前倾，头、颈、背呈一条直线。男士双手放于身体两侧，女士双手叠放于身前。视线随身体前倾而自然向下移动，表示一种谦恭的态度，礼毕后双眼有礼貌地注视对方。上身到达最低点时，要有一个1—2秒的停顿点，以示对对方的尊敬。鞠躬时，上身抬起的速度要比下弯时稍慢一些。

（二）三种鞠躬方式

鞠躬分为一度鞠躬、二度鞠躬和三度鞠躬三种方式。

1. 一度鞠躬

一度鞠躬用于见面打招呼、迎客和道别时。在准备鞠躬时，目光要注视对方。腰背与颈部应挺直，中腰前倾15°—30°，面带微笑，目光略微下垂。略微停顿后礼毕起身，起身后要礼貌地注视对方并微笑。

2. 二度鞠躬

二度鞠躬用于敬礼、自我介绍、表示衷心的感谢等。在准备鞠躬时，目光要注视对方。腰背与颈部应挺直，中腰前倾30°—45°，面带微笑，同时目光向下移至前方地面1.5米处，略微停顿，以表示恭敬有加。礼毕后慢慢起身，要礼貌地注视着对方，面带微笑。

3. 三度鞠躬

三度鞠躬用于致歉的场合。在准备鞠躬时，目光要注视对方。腰背与颈部应挺直,中腰前倾60°—90°,目光向下移至前方地面1米处。弯腰至最低点后,稍有停顿再起身,起身后目光仍要礼貌地注视着对方。

（三）鞠躬的注意事项

需要注意的是,男士双手贴裤线或双手手心向内垂于身前,随弯腰的工作双臂自然下垂,双手下滑至双膝处。女士双手交握置于身前,弯腰时,双手自然下滑至双膝处。

男士鞠躬时,双臂应紧贴于身体两侧,切不可随弯腰的动作而晃动手臂。鞠躬时,应中腰前倾,切不可低头或撅臀部,头、颈要保持一条直线,头部随着身体向下而自然向下,脖子不要伸得过长。两脚并拢,双腿伸直,不可弯曲。鞠躬时,不可一边鞠躬一边抬起眼睛看向对方。做三度鞠躬时,双手要随弯腰的动作自然下滑,待起身时手再收回至原位。

十一、握手礼仪

（一）动作要领

握手时,应用右手,四指并拢,手掌与地面垂直,拇指伸开,掌心向内,手的高度大致与对方腰部上方持平,彼此之间保持一步左右的距离,两脚立正,上身略微前倾,注视对方,面带微笑,上下轻轻摇动两三下即可。

初次见面者,握手的时间一般控制在3秒之内。老朋友见面时,握手时间可以稍长一点,但是不要超过10秒。

握手的力度应适中,不可过大或过小,力度过大会让人有粗鲁之感,过于无力会使人误以为没有诚意。一般情况下,以不捏碎一个生鸡蛋的力度为宜。

握手时,应用右手,男士之间握手,要求四指并拢,虎口相交,应稍显力量感。女士之间握手,力度要轻柔。握手时,应用右手,四指并拢,四指根部相交,拇指轻轻捏在对方手背处。

握手礼仪

男士握手

一般来说,男士和女士握手时,是由女士先伸出手示意,男士再伸手握手。男士应轻轻虚握住女士四指,切不可用大力。握手的时间不要过长,轻轻触及后即可放开。

女士握手

男女握手

（二）握手的顺序

1. 尊者决定原则

年长者与年幼者握手,应由年长者先伸出手来。长辈与晚辈握手,应由长辈先伸手。老师与学生握手,应由老师先伸出手来。

2. 女士优先原则

女士与男士握手,应由女士先伸出手来。

3. 已婚主动原则

已婚者与未婚者握手,应由已婚者先伸出手来。

4. 职位、身份高原则

职位、身份高者与职位、身份低者握手,应由职位、身份高者先伸出手来。

5. 顺时针原则

如果在餐桌上,或围坐在大厅时,可以按顺时针方向握手。

6. 主客迎送原则

迎客时,应由主人先伸手握手,以示欢迎;而送客时则恰恰相反,应由客人先伸出手,表示告别之意。同是客人,应由先到的客人先伸手与后到的客人握手。

7. 由高到低和由近及远原则

在集体握手中,会出现一人与多人握手的情况。例如,东道主一方主动伸手与客人握手,应按上级至下级或按由近及远的方位来依次握手。

（三）握手的注意事项

1. 忌心不在焉

在握手时,忌表情呆板、眼神呆滞或心不在焉等情况。

2. 忌直插虎口处

男士与女士握手,忌直插虎口处。

3. 忌左手握手、双握式

除特殊情况,握手一定要用右手。若右手不宜握手,宁可说明情况,也不要用左手替代。一般情况下，不用双手握手。

4. 忌戴着手套握手

与对方握手时，一定要摘掉手套，以表尊敬。女士装饰性、与服装相配的手套除外。

5. 忌交叉握手

在国际交往中，尤其是与西方人握手时，一定不要交叉握手。

此外，还需要注意一些民族习俗和宗教信仰的问题。比如，佛教徒行合十礼，忌握手。

十二、引导礼仪

在学习引导礼仪之前，我们先来了解多人并行的位次礼仪。两人并行时，应遵循以右为尊的原则，尊者或客人应走在右侧。三人并行时，则应遵循居中为尊的原则，让身份最尊贵者居中，身份次之者居右，再次之者居左。

（一）并行引导

服务人员并行引导时，应遵循以右为尊的原则，让客人走在右侧。引导人员应在客人左前方两三步（1.5米）处配合客人的步调，引导客人前行。

服务人员在引导客人经过走廊时，要让客人走在里侧、有扶手的一侧、较为安全的一侧，或是视野更好、没有遮蔽物的一侧。

服务人员在引导客人经过转弯处时，要站停，等待客人，并用手势引导转弯的方向。同时，还要用礼貌性语言为客人进行方向提示，如"请您这边走"。

在引导客人时，如果遇到障碍物，要及时提醒，如"请您小心脚下""请您注意，拐弯处有一个斜坡"等。

（二）上下楼梯的引导

在引导客人上下楼梯时，应时刻让客人行走在高位。上楼时，应该让客人走在前面，引导人员走在后面。而下楼时则反之，应该由引导人员走在前面，客人在后面。

上楼梯引导

下楼梯引导

(三)出入电梯的引导

进入有人控制的电梯时,服务人员应后进后出。进入无人控制的电梯时,服务人员应先进后出。

引导客人进入无人控制的电梯时,服务人员应先进入电梯,用手按住开门键,并挡住电梯侧门,礼貌地请客人进入,客人安全进入后方可关门。

出无人控制的电梯时,服务人员应用手按住开门键,并礼貌地请客人先出,待客人全部走出电梯后,再迅速走出电梯为客人指引方向。

进电梯引导

出电梯引导

(四)出入房门的相关礼仪

进入他人房间前,要先轻轻敲门,敲门时一般用食指有节奏地敲两三下即可,听到应答再进。进入后,回手关门,不能用大力、动作粗暴。出入公共场所时,只需敲门并语言提示,可以不必等到回应就进入房间。需要注意的是,进出房间时,都要正面对人,不可背对着人。

无论进出哪一类门,服务人员在接待引领时,一定要"口手并用"。即运用手势要规范,同时要说诸如"您请""请走这边""您这边请""您请小心""请稍候"等提示语。

在出入朝里开的房门时,服务人员应先入内,拉住门,再侧身请客人进入。遇到朝外开的门时,服务人员应该打开门,请客人先进。如果陪同客人走的是旋转式大门,服务人员应自己先迅速通过,然后站在旋转门的另一边等候客人。

◇"1 + X"证 书 直 通 车

"1+X"空中乘务职业技能等级证书(中级):要求民航乘务员能根据民航客舱服务与管理的相关知识,及时疏通过道,引导旅客入座。

项目二 旅游从业人员职业形象礼仪

任务三 服饰礼仪规范

任务描述： 本任务对旅游服务行业从业人员的服饰礼仪规范进行了较为全面的介绍，主要包括职业正装和制服工装两种类型，具体分为男士西装着装礼仪、男士西装配饰礼仪、女士正装着装礼仪、女士正装配饰礼仪、空乘制服着装礼仪、酒店工服着装礼仪。

任务目标： 掌握旅游服务行业从业人员的服饰礼仪规范；能够按照礼仪规范穿着掌握男士西装着装礼仪、男士西装配饰礼仪、女士正装着装礼仪、女士正装配饰礼仪、空乘制服着装礼仪、酒店工服着装礼仪。

不速之客

晚上10点，水电值班员小吴接到总台电话，需要到406房维修水龙头。由于是晚上，小吴穿着便衣，拿着工具箱就上楼了。到了房间门口，小吴按了三次门铃都没人应答，于是他便拿出总控卡打开了房门。

"啊！"一位刚从床上起来准备开门的中年女性客人尖声惊喊道："快来人啊，有人闯进房间来了！"

资料来源 豆丁网，http://www.docin.com/p-1968920247.html。

分析

一、着装的原则

在人际交往中，服饰可以反映一个人的身份、职业、性格、修养、审美和心理状态，着装直接影响人的整体精神面貌和给他人留下的印象，学会选择和搭配服饰，是一门实用的学问。选择适合自己身形特点的服饰，可以帮助我们掩饰身材缺陷，扬长避短，增加个人魅力。在社会活动中，人们的仪表和言行在一定程度上代表着身份、地位和社会角色。一个人的着装可以反映其在社会群体中所处的位置及扮演的角色。服务岗位从业人员应穿着得体规范的服饰，展现出良好的职业形象，彰显自身的专业素养。

（一）整洁原则

整洁是着装礼仪最基本的原则。在穿着制服或工装时，要注意保持整齐、干净、挺括，做到上衣平整、裤线笔挺。衣物应定期清洗、熨烫，避免出现褶皱、开线、磨毛、破损、掉扣、污渍等现象。在服务过程中，干净整洁的着装可以给客人留下良好的第一印象。相信任何客人都不会喜欢一个衣衫不整、不修边幅、邋里邋遢的人为自己提供服务。此外，服务行业直接面向客人，服务人员的个人职业形象在某种程度上可以代表企业的整体形象，体现企业的管理水平。因此，服务人员在岗时一定要注意服饰的干净和整齐。

（二）协调原则

四季色彩理论

四季色彩理论就是把人与生俱来的肤色、发色、瞳孔色等人体色与色彩科学对应分析和分类，形成和谐搭配的规律。

美国色彩大师杰克逊女士在瑞士书家尹顿的主观色彩的提示下，用了近10年的时间，进行了4万多次的色彩测试与色彩排序，终于发现并奠基了四季色彩理论。四季色彩理论中最为重要的内容就是把生活中的常用颜色按照基调的不同，进行冷暖割分和明度、纯度割分，形成与一年四季相对应的春、夏、秋、冬四大色彩群。如果每个人都掌握了最合适自己的这个色彩群与之相互间的搭配关系，就可以完成服饰、化妆与自身自然条件的和谐与统一，从而最大限度地发掘自己的潜质与美丽元素。

色彩四季理论以其科学性、严谨性和实用性，自问世以来，就具有强大的生命力。该理论用最佳色彩来显示人与自然的和谐之美，可以应用到服饰用色、化妆用色、饰物搭配、家居色彩、商业色彩、城市色彩等与色彩相关的一切领域。

一、四季色彩的内容

1. 个人色彩诊断

色彩顾问根据每个人的肤色、发色、瞳孔色等自然色调，从130多块色布中"诊断"出你的"季型"，再从属于你的"季型"的36种色布中选出你的最佳色彩，并就服饰的整体色彩搭配进行指导。

2. 个人款式风格诊断

色彩顾问根据每个人的面部、体型和性格特征，以及工作环境、年龄、爱好等，帮你选出最适合你的款式风格类型，由此确定适合你的鞋帽、丝巾、手套、皮包、领带、首饰、眼镜的款式、质地及图案等，同时为你做出最佳发型的建议。

3. 最佳化妆色彩诊断及自然化妆法的传授

色彩顾问指导你掌握最完美的化妆色彩和国际流行的自然化妆法。简单说来，色彩咨询师就像是人们日常生活色彩方面的"医生"，通过一系列"诊断"为顾客"造型",帮助顾客在化妆、穿衣搭配方面敲定主意。据专业人士介绍,目前对专业色彩工作室及色彩顾问的需求量极大,色彩咨询的市场前景广阔。

二、四季色彩的特征

1. 春天型

春天型的人一般有着闪闪发亮的眼睛和光滑白皙的肌肤;脸颊上有一些淡淡的珊瑚粉色;发质较柔软,给人一种飘逸的感觉。

春天型的人属于暖色系。身体色特征与春季花园里常见的新绿、嫩黄、暖粉的色调相吻合,适合穿着以黄色为基调的各种明亮、鲜艳、轻快的颜色,如浅水蓝色、亮绿色、暖粉色。使用颜色时,可以采用对比色调,两种或两种以上的颜色在身上可以同时出现。穿衣原则是一年中都穿属于自己的明亮浅调有温暖感的颜色,大体可以分为两种感觉:一种是发白、发浅的淡色,另一种是鲜艳明快的亮色。前者舒适、轻快,后者给人活泼、好动的感觉。应回避冷暗色调,避免穿着黑色、深灰色、藏蓝色等深重色调。

2. 夏天型

夏天型的人的肤色既有泛冷粉的白皮肤,也有健康的小麦色皮肤;脸庞所呈现的红晕属冷色调的粉红色系列;眼睛给人一种柔和的印象。有的夏天型的人的眼睛是深咖啡色的,通常头发为柔软的黑发。

最贴近夏天型的人的色系是常春藤色、紫丁花色,以及夏日海水、天空的颜色。适合穿着各种深浅不同的发白、发旧的蓝色和紫色,就像烈日炎炎下东西看起来发白的那种感觉,比如磨砂、水洗、砂洗等面料。为了不破坏夏天型的人独有的亲切温和的感觉,在色彩搭配上最好回避强烈色彩反差对比,适合在同一色系里进行浓淡搭配,或者在蓝灰色、蓝绿色、蓝紫色等相邻色系里进行搭配。

3. 秋天型

秋天型的人有着陶瓷一般的皮肤,脸色很少有红晕,给人一种深象牙色、金棕桐色、有金黄色调的感觉;沉稳的眼睛、略带棕色的头发,给人以成熟稳重的美丽感。

秋天型的人适合的色系是大自然秋季的颜色,就像深秋的枫叶色、树木的老绿色、泥土的各种棕色以及田野上收割在即的成熟色调。可以对这些深色采用同一色系的浓淡搭配,也可以在相邻色系里采用对比搭配,来体现其独特的另一面。由于对深色运用自如,故秋冬最宜搭配。春夏时节,注意选择自然的浅黄色、浅绿色中偏暖的颜色,同样能穿出不一样的味道。过于鲜艳的颜色,会使皮肤显得死板、没有血色、缺乏生气。想突出自己的华丽感时,适合戴哑金色首饰,最好不要戴银色系首饰。

4. 冬天型

冬天型的人有冷白肤色和暗黄肤色之分,面部很少有红晕,如果有也是玫瑰色系；眼睛乌黑发亮，目光锐利有神；头发一般为光泽感十分好的黑色；面部特征呈现强烈对比关系。

冬天型的人适合纯正、鲜艳、有光泽感的颜色，除了适合黑色、白色、灰色三种无彩色的颜色外，其他均为红色、黄色、蓝色、绿色、紫色等纯色和一组冰色系，以强烈对比搭配来体现冷峻惊艳的魅力。要避免浑浊、发旧的中间色。穿着深灰色、藏蓝色、纯黑色等深色时，如果失去颜色之间或同一颜色之间的深浅对比，会显得黯然失色、毫无特色。若在颈间加一块鲜艳的纯色丝巾或衬衣领，配上银色系首饰，冷艳明丽的感觉立刻显现。

服务人员在选择服饰时要考虑全面，注意协调自身条件和职业等影响因素。

1. 服饰要和年龄相吻合

不同的年龄段的人群适合的服装款式和色彩有所区别。例如，婴儿适合色彩浅淡且柔和的服装；少儿适合色彩明快鲜艳、款式多样的服装；青年人适合色彩鲜艳、款式时尚、富有个性的服装；中年人适合色彩温和、款式简单大方的服装；老年人适合款式沉稳的服装，色彩上可以选择中性色，或较为鲜艳的紫红色、玫红色等颜色。

2. 服饰要和体型相协调

选择合适的服饰，可以弥补体型的不足，美化体态。

1）服装的色彩

服装的色彩可以矫正体态上的缺点，起到扬长避短的效果。纯度高或明度高的色彩给人以扩张的感觉，相反，纯度低或明度低的色彩给人收缩的感觉。

（1）体型肥胖的人可以选择深色系或冷色调的服装，通过色彩的收缩效果遮盖体型缺陷。此外，体型肥胖者在着装时应注意整体颜色不宜过多，以不超过三种为宜。

（2）体型瘦小的人可以选择浅色系或暖色调的服装，通过色彩的扩张作用，使自己看起来更加丰满。还需注意的是清瘦的人不适合颜色单一的冷色调或暗色调服饰。

（3）体型矮小的人应避免穿着黑色等深色系的服装，可以选择暖色调的服装，需要注意的是应尽量选择同一色系或相近色系的上装与下装。

（4）为了避免在视觉上产生扩张感，体型高大的人不适合穿着浅色系或颜色鲜艳的服装，可以选择低明度和低纯度色彩的服装。

2）服装的款式

服装的款式对于体型的修饰作用不亚于色彩所起到的作用。

（1）体型肥胖的人应选择款式简洁的服装，不适合紧身或带有褶皱的款式。此外，应尽量选择在视觉上起到拉伸效果的款式，如V字形领口的上装、细长的直条纹款式等。在上下装的搭配上，可以选择简约造型或长过臀部款式的上装，搭配直筒款式的下装。在面料的选择上，应选择具有一定的垂坠感且不贴身的优质面料。

（2）体型清瘦的人适合款式简单随性的服装，如印有不规则图形的服装。体型矮小的人适合简洁的服装款式，可以选择直线条的款式，不适合穿着格子、印花或图案繁杂的服装。在上下装的搭配上,可以选择腰部设计稍高的上装,起到在视觉上拉长身体的比例的效果。下装可以选择直线条的窄裙或直筒长裤等。

(3) 脖颈短粗的人应在视觉上拉伸脖颈部线条,可以选择无领、敞领、翻领、低领或V字形领口的服装。

(4) 脖颈细长的人适合高领、立领、花边领和中式直领的服装,可以在领口添加修饰物,如大蝴蝶结、蕾丝花边、荷叶边等。

(5) 下身矮短的人适合短款或带有横条纹图案的上装,搭配高腰款式的下装。在穿着A字裙或阔摆裙时,应注意选择同色的鞋袜,在视觉上拉伸腿部线条。

3. 服饰要和肤色相协调

选择与肤色相协调的服装,可以起到美化身形体态的作用。

1) 服装的色彩

服装的色彩应与肤色相协调。

(1) 肤色偏暗沉的人不宜选择深色或暗色调的服装,可以选择色彩较为明快鲜亮的服装,如米色、象牙白色、浅黄色、浅蓝色等。

(2) 肤色白皙的人不宜选择冷色调的服装,可以选择明度高和纯度高的颜色,如橘红色、柠檬黄色、翠绿色、紫红色、天蓝色等。

(3) 肤色暗黄的人不适合穿搭黄色系的服装,可以选择酒红色、淡紫色、蓝紫色等颜色。

(4) 肤色发红的人不适合穿暗红色、浅绿色、蓝绿色的服装,可以选择淡色系的服装。

2) 服装的款式

服装款式也应与肤色相协调。

(1) 肤色偏暗沉的人可以选择简洁大方的服装款式。

(2) 肤色偏黄的人可以选择衣领、袖口、肩部带有一定的设计感的优雅款式。

4. 服饰要和职业相协调

职场中,着装起到了重要的标识作用。尤其是在一些特定行业,统一的职业着装已被公认为职业的代名词。例如,警察的制服、军人的军装、法官的法袍、医生的白大褂、空中乘务员的制服,以及以酒店服务人员为代表的对客服务企业员工的统一工装,各行各业均有相应的着装要求,这些职业着装彰显了从业人员的职业素养。

现代企业中,为了使员工建立对企业的归属感,营造独特的企业文化,在公众面前树立起良好的企业形象,会采用多种管理手段,而统一着装正是其中至关重要的一项。在现代企业管理中,统一员工的着装有着诸多的益处。工装是企业文化的一项重要组成部分,统一着装可以直观地向外界展示团结有序的专业化企业形象,传播其企业文化和企业价值观,这对于提高企业的知名度是有很大帮助的。

工装还可以提高企业员工的凝聚力。统一的工装可以让员工直观体验到作为团队成员的外在表现,获得一定的归属感与集体荣誉感,这有助于提高员工的协作能力,提升企业团队的凝聚力。统一的着装,意味着对员工的素质提出了更高的要求,一旦员工个人的形象或举止有所不妥,必然影响企业的整体形象。因此可以说工装在一定程度上起到规范员工的言行举止的作用,帮助员工增强自律感,促进员工完善专业形象,保持工作时的专注度,提高工作效率,降低出错率。作为一种管理手段,统一着装可以使企业树立更加和谐、统一的外部形象,有利于企业的日常管理,也有助于提高员工素质,营造良好的企业文化。

(三) TPO原则

TPO原则是国际通用的着装规范,TPO是英文Time、Place、Occasion三个词的首字母,分别代表时间、地点、场合的意思。TPO原则是指人们的着装要符合时间、地点和场合的要求,不同时间、地点和场合的服装有不同的着装特点,在选择服装时要注意符合着装规范。

合适的着装有讲究

案例一:国内一家大型企业的业务部经理方明,在上级有关部门的牵线搭桥下,经过多方努力,终于与德国的一家著名家电企业商定了双方的合作项目。方明平时的着装十分时尚新潮,谈判时他上身穿了一件T恤衫,下身穿了一条牛仔裤,搭配一双休闲款式的运动鞋。当他精神抖擞、兴高采烈地出现在德方企业代表面前时,对方瞪大了眼睛,一脸的不可置信,上下打量了方明半天,十分不解地摇了摇头。不出意外地,这次合作没能成功。事后,德商向中间人表示了对方明的不满,认为他的着装是对自己的不尊重,他们认为方明缺乏最基本的职业素养,而有着这样不专业的员工的企业,一定是不值得信任的。

案例二:小刘和几个外国朋友相约周末一起聚会娱乐,为了表示对朋友的尊重,一大早小刘就西装革履地打扮好前去赴约。8月的天气是酷热的,当他们在饭店就餐时,穿着西装的小刘为了保持仪表整齐,坚持没有脱掉外套,不多时他就已经汗流浃背了。朋友见他不停地擦汗,好意劝他脱掉外套,小刘终于妥协了。饭后,大家到娱乐厅打保龄球,在球场上,小刘不断为朋友鼓掌叫好,在朋友的强烈要求下,小刘勉强站起来整理好衬衫和领带,拿起保龄球做好投球准备。当他摆好姿势用力把球投出去时,只听到"嚓"的一声,版型紧窄的衬衫上衣扯开了一个大口子,这让小刘感到十分的尴尬。

分析

1. 时间原则

1）白天和晚上的差别

白天是工作时间，着装要符合职业要求和企业要求。如果企业规定统一着装，那么就必须按照企业的要求统一穿着制服，保持制服的干净、整洁。不要穿着留有污渍或满身褶皱的制服上班，否则不但会影响个人形象，还会有损企业形象。如果企业没有统一着装的要求，那么服装款式要尽量做到简洁、大方、得体，同时要注意一定的舒适性，便于走动，不宜穿着过紧或过于宽松、不透气或面料粗糙的服装。白天在办公场所的着装，颜色不宜过于鲜艳夺目、款式不宜太过夸张，以免干扰工作，影响工作效率。应尽量选择具有职业特点的服装。在参加晚上的宴请、派对等活动时，应在着装上多加留意。当派对、宴会请柬上特别标明"请穿着正式服装"时，男士应穿着西装，女士应穿着礼服。

2）季节的差别

着装应适应一年四季不同的气候条件。夏天的服装应以简洁、凉爽、轻柔为原则，冬天则应以保暖、轻便为着装原则。春夏两季的着装自由度相对较大一些，但总体上以轻巧灵便、薄厚适宜为着装原则。此外，服饰还应顺应时代的潮流和变化，落伍或过分夸张的款式都不符合在职业场合穿着。

2. 地点原则

地点原则也可以称为环境原则，指着装要与地点、环境相协调，使自己和他人均获得视觉与心理上的和谐感。例如，女性在职场的着装应是端庄稳重、简洁大方的，要避免穿着过于华丽花哨或前卫暴露的服装，否则会让人感觉散漫、不够专业且缺乏合作精神。又如，刚刚离开学校进入职场的年轻职员，应注意避免穿着太显稚气的服装，否则会让人质疑其工作能力，担心其是否因为过于幼稚而难担大任。

3. 场合原则

场合原则包括在正式场合和半正式场合两种情况，指服装要与场合的气氛相协调。

1）正式场合

正式场合主要指正式的社交活动，如宴会、招待会、酒会及各种仪式、会见活动等。在正式场合中，男士一般应穿着深色两件套或三件套西服套装，要注意避免在西装内加穿毛背心或毛衣等衣物，而女士一般应穿着礼服。

2）半正式场合

半正式场合主要指较隆重的活动，如商务午宴，一般性的访问、会见等。在半正式场合中，男士可以穿浅色的或带有暗格条纹、花纹的两件套西服套装。女士可以选择具有造型感的不易褶皱的西装套裙。如线条感明快的西装套裙，搭配女式高跟鞋，可以展现出职场女性自信、干练的职业风采。

二、男士西装着装礼仪

不管是隆重的正式场合、半正式场合,还是在日常的工作场合,西装都是职场男士的不二之选。简洁大方的西装套装,搭配上不同的衬衫和领带,就可以应对大多数的社交活动。下面介绍有关男士西装的穿着知识。

(一)男士西装的款式分类

1. 按照主要流派划分

1)英式西装

英式西装是最能体现出绅士风度的一种款式,整体着装效果是威严、庄重、高贵的。很多人在诸如宴会、酒会、庆典、会见贵宾等正式、隆重的场合都会选择英式西装,因此,英式西装素有正式西装之称。英式西装的特点在于西装整体轮廓清晰明快,肩部与胸部线条平缓流畅。西装的面料一般采用纯毛织物,以深蓝色或黑色为主要色彩,适合搭配白衬衫和黑色的领结。

2)美式西装

美式西装是最适合在日常办公时穿着的西装款式,它可以使着装者显得自然大方、平易近人。美式西装的面料较为轻薄,且具有一定的弹性,穿着时舒适度较高。在造型上,腰身略收,后背开单叉或双叉,肩部没有过高的垫肩,胸部也不会过分收紧,整体上是较为自然、随性的款式。美式西装不刻板,穿着时比较随便,反映了人们追求自由和舒适度的着装观念。

3)欧式西装

欧式西装是一种剪裁得体、造型优雅,并略带一丝浪漫情怀的正式款西装。欧式西装的肩部一般垫得很高,甚至给人一种双肩微微耸起的感觉。胸部会用内衬,造型十分挺括。欧式西装的面料以精纺毛织物为主,质地要求细密厚实,颜色一般以黑色和蓝色为主。整体造型上,欧式西装与英式西装十分相似,但欧式西装的腰身收得更紧,袖管也比较窄瘦,后背一般是开双叉,裤管普遍向下收紧呈锥形。可以说,欧式西装比英式西装更优雅、更考究,穿着时显得人特别挺拔。

2. 按照件数分类

男士西装按照件数来划分,可以分为两件套和三件套。两件套西装的上下装面料的颜色和质地要一致。在半正式场合,如一般性会谈、访问、会议和白天举行的比较隆重的活动中,应穿着两件套西装。两件套西装再加上相同颜色和面料的马甲,就构成了三件套西装。

马甲不是西装的必需配件,但是有一定的装饰效果和御寒作用,在正式场合不能脱下外衣单独穿马甲。一般情况下,西装马甲只能与单排扣西装上衣配套。穿西装马甲时除了最下面的那粒纽扣可以不系,其他纽扣都要系好。

为什么不系西装外套的最后一粒扣子？

你知道西装外套的最后一粒扣子为什么不系吗？其原因主要包括以下两个方面，让我们来了解一下吧。

一、历史传统上延续的风俗

有一种说法是，20世纪初的英国国王爱德华七世体型偏胖，穿着正装时最后的扣子实在系不上，尤其是尽情用餐后，只要开怀大笑就会崩掉扣子，于是他决定不系扣子，这样既舒服又方便。当时很多老百姓看到国王这样很是与众不同，也就学着不系最后一粒扣子，这个礼仪习惯就延续至今。

还有一种说法是，因为西装礼仪源于16世纪，那时的男人还是以马驹作为交通工具，穿着正装系上所有扣子会很拘谨，既不方便骑马，也容易将下摆崩开，于是人们就干脆不系最下面那粒纽扣了。久而久之，人们发现这样也很不错，就将它作为习惯与传统延续至今。

二、视觉效果

不系最后一粒扣子可以使西装下摆自然下垂，形成V字形的开口，这样既可以展现出衬衫和领带，也能使整体造型更加优雅、修身。服装设计师在设计西装时通常会预留一定的空间和活动范围，解开最下面的一粒扣子，可以保持西装的线条流畅，避免因扣紧而显得臃肿。

总的来说，不系西装最后一粒扣子是一种传统的着装礼仪，它不仅有着历史背景，也是为了保持穿着者的舒适和整体造型的美观。在现代，这已经成为一种公认的西装着装礼仪，穿着西装时，应遵循这一规范。

3. 按照纽扣分类

按照纽扣的排列方式分类，男士西装可以分为单排扣西装和双排扣西装。

单排扣西装分为一粒扣西装、两粒扣西装和三粒扣西装。一粒扣西装和三粒扣西装比较时髦，两粒扣西装更为传统。双排扣西装分为两粒扣西装、四粒扣西装和六粒扣西装。其中，两粒扣西装和六粒扣西装较为流行，四粒扣西装较为传统。

双排扣西装大多是六粒扣子四个扣眼，一般除了最下面那排纽扣不扣外，其他的扣子要全部扣好，以显庄重正式。注意，在扣纽扣时要按顺序依次扣上，一定不能打乱上下、左右顺序乱扣。

一粒扣西装的纽扣可以扣也可以不扣；两粒扣西装讲究"扣上不扣下"，即只扣上面的纽扣；三粒扣西装要么只扣中间那粒纽扣，要么扣上面两粒纽扣。

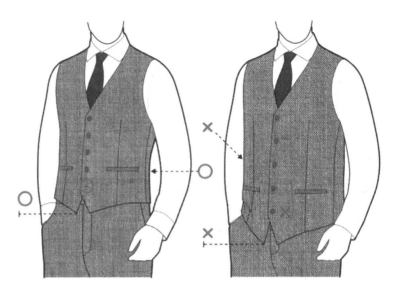

西装马甲纽扣扣法

西装外套纽扣扣法

（二）西装的面料和颜色

在选择西装时，要注意选择合适的面料与颜色。西装的面料应该挺括、垂感好，以纯羊毛、高比例羊毛化纤混纺面料为首选。在颜色上，宜选用深蓝色、深灰色等深色调，这种色调适用于正式与非正式场合。而黑色，一般用来做礼服的颜色，适用于较为正式的场合，并不适合日常穿着。此外，咖啡色或深棕色西装也不太适合在正式场合穿着。

（三）西装的尺寸

1.西装长度

男士西装上衣的长度应超过臀部，标准的尺寸是从脖子到地面的1/2长。

项目二 旅游从业人员职业形象礼仪

合适	偏短	偏长
	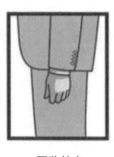	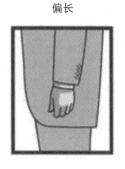

西装长度

2. 西装袖长

男士西装袖子的长度以在双臂自然下垂时，袖子下端位于手腕处为宜。注意西装袖口应比衬衫袖口短1—2厘米。

合适	偏短	偏长
		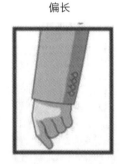

西装袖长

3. 西装肩宽

选择西装时，可以先将全部的扣子都扣上，再看肩膀，一般来说，西装肩袖连接处刚好贴在肩部外缘为最佳，且肩袖不应出现褶皱。

合适	紧绷	肥大

西装肩宽

4. 西装腰身

当扣好全部纽扣时，胸部可以放入一个拳头，胸围和腰围就算合身。最后将手臂抬起、放下，并弯曲手肘，看会不会出现袖子皱褶紧绷的问题。

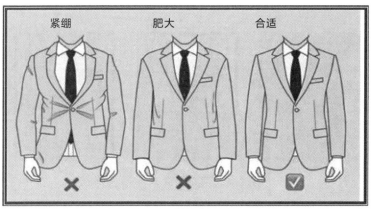

西装腰身

5. 西裤腰围

西裤腰围的大小应以裤子扣好后,人在正常呼吸的情况下,能够贴着腰围平插一只手掌为宜。

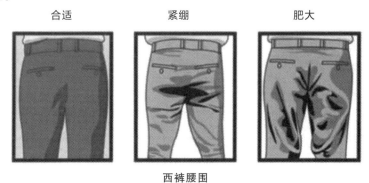

西裤腰围

6. 西裤长度

西裤的两条裤管应笔直地垂到鞋面,裤管的长度从后面看应该刚好到鞋跟和鞋帮的接缝处。

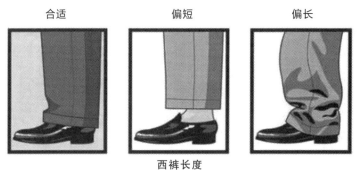

西裤长度

(四)男士西装着装注意事项

1. 搭配得当

男士在正式场合穿着西装时,西装、衬衫、领带、皮带与鞋袜的颜色应相协调,且应遵循整体不超过三种颜色的原则,即三色原则。穿着西装时,要讲究搭配,西装配衬衫、领带和皮鞋,才是较为协调、美观的搭配。

2. 拆除袖口商标

在穿着新购置的西装之前,应拆除西装袖口上的商标及其他标志。要注意西装的保养,最好有多套西装轮换着穿。

3. 熨烫平整

每次着装前,应将西装熨烫得平整挺括、线条笔直,切勿使其皱皱巴巴。

4. 不挽不卷

穿西装不能把袖子挽上去,也不能卷起西裤的裤管。不要当众脱下西装上衣,更不能把它当成披风披在肩上。

5. 慎穿羊毛衫

西装讲究线条感,因此在穿西装时,里面最好不要再穿羊毛衫等衣物,以免显得臃肿。但在天气寒冷难耐时,可以穿一件薄型V领单色羊毛衫。在西装外面套羊绒大衣也是不错的选择。

6. 少装东西

西装外侧下方的两个口袋,原则上不要装任何东西。西装上衣左上侧的口袋除了可以插入一块用以装饰的真丝手帕外,不要再放任何其他东西,尤其不要别钢笔、挂眼镜。西装上衣内侧的口袋,可以用来别钢笔、放钱夹或名片夹,但不要放过大或过厚的东西。西装裤子两侧的口袋只能放纸巾等。其后侧的两个口袋大多不放任何东西。西装马甲上的口袋多具有装饰功能,除可以放置怀表外,不宜再放其他东西。

三、男士西装配饰礼仪

(一)男士正装衬衫

1. 衬衫的面料

搭配西装的正装衬衫,一般是硬领的长袖款式。其面料应为精纺的纯棉、纯毛制品或棉涤混纺制品。

2. 衬衫的颜色

正装衬衫应是单一色彩的,且要与西装颜色相匹配。白色衬衫是正式场合中的不二之选。除此之外,有时亦可根据实际情况,选择蓝色、灰色、棕色或黑色的衬衫。

3. 衬衫的图案

正装衬衫一般来说没有任何图案花纹。在半正式场合,可以穿着浅色的细条纹衬衫,但穿着这种衬衫时,不可搭配竖条纹的西装。

4. 衬衫的领型

正装衬衫的领子必须是硬质的,常见的领型包括标准领、长尖领和温莎领等。

5. 衬衫的尺寸

1）领口尺寸

男士正装衬衫合领后以可以插入一指为标准,且衬衣领和袖口均要比外套长1—2厘米。

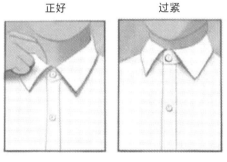

领口尺寸

2）肩部尺寸

扣好纽扣后,肩部应与衬衫贴合。抬起胳膊时,肩部以没有紧绷的感觉为宜。

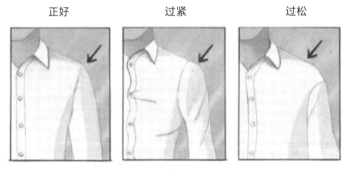

肩部尺寸

3）腰身尺寸

腰身尺寸以抬起双臂后,胸部不紧绷为宜。衬衫下摆扎进裤子后,应平整利落,没有太多的褶皱。

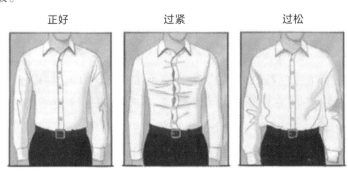

腰身尺寸

4）衬衫长度

衬衫不能完全将臀部盖住，长度以超过皮带6厘米为宜。

正好　　　　　　过短　　　　　　过长

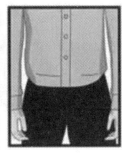
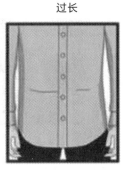

衬衫长度

5）袖子长度

手臂下垂时，衬衫的袖子达到手腕关节下方约2.5厘米处为适宜长度。

正好　　　　　　过短　　　　　　过长

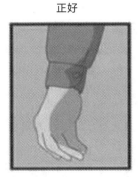

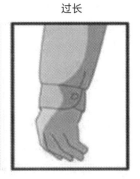

袖子长度

6）袖口尺寸

手臂下垂时，袖口和袖身宜紧贴手臂。注意是贴合手臂，不是腕关节。

正好　　　　　　过紧　　　　　　过松

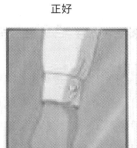

袖口尺寸

7）衬衫袖宽

衬衫袖宽应合适，不宜过紧或过松。

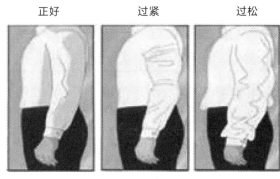

衬衫袖宽

6. 衬衫的纽扣

长袖衬衫与西服合穿时,应搭配领带。系领带时,要扣好衬衫的全部扣子。不与西服合穿时,领口的扣子可以不扣,但一般只能敞开一粒扣子。穿着衬衫时,袖口按宽度可以挽起两次,但挽起的高度不能超过肘部。

知行合一
Zhixing Heyi

领带的由来

穿着正规西服时,系上一条漂亮的领带,既美观大方,又给人以典雅庄重之感。关于领带起源的传说很多,各种说法不尽相同。其中,有一种是领带装饰说。领带装饰说认为领带起源是人类美的情感的体现。17世纪中叶,法国军队中一支克罗地亚骑兵凯旋回到巴黎。他们身着威武的制服,脖领上系着一条围巾,颜色各式各样,非常好看,骑在马上显得十分精神、威风。巴黎一些爱赶时髦的纨绔子弟看了,很感兴趣,争相仿效,也在自己的脖领上系上一条围巾。第二天,有一位大臣上朝,在脖领上系了一条白色围巾,还在前面打了一个漂亮的领结,国王路易十四见了大加赞赏,当众宣布以领结为高贵的标志,并下令上流人士都要如此打扮。

马克思说:"社会的进步就是人类对美的追求的结晶。"在现实生活中,人类为了美化自身,使自身更富有魅力,便产生了用自然界提供的或用人造的物品来装饰自己的欲望,领带的起源充分说明了这一点。谈到领带就离不开西装,可以说领带和西装是一对孪生兄弟。领带的产生和发展同17世纪欧洲的男子服装的变化有着十分密切的联系。17世纪的欧洲男子穿紧身衣,戴耳环,穿花皱领衬衫、丝绒,高高卷起的发型上面戴一顶小帽,敬礼时用一个有流苏的小棒把它举起。衬衫当作内衣穿在里边,衣领装饰相当华丽,高高的领子加了一圈花边,衣领上绣上了美丽的荷叶边,衣领折叠成花环状,这些领子露在外面,从外面就可看到。衬衫外是一件背心,然后披上短外套,下身着长筒袜和紧身马裤。这种追求华丽、讲究奢侈的服装在当时贵族中非常时髦;它带有女性风格的娇艳和柔弱,是洛可可风格的典型男服。"着这种服装的男人与女人的差异仅仅是没有纺车",当时人们曾做过种种努力去改造男子服装,结果却是徒劳的。

直到18世纪法国资产阶级革命宣告了宫廷贵族生活的终结,男人放弃了华丽服装,改换成简单朴素的装束。那时流行类似燕尾服式样的帝国式服装:上衣高腰节,裙摆自然下垂,大领口加灯笼袖,胸部以下略有装束,华丽的衬衫领子没有了,代之以襞领,襞领前系黑色丝制领带或系领结。领带呈领巾状,用白麻、棉布、丝绸等制作,在脖子上围两圈,在领前交叉一下,然后垂下来,也有打成蝴蝶结状。这在法朗士的小说《领带》中可见:"他的暗绿色上装的领子竖得很高,他穿着一件南京紫花布背心,黑绸子宽领带在他的颈子上绕了三圈。"据说诗人拜伦对领带系法很讲究,等到他系好满意的样式时,弃置一旁的领带已堆积如山了。那时,女性也系领带,有一位公主喜欢组合黑色缎带和蕾丝领带,打出典雅而别致的领结。

1850年左右,西服作为礼服被采用。到1870年左右,人们都开始穿西服了,领带成为时尚,一种与西装搭配而不可缺少的装饰物。根据一些服饰专家的分析,打领带正好像胸衣、裙子一样展现了人们的性别特征,象征着一种富有理性的责任感,体现了一个严肃守法的精神世界,而这恰恰是当时的男性所刻意追求的。这时领带形状为带状,通常斜裁,内夹衬布,长宽时有变化,颜色以黑色为主。据说第一个领结是1868年英国发明的。19世纪末,温莎公爵所打出的领结风靡一时,是19世纪末艺术家的象征。

19世纪末,领带传入美国。美国人发明了细绳领带(或称牛仔领带),黑色的细绳领带是19世纪美国西部、南部绅士的典型配饰。后来又出现了一种以滑动金属环固定的细绳领带,称保罗领带。领带基本沿袭19世纪末的条状款式,45°角斜向裁剪,内夹衬布、里子绸,长宽有一定的标准,色彩图案多种多样。经过几个世纪的演变发展,随着文明程度的提高,领带也越来越讲究艺术和精细,从款式、色彩上趋向更美丽。

(二) 领带

领带被称为"西装的灵魂",是西装的重要装饰品,在西装的穿着中起着画龙点睛的作用。正式场合下,男士穿着西装套装,应搭配领带。从领带的用料上来看,丝质领带的质地最为上乘;而从花色品种上来看,比较常见的是纯色或斜条纹图案的领带。

1. 领带的长度与位置

领带的长度要合适,通常成人所用的领带长130—150厘米,打好的领带尖端应恰好触及皮带扣。领带的宽度应与西装翻领的宽度相协调。领带打好之后,外侧应略长于内侧。西装上衣系好衣扣后,领带要放在西装与衬衫之间。穿着西装马甲、羊毛衫、羊毛背心时,领带应放在它们与衬衫之间。

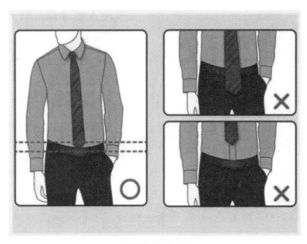

领带的长度

领带的位置

2. 领带的系法

1)打好领结的要求

领带最重要的部位是领结。打好领结有三点要求。

领结

首先,领结要系得端正、挺括,外观上呈倒三角形。

其次,领结的具体大小应大体上与同时所穿的衬衫领子的大小成正比。

最后,在收紧领结时,在其下端压出一个窝或一条沟,可使其看起来更美观、自然。

2)领结的分类

(1)平结。

平结是男士选用较多的一种领带打法。平结呈斜三角形,适合窄领衬衫。打得好看的平结,会在领结下方形成一个"酒窝",但要注意两边应均匀对称。打平结的步骤如下。

第一步,将领带交叉置于胸前,且宽的一端在前,窄的一端在后。

第二步,将宽的一端从窄端后面绕过。

第三步,将宽的一端在窄端前面折回。

第四步,将宽的一端穿入领口位置形成的环中。

第五步,将宽的一端翻下来,穿入前面的环中,拉紧并调整好领结的形状。

第六步,整理领结。

平结图解

(2)双交叉结。

双交叉结多适用于素色的丝质领带。这种领结能够显示男士高雅、尊贵的气质,非常适合在正式场合使用。

双交叉结图解

(3)温莎结。

温莎结是因温莎公爵而得名的领结,是最正统的领带系法,打出的领结呈正三角形,饱满有力,适合搭配宽领衬衫,用于出席正式场合。打温莎结时,切勿使用面料过厚的领带。

温莎结图解

3. 领带佩饰的选择

打领带时，一般情况下没有必要使用任何配饰。但是为了减少行动时领带任意摆动带来的不便，可以使用领带夹或领带针。领带夹和领带针的基本作用是固定领带，其次才是装饰。

领带夹

领带针

领带夹的长度，应尽量保持在领带宽度的3/4左右。领带夹应固定在衬衫的第四颗和第五颗纽扣之间，穿上西装时完全不露出领带夹。领带针应别在衬衫从上往下，第三颗纽扣处的领带正中央，有图案的一面应放在领带外面，另一端应藏于衬衫内。

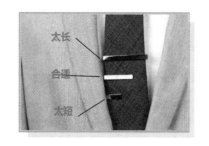

领带夹的长度

领带夹佩戴位置

领带针佩戴位置

（三）皮带

搭配西装的皮带，应是光面、深色和带有钢质皮带扣的，宽窄一般在3厘米左右。穿着西装时，皮带上不要挂手机、钥匙等物品，且皮带的颜色应与皮鞋和公文包的颜色保持一致。

皮带搭配

(四) 皮鞋

男士穿着西装时,一定要搭配皮鞋,不能搭配运动鞋、布鞋或凉鞋,否则会显得不伦不类。和西装搭配的皮鞋最好是系带的、薄底的、素面的。皮鞋的颜色要与西装的颜色相协调,深色西装搭配黑色皮鞋,但是要注意棕色系列西装最好是搭配深棕色皮鞋。穿着皮鞋前,要将其上油擦亮。注意,皮鞋表面不能留有灰尘和污渍。

皮鞋搭配

(五) 袜子

搭配皮鞋的袜子,应是深色的,一定不能是白色的。一般来说,选择没有任何图案的黑色较为稳妥。袜筒的长度要高及小腿,因为穿袜口太短或松松垮垮的袜子,坐下来时会露出腿部,不符合礼仪规范。

袜子搭配

(六) 公文包

与西装搭配的公文包造型要求简单大方,长方形居多。除商标之外,公文包在外观上不宜再带有任何图案和文字。公文包面料以真皮为宜,颜色多为黑色或咖啡色,且最好与皮鞋、皮带的颜色一致。

公文包搭配

四、女士正装着装礼仪

女士西服为职业装的首选,通常分为西服套装和西服套裙两种。西服套装指西服配长裤,而西服套裙指西服配半身裙。

(一)女士正装西服

在选择女士西服时,要注意面料、颜色、点缀、款式、尺寸等方面,整套服装的面料要一致。可以根据自己的肤色选择套装和套裙的颜色。通常情况下,以庄重的颜色为最佳选择。上装和下装的颜色应尽量保持一致;若不一致,则应协调搭配两种颜色。套装和套裙上可以有一些点缀,如图案、装饰扣、包边等,但点缀宜少不宜多、宜精不宜糙、宜简不宜繁,以免过于抢眼而破坏了服装的整体效果。

西服上衣的款式主要体现在衣领、袋盖、衣扣、衣摆和袖口等方面。套裙的款式体现在半身裙的开衩、收边等方面。设计可以略微窄一些,以更好地凸显女性的曲线美,宽大的裙装容易显得臃肿、懒散,体现不出女士专业、干练的形象特征。女士裤装的裤型以直筒为主,还可选择微喇款式。

套装、套裙要合身,不宜过大或过小。外套上衣宜与腰部齐平。在正式场合,女士裙装的长度最好能到膝盖及膝盖以下部位,但裙装的长度最长不能超过小腿中部。坐下时裙子向上缩,距离膝盖不宜超过10厘米。在套装中,裤子的长度要能遮住高跟鞋的鞋面,且后面不拖地。裤长太短会露出袜子,太长则易显得拖沓。

(二)女士正装衬衫

女式职业套装并不像男式西装那样一定要搭配衬衫,因此,女士职业套装的内搭除白衬衫以外,还可以选择无领T恤或小背心,显得既干练又漂亮。但在一些特别正式的商务场合,女士职业套装还是以搭配衬衫为佳。

衬衫的面料通常以丝绸、涤棉、麻纱等为主,款式应当简洁,不要有过多的花边、皱褶以及夸张的图案。白色、米色、粉红色等浅色系的衬衫均可,颜色要与所穿套裙的颜色相协调,可以外深内浅或外浅内深,形成两者之间的深浅对比。女士着衬衫时,纽扣应全部系上,并将下摆掖入裙腰之内,除了最上端一粒纽扣外,其他纽扣均不得随意解开。

（三）女士着正装的注意事项

女士选择职业套装时要选择协调的颜色和简单大方的款式。套装要合身、端庄、得体,忌薄、露、透、短小、紧身和拖地的款式。应选择贴身无痕款式的成套内衣。着装前,要仔细检查是否有露出明显的内衣痕迹。着套装时,鞋子和袜子要配套、大小要合适,还要避免出现光腿、"三截腿"等情况。

知行合一
Zhixing Heyi

请代我向你的先生问好

张华是一名刚刚毕业的学生,她成功应聘到某公司做文秘。工作不久后,在一次在接待客户时,领导让她照顾一位华侨李女士。临分别时,李女士对张华热情和周到的服务非常满意,并留下了名片,诚恳地对张华说:"谢谢!欢迎你到我的公司来做客,请代我向你的先生问好。"张华听后一下子就愣住了,因为她根本就没有结婚啊。两人沟通之后,张华才知道李女士之所以这么说,是因为看见她的左手无名指上戴有一枚戒指,以为她是已婚。从那之后,为了不再遇到类似的尴尬事件,张华越来越重视个人的仪容仪表了。

分析

五、女士正装配饰礼仪

（一）丝巾

1. 丝巾的选择

在社交场合使用的丝巾,可以是边长60厘米左右的小方巾,也可以是边长90厘米左右的大方巾或长丝巾。面料多为丝绸、真丝等,通常以丝绸为首选。丝巾的颜色可以与服装颜色为同一色系,也可以与服装颜色形成对比,但应与服装颜色相协调,并与着装者肤色、气质相配。丝巾可以无图案,也可以有条纹、方格、碎花等简单图案。

2. 丝巾的系法

丝巾是女士正装佩饰中很重要的一种,其颜色、大小、形状以及系法等多种多样。常见的丝巾系法有平结、扇形结、玫瑰花结、三角巾结、项链结、围巾结、V字结等。

1）平结

平结是一个十字形的结,系法简单,适用范围较广。

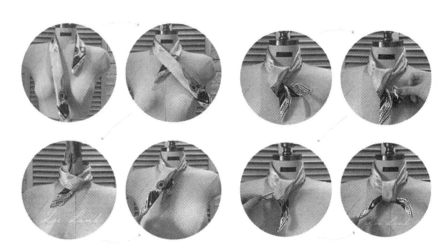

平结图解

平结的系法如下。

第一步,将丝巾按对角折叠。

第二步,将丝巾挂在脖子上,丝巾两端交叉在一起。

第三步,把放在上面的一端拉长,然后将长的一端从短的一端的下面向上穿过,系成一个结。

第四步,将从下方穿过来的一端绕过较短的一端,再系一个结。

第五步,整理好领结和丝巾两端的形状,将丝巾置于右肩处。

平结系法

2)扇形结

扇形结的系法如下。

第一步,平铺方形丝巾。

第二步,从丝巾一侧开始上下反复折叠至丝巾另一侧。

第三步,将折叠好的丝巾两端分别穿过丝巾扣,固定好位置。

第四步,整理丝巾,将丝巾打开成扇子的形状。

第五步,将摆好的丝巾置于右肩处。

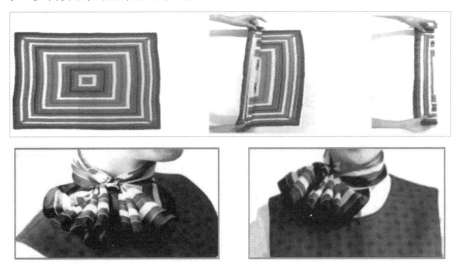

扇形结系法

3)玫瑰花结

第一步,首先将方形丝巾的对角边系一个结。

第二步,拉住丝巾的另外两个角,从系好的结的下方交叉穿过。

第三步,拉住两头轻轻甩动,直到丝巾出现玫瑰花造型。

第四步,整理丝巾,将两端系在颈部左侧。

玫瑰花结系法

4）三角巾结

三角巾结适合圆脸形的人。其特色是在颈后打结,并在颈前留出一个三角形,强调视觉上的纵向感,能使佩戴者的脸部轮廓看起来消瘦一些。

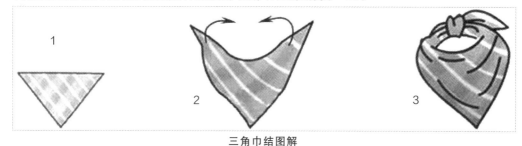

三角巾结图解

5）项链结

项链结适合长脸形的人和倒三角形脸的人。其特色是能够在颈前呈现一个类似于项链的结,使佩戴者显得高雅、干练。

项链结图解

6）围巾结

围巾结适合方形脸的人。其特色是能在颈前或颈部一侧打出层次感较强的花结,打破佩戴者脸形的方正走向,为佩戴者的脸部增添柔美感。

围巾结图解

7）V字结

V字结较适合倒三角形脸和方形脸的人,其特色是在颈前呈现一个V字形,使颈部充满层次感。

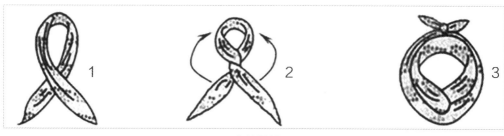

V字结图解

（二）其他饰品

1. 耳饰

职场女性适合佩戴形状对称、设计简单的耳饰。耳饰的选择以耳钉为佳，且直径不宜超过3毫米，不能选择有悬垂物或造型夸张的耳饰。而男士在工作期间，一般不可佩戴任何耳饰。

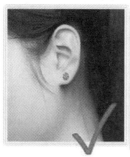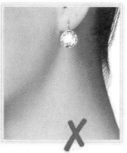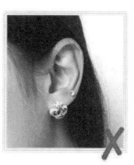

耳饰搭配

2. 戒指

在工作期间一般只允许佩戴一枚戒指，且戒指设计要简单，不能佩戴有明显凸起物的戒指，以免刮伤他人或影响工作。

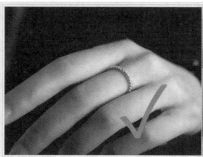

戒指搭配

3. 手表

手表的设计要正式且简单，表带应选皮质款或金色、银色的金属款。不宜佩戴手镯表、塑料表、卡通表等。

手表搭配

另外,需要注意的是,服务岗位不能佩戴项链和胸针之类的饰品。

项链和胸针之类的饰品

(三) 鞋子

搭配正装的鞋子首选牛皮或羊皮面料的。颜色应为单色,一般应深于套装、套裙的颜色。款式应为无带的高跟或半高跟鞋,且鞋跟不可太细。鞋面应上油擦亮,不留灰尘和污迹。

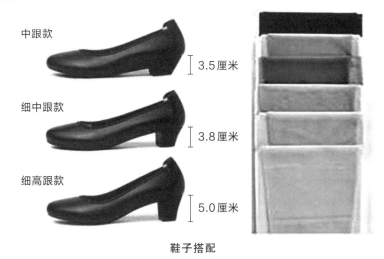

鞋子搭配

(四) 袜子

女士着正装时必须穿丝袜,丝袜的面料多为尼龙丝或羊毛。款式首选高统型或连裤型,应避免选择中统型和低统型丝袜,以免在裙子下摆处露出袜口,显出"三截腿"。米色和肉色的丝袜较为常见,可以搭配各种颜色的套装,是求职面试以及进入正式场合的首选。要注意的是,黑色丝袜在西方一些国家经常与性感、葬礼等联系在一起,随着全球国际化步伐的加快,也有不少商务女士开始在正式场合穿着黑色丝袜。在现代商务场合,商务女士可以穿黑色丝袜,但要讲究与整体职业套装的颜色相协调。另外,一些透明度较高、有网格的黑色丝袜是不能出现在正式场合的。

(五) 皮包

女士穿套装或套裙时应选择合适的皮包,以方便携带随身物品并发挥装饰作用。

皮包的面料最好为皮质。颜色应与自身肤色、服装、年龄及季节相搭配,咖啡色、黑色、驼色、米色等中性色通常为百搭色彩。皮包的款式应与自身身型相协调。身材高大者宜用大提包,身材矮小或苗条者宜用中、小提包,身材丰满者忌用圆形提包。

（六）工作牌

佩戴挂绳式工作牌时,照片和文字面应朝外,工作牌应放在上衣外侧。非挂绳式工作牌,应佩戴在上衣的左上侧兜口边缘,并保持水平。

皮包搭配

挂绳式工作牌

3万小时蓝天温暖服务谢幕

2023年10月27日一早,一如过去36年的每一次航班任务,李文丽整理妆容和制服、系上丝巾……这些动作,她重复了36年,直到蓝天生涯圆满谢幕这一天,仍一如既往把最好的精神面貌带给组员和旅客。

在航前准备会上,李文丽同往常一样与组员一起预习航线知识、了解旅客信息、重申安全服务要点,只为更好地坚守最后一班岗。登机后,在李文丽的带领下,乘务组团队有条不紊地开展工作,客舱中都是她们忙碌的身影,所有组员都在默默地用自己的力量,检查客舱的每个角落。

多年来,特别是李文丽空中服务创新工作室成立以来,李文丽正是这样多年如一日,用自己的专业能力感染、带动身边的同事,将自己的专业素养展现出来,分享给整个东航客舱队伍里越来越多的人,希望以此给旅客们带来更加舒适便捷的航程。

从一名新乘起步,迎宾、送餐、服务旅客、客舱广播……李文丽拜师前辈,一丝不苟地盯着干。遇到别人或许畏难但旅客需要的事情,她更是伴随着自己不断学习、熟悉客舱工作环境而抢在前面干:阅读灯坏了,她试着修复;马桶堵塞了,戴上手套就去掏;水斗里有一池的呕吐物,忍着难闻的气味,认真清理;日复一日,年复一年,无论身为普通乘务员,还是成为乘务长、客舱经理之后,李文丽的这份坚守始终不曾改变。

多年来,李文丽荣膺全国劳动模范、上海市劳动模范、全国用户满意服务之星、中央企业优秀共产党员、民航五一劳动奖章、民航十佳女职工等荣誉,是中共上海市第九次、第十次代表大会代表。2012年7月,李文丽空中服务创新工作室成立,成为中国民航首家省部级劳模创新工作室。此后,她又继续带领工作室队伍,建成东航唯一一家全国示范性劳模和工匠人才创新工作室。

"女士们、先生们,你们好,我是本次航班的乘务长李文丽,很荣幸陪伴您一起度过2小时的空中旅程,这宝贵的2小时是我最后的飞行时光,把大家安全送达后,我将告别蓝天……"在2023年10月27日MU9271虹桥—重庆航班上,李文丽进行着这段特别的机上广播。在36年的飞行生涯中,李文丽珍惜时光的馈赠,把平凡做成不平凡,以实际行动诠释劳模精神,立足小客舱、服务大世界。

资料来源 《文汇报》。

六、空乘制服着装礼仪

(一)男乘务员制服着装礼仪

1. 制服

男乘务员的制服一般包括制服上装、裤装、马甲和衬衫。

衬衫包括短袖衬衫和长袖衬衫两种,穿长袖衬衫时必须搭配马甲。

民航企业要求民航服务人员在工作期间必须穿着制服,制服要保持干净、整洁、挺括、没有破损、没有污迹、纽扣齐全。

2. 大衣

男乘务员穿着制服大衣时,必须系好全部的纽扣。

3. 衬衫

着衬衫时,下摆要收入裤子里。整装后,衬衫衣领和袖口均要比外衣长出1—2厘米。衬衫应平整、干净、无异味。

4. 制服帽子

戴制服帽子时,航徽要端正。

5. 领带

领带长度要合适,通常成人所用的领带长130—150厘米。打好的领带尖端,应恰好触及皮带扣,领带的宽度应与西装翻领的宽度一致。领带打好之后,外侧应略长于内侧。制服外套系好衣扣后,领带要放在外套与衬衫之间。穿着马甲时,领带应放在马甲与衬衫之间。

6. 皮带

男乘务员首选黑色或棕色的深色系皮带,并尽量使皮带颜色接近所穿制服的颜色。

7. 皮鞋

皮鞋首选黑色、系带、亮面、平底的款式。穿着时,要保持鞋面无尘、鞋底无泥。

8. 袜子

袜子宁长勿短,尽量选择深色、单色、无图案花纹的款式。忌用浅色袜子搭配深色皮鞋。

(二)女乘务员制服着装礼仪

1. 制服

女乘务员制服一般包括女士外套上衣、马甲、半截式裙子或连衣裙、长短袖衬衣。女乘务员制服要注重平整贴身、尺寸合体,并且没有破损、污迹,纽扣齐全。

穿着风衣和大衣时,必须扣齐全部纽扣,并系好腰带。制服衬衫不可单独穿着,应搭配马甲或外套。着衬衫时,下摆要收在下装内,且扣齐全部纽扣。围裙只在提供空中餐饮服务时穿戴,穿着时要保持干净整洁、无褶皱。

女乘务员佩戴帽子时,要求帽徽端正,正对鼻梁。帽檐应在眉毛上方约两指处,不能遮住眉毛。

2. 佩饰

1) 丝巾

丝巾是民航工作人员服装的一部分,其颜色、大小、形状及丝巾的系法多种多样。常见的丝巾系法有平结、扇形结等。

2) 丝袜

航空公司一般会为女乘务员统一发放色系一致的长筒丝袜,穿着时应提前检查,确保丝袜无破损。

3) 皮鞋

女乘务员的皮鞋以黑色为主。鞋子类型以高跟或半高跟的船式皮鞋为主,皮鞋跟高不要超过5厘米。女乘务员在通过候机楼大厅直到飞机起飞前应穿高跟皮鞋,平飞后则换穿平底皮鞋。

(三)乘务员的配饰礼仪

1. 飞行衣箱

航空公司依据飞行距离、航线的需要,会对飞行人员工作期间携带的衣箱、衣袋、拉杆箱、背包等物品做出相应的规定。

(1)当天往返的航班:女乘务员携带一个小型拉杆箱和一个小背包,男乘务员携带一个拉杆箱。

（2）3天以内往返的航班：女乘务员携带一个小型拉杆箱、一个小背包和一个衣袋，男乘务员携带一个拉杆箱和一个衣袋。

（3）3天以上往返的航班：女乘务员携带一个衣箱、一个小背包和一个衣袋，男乘务员携带一个衣箱和一个衣袋。

2. 登机证

民航服务人员的登机证应挂在制服衬衫衣领下，自然下垂，正面朝外。

登机证是民航服务人员在执行航班任务时的身份证明，仅限本人使用。当证件丢失时，应当立即上报发证部门，及时补办。乘务员在进出候机楼及上下飞机时，必须佩戴登机证并向相关人员主动出示登机证，接受相关检查。注意不能随意更换登机证上的挂链，更不能在登机证上涂抹删改。

3. 服务牌

空乘人员的服务牌是指统一发放的服务牌，包括航徽、刻有乘务员中文和英文拼写姓名的名牌。佩戴时，应注意名牌无破损，且上面的字迹清晰可辨。姓名牌应佩戴在制服外衣、马甲或衬衣胸前左侧口袋上方，名牌下端与兜盖上端平齐放置于中间位置。

登机证佩戴

服务牌佩戴

女乘务员穿制服外衣时，服务牌佩戴在胸前左侧上方；穿马甲时，服务牌佩戴在胸前左侧口袋上沿中间处；穿围裙时，服务牌佩戴在胸前左侧裙带与裙身交接的地方。

男乘务员穿制服外衣、马甲或衬衫时，服务牌佩戴在胸前左侧上方口袋上沿中间处。

4. 手表

男、女乘务员佩戴的手表均应选择正式、简单大方的款式，不能佩戴个性化的手表。女乘务员表带宽度不得超过2厘米，男乘务员表带宽度不得超过3厘米。

5. 戒指

女乘务员在工作期间一般只允许佩戴一枚戒指,且戒指设计要简单,不能佩戴有明显凸起物的戒指,以免刮伤他人或影响工作。

6. 耳饰

女乘务员在工作期间,只允许佩戴一对直径不超过1厘米的耳钉,不得佩戴有悬挂物或超出耳垂轮廓的耳饰。男乘务员耳部不得佩戴任何饰品。

7. 眼镜

空乘专业对于视力有一定的要求,裸眼远视、矫正视力均有一定标准。飞行期间,大多数航空公司要求空乘只能佩戴隐形眼镜,并要随身携带框架式眼镜作为备用。

框架眼镜

8. 指甲

航空公司一般禁止乘务员涂指甲油,且要求指甲长度不能超过指尖,手指甲里不能有污垢。

9. 香水

不同的航空公司对香水的使用有着不同的规定。有些航空公司会配发香水。有些航空公司允许空乘依照个人的意愿使用香水。一般来说,香水应喷洒于耳后、脖子和手腕等处。

10. 其他佩饰

此外,航空公司禁止乘务员在飞行期间佩戴一切个性化的佩饰。

七、酒店工服着装礼仪

一般来说,酒店的礼宾部、餐饮部、客房部等一线对客服务部门都会为员工统一定制工作服。工作服简称工服,是企业员工身份的标志,是企业的一种管理手段,也是规范化服务重要的一环。

酒店员工的工作服通常包括夏装、冬装以及春秋装等。一般来说，工服中的有一套供员工穿用，另一套由工服收发室保管，以备调换。换洗工服应遵循"以一换一，以脏换净"的原则，规范的做法是两套工服分别存于两处，并且不得同时存放于员工个人处。

酒店员工在穿工服时，应保持洁净整齐、外观平整、搭配合理。具体的工服着装规范包括以下几点。

（一）工服要合身

衬衫袖口长度至手腕处，女士裙子长度到膝盖处，西装袖口长至虎口处，裤子长度到脚面。

（二）搭配得当

领带、领结等配饰要与衬衫领口吻合，且穿戴位置标准、造型端正。鞋袜也要整洁，且与工服的搭配得当。

（三）穿戴整齐

酒店员工穿着工服时要佩戴好工牌，工牌应佩戴在左胸正上方，工牌上的字迹应清晰可辨。需要注意的是员工不得当着客人的面穿脱工服。

1. "1+X"现代酒店服务质量管理职业技能等级证书（中级）：要求酒店从业人员能按照职业礼仪的有关要求，主动推荐酒店产品和答疑，规范处理客人投诉，及时提供补位服务。

2. "1+X"酒店运营管理职业技能等级证书（中级）：要求酒店从业人员能够与客人进行有效沟通，征求客人意见和建议，及时处理客人投诉。

行业趋势

随着社会的不断进步和全球化趋势的加强，形象礼仪作为一种展现文明素养和社交技巧的重要方式，其未来发展呈现出更加广阔的前景和深远的影响。在未来的形象礼仪领域中，环保意识、可持续发展观念将逐渐成为其核心理念之一。这不仅体现在人们对美观的追求上，更在于对环保材料的关注和对环境影响的减少。随着环保理念的深入人心，形象礼仪将逐渐融入更多环保元素，从而引导人们在展现自身形象的同时更加注重对环境的保护和可持续发展。

形象礼仪也将更加强调社会责任和公益意识。作为一种社会文明的体现，形象礼仪不仅仅是个人的修养，更是整个社会文明的缩影。未来的形象礼仪将更加注重社会责任的履行和公益精神的弘扬。这意味着人们在学习和实践形象礼仪的过程中，不仅要注重自身的形象塑造，更要关注社会的整体利益和公共利益。通过参与公益活动、传播礼仪知识等方式，人们可以积极回馈社会，推动社会的文明进步与和谐发展。

在全球化的大背景下，形象礼仪的作用愈发凸显。随着国际交流与合作的不断加强，形象礼仪在塑造国家、企业和个人形象方面的作用日益重要。一个国家的形象不仅仅取决于其经济实力和军事实力，更在于其国民的文明素养和社交技巧。同样，一个企业的形象也不仅仅取决于其产品和服务的质量，更在于其员工的礼仪修养和形象展现。学习和实践形象礼仪成为提升国际形象、促进国际交流与合作的重要途径。

对于个人而言，形象礼仪更是一种不可或缺的社交技能。在日常生活和工作中，人们需要与他人进行频繁的交往和互动，而形象礼仪正是展现个人素养和社交能力的重要方式。人们通过得体的着装、优雅的举止、恰当的言谈来展现自身的良好形象和品位，从而赢得他人的尊重和信任。这不仅有助于个人的职业发展和社会交往，更能够提升个人的生活品质和幸福感。

为了推动形象礼仪的持续发展，我们需要从多个方面入手。教育部门应该加强对形象礼仪教育的重视和投入，将其纳入国民教育体系中，从小培养孩子们的礼仪修养和社交能力。社会各界也应该积极参与到形象礼仪的推广和实践中来，通过组织各种公益活动、开展礼仪培训等方式，推动形象礼仪在社会各领域的广泛应用和深入发展。每个人也应该自觉加强对形象礼仪的学习和实践，不断提升自身的素养和社交能力，为社会的文明进步与和谐发展做出积极的贡献。

未来的形象礼仪将更加注重环保与可持续发展、社会责任与公益意识以及全球化背景下的形象塑造，这将为我们展现出一幅更加文明、和谐、美好的社会画卷。在这幅画卷中，每个人都能够以优雅得体的形象展现在世人面前，赢得他人的尊重和信任；每个企业都能够以良好的形象展现出自身的实力和品牌价值；每个国家都能够以文明开放的姿态走向世界舞台中央，展现出独特的文化魅力和民族精神。而这一切都离不开我们每个人的共同努力和推动。让我们携手共进，为形象礼仪的未来发展贡献自己的力量。

教学互动

训练项目：
举办以"细节中的礼仪，礼仪中的细节"为主题的演讲活动。
训练目的：
展示个人整体形象，规范个人礼仪。
训练要求：
（1）以个人为单位参加比赛；

(2)有自己的风格,设计口号或自我形象标签,体现自我性格和气质特征,鼓励每位同学积极参与。

训练步骤:

注意上下场或退场细节;限时2分钟,要求在规定时间内完成。

训练提示:

整体形象要求,包括:

(1)仪容——眼神、微笑及面部表情,要求神清气爽;

(2)仪表——服饰搭配合理,并具有创造性和审美情趣;

(3)仪态——坐、立、走、手势等姿态流畅、自然,符合礼仪规范;

(4)言行举止——语言机智、文明、有趣,行为规范、得体、大方。

项目小结

本项目详细介绍了旅游从业人员职业形象礼仪,并引述部分经典案例加以说明。

任务一介绍了旅游服务行业从业人员的仪容礼仪规范,包括职业男士和女士发型的选择、面部的保养、护肤品的选择、护肤的步骤、底妆和彩妆的选择以及使用方法和步骤等。目的是使大家学会并掌握旅游服务行业从业人员仪容基本规范,培养良好的职业习惯,展现了旅游服务行业从业人员积极向上的工作状态和热情主动的服务态度。

任务二介绍了旅游服务行业从业人员的仪态礼仪规范,包括按照礼仪规范做出表情、站姿、坐姿、蹲姿、原地转体、行姿、递接、标准手位、鞠躬、握手、引导等仪态动作。目的是使大家学会并掌握旅游服务行业从业人员各岗位工作中常用的基本行为仪态礼仪规范,从而更好地为游客提供相应的高质量服务。

任务三介绍了旅游服务行业从业人员的服饰礼仪规范,包括男士西装着装礼仪、男士西装配饰礼仪、女士正装着装礼仪、女士正装配饰礼仪、空乘制服着装礼仪、酒店工服着装礼仪等。目的是使大家学会并掌握旅游服务行业从业人员职业服饰礼仪规范,培养良好的职业习惯,展现了旅游服务行业从业人员积极向上的工作状态和热情主动的服务态度。

项目训练

能力训练

1. 打领带平结

按照规范要求,在指定的时间内为自己打好领带平结。

男士领带平结评价表

班级：　　　　学号：　　　　姓名：

评价内容	评价标准	分值	学生自评	教师评价
领结	领结平整，呈倒三角形	10分		
衬衫衣领	衬衫衣领的领型应与领结大小相适应	10分		
不露纽扣	衬衫的第一粒纽扣要扣紧，且正好被领结完全遮挡	15分		
领结下端	在领结下端自然美观，压出一个窝或一条沟	20分		
领带长度	打好的领带尖端，应恰好触及皮带扣	20分		
外长内短	领带打好之后，外侧应略长于内侧	15分		
位置得当	打好的领带应位于西服和衬衫之间或马甲与衬衫之间	10分		
总分		100分		

2. 打丝巾平结

按照规范要求，在指定的时间内为自己打好丝巾平结。

女士丝巾平结评价表

班级：　　　　学号：　　　　姓名：

评价内容	评价标准	分值	学生自评	教师评价
折叠整齐	折叠好的丝巾应将对折的一组丝巾角藏于折痕之内，不应外露	20分		
开口朝下	折叠后的丝巾条应按开口朝下系在脖子上	20分		
宽窄得当	折叠的丝巾长条应宽窄得当，约3厘米	15分		
松紧得当	系好的丝巾应绕脖颈一圈，且松紧得当	15分		
领结平整	领结平整、无皱无褶	15分		
两端等长	系好后的平结两端留尾长度应相当	15分		
总分		100分		

3. 鞠躬练习

两人一组，相对站立练习一度鞠躬、二度鞠躬和三度鞠躬。

男士鞠躬评价表

班级：　　　　学号：　　　　姓名：

评价标准	分值	学生自评	教师评价
站立时，头、颈、肩在一条直线上	5分		
站立时，双腿双脚并拢，膝盖贴紧	5分		
站立时，双手扣在两侧裤线上	5分		
弯腰前要与互动对象有目光交流并微笑	3分×3		
以髋部为轴心弯腰，上身和下身保持挺直	3分×3		
弯腰时，头、颈、肩在一条直线上	3分×3		
在最低点有明显的停顿	3分×3		
起身速度慢于弯身速度	3分×3		
起身回到站姿后要与互动对象有目光交流并微笑	3分×3		
一度鞠躬弯腰15°—30°	5分		
一度鞠躬双手扣在两侧裤线处	5分		
二度鞠躬弯腰30°—45°	5分		
二度鞠躬双手沿裤线略下滑	5分		
三度鞠躬弯腰60°—90°	5分		
三度鞠躬随着上身弯下，双手沿两侧裤线下滑，起身时沿裤线上移回原位	6分		
总分	100分		

女士鞠躬评价表

班级：　　　　学号：　　　　姓名：

评价标准	分值	学生自评	教师评价
站立时，头、颈、肩、背在一条直线上	5分		
站立时，双腿并拢，膝盖贴紧，双脚呈小V字（小丁字）步站姿	5分		
站立时，双手交握置于小腹处，双臂撑起	5分		
弯腰前要与互动对象有目光交流并微笑	3分×3		
以髋部为轴心弯腰，上身和下身保持挺直	3分×3		
弯腰时，头、颈、肩在一条直线上	3分×3		
在最低点有明显顿点	3分×3		
起身速度慢于弯身速度	3分×3		
起身回到站姿后要与互动对象有目光交流并微笑	3分×3		
一度鞠躬弯腰15°—30°	5分		

续表

评价标准	分值	学生自评	教师评价
一度鞠躬双手交握置于小腹处,双臂撑起	5分		
二度鞠躬弯腰30°—45°	5分		
二度鞠躬双手交握置于小腹处,双臂撑起	5分		
三度鞠躬弯腰60°—90°	5分		
三度鞠躬随着上身下弯,双手交握向下滑至大腿处,起身时上移回原位	6分		
总分	100分		

项目三
旅游从业人员职业交际礼仪

 项目描述

本项目详细介绍了旅游从业人员在日常交际、商务办公、商务活动等职业交际活动中,所应遵循的交际礼仪和交往等礼仪规范。这些礼仪规范不仅体现了旅游从业人员的专业性和服务水平,更是对交际伙伴尊重和友好的体现。通过本项目的学习,旨在提升学习者的职业素养,增强其交际能力,为游客提供更加优质、周到的服务。

 项目目标

知识目标

1. 掌握日常交往礼仪的基本原则,了解其在旅游行业中的重要性。
2. 掌握见面和介绍礼仪、电话礼仪、拜访与接待礼仪、宴请与馈赠礼仪、乘车礼仪、涉外礼仪的基本要求和技巧。

能力目标

1. 能够准确运用日常交往礼仪的基本原则展现专业形象。
2. 在日常交际中,能够得体地使用交际礼仪增进与交际对象的关系,展现职业素养。

素养目标

1. 培养良好的职业道德和礼仪意识,形成积极向上的职业态度。
2. 提高个人修养和文化素质,注重个人形象和言行举止,做到言行一致、礼貌周到。
3. 提高跨文化交际能力,以及对不同文化背景的游客或合作伙伴的适应能力。

项目三　旅游从业人员职业交际礼仪

知识导图

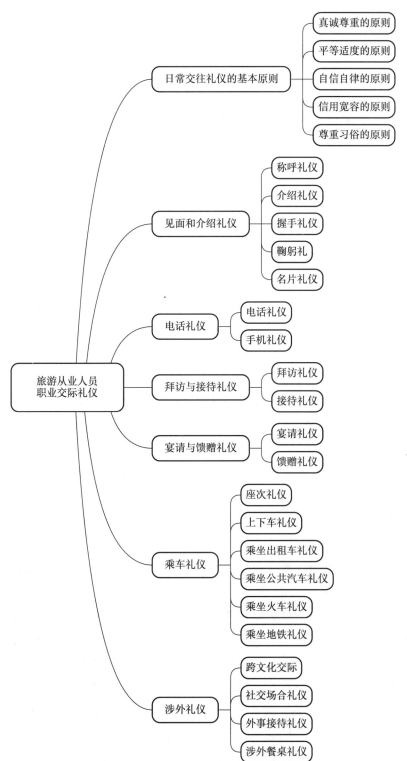

项目引入

各国"千奇百怪"的餐厅礼仪

各国的餐桌礼仪因地域文化而异,甚至在一些看似简单的用餐行为上,也可能在不同国家引发不同的解读。

例如,在德国,用餐时不宜用刀切马铃薯,而应当直接用叉子叉食。

在日本,将筷子竖直插在饭中则被视为不吉利。

在韩国,接受食物时应用双手以示尊重,而非单手。

在爱尔兰的酒吧文化中,为同桌的每个人买酒被视为一种友好的礼节,这体现了他们的团结和互助精神。

在意大利,如果在餐厅中主动索要未提供的物品,可能会被视为失礼,因为这可能干扰到餐厅的服务流程。

在葡萄牙和埃及的餐厅,桌上的盐和辣椒供顾客随意使用,但如果请求服务员为你拿取,则可能被视为对厨师调味技术的不尊重。

在美国等国家,吃饭时发出声音通常被视为粗鲁的行为。但在日本,咀嚼时发出声音(即"吧唧嘴")则是对食物美味的赞美,也是对厨师和服务员的感谢。

此外,对于"光盘"这一行为,虽然在一些国家被视为节约和尊重食物的表现,但在哥伦比亚,这可能被认为是对主人准备的食物量的不满和批评。

在中国的一些地区,吃完鱼的一面后,通常不会翻面继续吃,因为翻面被认为是不吉利的象征。

在哈萨克斯坦,咖啡师只为你倒半杯咖啡,这并不意味着他们吝啬。相反,这是为了让你更好地享受热咖啡,主人会不断为你续杯,以便与你保持愉快的交流。而在美国,如果咖啡师没有为你倒满一杯,可能会让人感到有些不满。

在菲律宾,当你受邀参加当地人的聚餐时,切记不要准时到达。最好比约定的时间晚10—15分钟,这是当地的一种社交礼仪。

在新加坡,当你看到餐桌上有几包纸巾时,这意味着这个位置已经有人预订了。这个习惯被称为"Chope",即预订的意思。所以,当你去新加坡用餐时,记得随身携带几包纸巾,以备不时之需,你也可以尝试用纸巾来占位。

在俄罗斯,伏特加酒是一种非常纯净的饮品,人们不允许在其中掺入冰块、水、果汁等任何东西。这被视为对酒的玷污,是一种非常不礼貌的行为。

在埃及,甜点是人们非常喜爱的一道餐品。如果你在埃及的餐厅用餐却没有点甜点,可能会让餐厅老板感到失望。

项目三　旅游从业人员职业交际礼仪

任务一　日常交往礼仪的基本原则

任务描述：本任务旨在培养旅游从业人员在日常生活和工作中，遵循基本的社交规则和礼仪要求，以建立和谐的人际关系，提高沟通效果。通过学习和实践这些准则，旅游从业人员能够更好地融入社会，展示自己的文明素养和良好形象。

任务目标：了解并掌握日常交往礼仪的基本原则，理解礼仪的原则，并将其应用到日常交际过程中，提升个人修养，塑造良好的形象。

神圣的成年礼

　　四川省甘孜州丹巴县嘉绒藏族至今仍完整保留着历史悠久的女子成人礼习俗，这也是一项传统的选美、赛美活动。成人礼在藏语中称为"几萨"，是"穿成年新装"的意思。当地汉语又叫"戴角角"，意指行成人礼的女孩要梳扎像牛角一样的发束，造型奇巧别致。小女孩到17岁行过成年仪式之后才算长大成人，才能够恋爱结婚。成人礼对每一个嘉绒姑娘来说都是人生中的一件大事。

　　成年礼是人生仪礼的重要环节。在城市中，往往在18岁举行成年礼。作为个体生命走向社会生命标志的成年礼，需要有特定的仪式时空，以文化象征的提示促成青年的自我觉醒，进而实现其人生价值与意义。传统冠礼虽然已经大面积消失，但是在农村，成年礼俗还不同程度存在，比如广东潮州的15岁"出花园"、福建泉州"做十六岁"等，依然是家庭大事。传统冠礼以家族、自然时序为依据，一般于正月新春在家庙举行，强调生命成长与天道节律的协调。

　　当代社会，成年礼作为一种人们宣布告别青少年时期、迈入成年社会的过渡仪式，合理的仪式时空选择和空间设置能够营造出神圣与庄严的仪式感，能够唤起受礼者对于民族文化的认同，从小家庭走入大社会，成为社会的一员。成年礼可以选择在地方公共文化空间中举行，如具有特殊历史传统意义、地标特征明显的纪念广场、孔庙、古迹遗产地、祭坛等。通过仪式互动，受礼者可以感知民族文化的魅力，增进民族文化认同。"不负韶华，担责当行""十八而志，青春万岁"的成年礼刻在受礼人心中，能够为其终身提供精神动力。

分析

旅游职业礼仪

礼仪修养是个体素质的重要基石。尽管它不像法律那样具有强制性,也不像道德那样深沉严肃,但一旦忽视,往往会带来一系列的尴尬和误解。相反,如果我们注重礼仪修养,那么在日常生活和工作中,事情进展往往会更加顺畅。特别是对于旅游从业人员而言,他们应当在日常交往中恪守基本的礼仪准则,以确保服务的质量和游客的满意度。

一、真诚尊重的原则

人际交往中的真诚是赢得他人信任和尊重的基石。在人与人的交往中,展现出谦虚、不傲慢、不自负、不固执己见的态度,往往更容易得到他人的认同与接纳。尊重是礼仪的本质,也是礼仪的情感基础,涵盖了自我尊重与对他人的尊重。尊重是相互的,唯有那些懂得尊重他人的人,才能真正获得他人的尊重。正如孟子所言:"仁者爱人,有礼者敬人。爱人者,人恒爱之;敬人者,人恒敬之。"尊重他人是一种崇高的品质,它超越了偏见、虚荣和敌意,以客观公正的态度去认识和评价他人。通过以上的行动,我们能够在人际交往中更好地展现自己的真诚与尊重,从而建立起深厚的信任与尊重关系。

在社会交往中,若与他人的观点不同,应避免直接冲突和批评,更不应取笑或攻击对方。相反,可以委婉地表达看法或选择避免讨论此话题。有人或许会认为这是虚伪的表现,但实际上,这反而是对他人的一种尊重,为对方留下足够的空间。在社交中,有三大要点需要铭记:给予他人充分展示自我的机会;表达对他人的热情和关怀;始终保持尊重和理解的态度。真诚,是源自内心的真实感受,是社交礼仪中最基本的原则。没有真诚,所有的礼仪形式都显得空洞无物,仅仅是表面的敷衍。正如《礼记》中所言:"著诚去伪,礼之经也。"这告诉我们,真诚是礼的核心,只有去除虚伪,才能展现出对他人的真心实意。在人际交往中,只有真心投入,才能赢得他人的尊重和善意,进而促进良好关系的形成,实现交往的目的。否则,可能会让他人感到虚伪和不真诚,从而产生诸多负面影响。在人际交往中,一个人的态度、行为、眼神、语言、表情和文字表达等,都在直接或间接地展示着其真诚的程度。

对于旅游从业人员而言,尊重他人,首先要尊重他人的人格、劳动和价值,以平等的身份与他人交往,一视同仁。不能因为对方的年龄、职位、资历比自己高就表现得很谦恭,面对比自己年龄小、职位低、资历浅的交往对象时,却表现得傲慢无礼。其次要尊重他人的爱好、习惯和感情。在长期生活中,每个人的性格、特点、生活阅历都不太一样,会形成千差万别的爱好和习惯。理解并尊重他人的习俗,是一个人自身文明、进步的标志,也是旅游行业进步、文明的标志。

在人际交往中,若想通过礼仪展现出对他人的尊重,真诚与热情是两个不可或缺的要素。真诚的态度能让人感受到被接纳与尊重,热情则让人感到受欢迎。然而,热情的表达必须适度,因为过度的热情可能令人觉得虚伪或不够真诚。因此,在社交场所中,我们需要掌握好热情的尺度,创造和谐的人际关系。

知行合一

Zhixing Heyi

纪晓岚与店主的故事

纪晓岚有一天走进一家店,店主把他上下一打量,见他衣履还整洁,仪态也一般,便招呼一声:"坐。"又叫一声:"茶。"意思是端一杯一般的茶来。

寒暄几句,知道他是京城来的客人,赶忙站起来,面带笑容,把他领进内厅,忙着招呼说:"请坐。"又吩咐道:"泡茶。"意思是单独沏一杯茶来。经过细谈,当得知来者是有名的学者、诗文大家、礼部尚书纪晓岚时,立即恭恭敬敬地站起来,满脸赔笑,请进禅房,连声招呼:"请上坐。"又大声吆喝:"泡好茶。"他又很快地拿出纸和笔,一定要请纪晓岚留下墨宝,以撑门面。纪晓岚提笔,一挥而就,是一副对联:坐,请坐,请上坐;茶,泡茶,泡好茶。店主看了非常尴尬。

分析

二、平等适度的原则

人类学家论证古代"礼"通"履"(鞋子),意指礼应当如鞋子般合脚,遵循适度原则。在当今社会中,礼仪强调的是人际交往中的沟通与互动应当维持一个适当的平衡。在各种不同的场合,对于各式各样的交往对象,我们应当始终展现出不卑不亢、大方得体的态度,精准地掌握适当的分寸。适度的礼仪就是恰到好处地把握这种分寸感,根据具体情境而行使相应的礼仪。例如,在与人交往时彬彬有礼,而不低三下四;热情大方,而不轻浮谄谀;自尊而不自负;坦诚而不粗鲁;活泼而不轻浮。

将自己对他人的敬意表达到何种程度为最好就是礼仪的适度性原则。在诸如商场、超市等公共场所,如果服务人员表现得过于热情,可能会让顾客感到不自在,影响顾客的购物体验,有时甚至会选择快速离开;反之,如果服务人员态度冷漠,那么顾客便会觉得自己被忽视,对服务人员的专业素养产生怀疑,这无疑也会给顾客留下不好的印象。

礼仪的适度是以对方的感觉为评价标准的,而不是自己设定的、一成不变的,应根据交往对象的具体情况选择适度的方式。例如,在行握手礼时,对于久未见面的老朋友,我们可以增加握手的力度和时间,甚至紧握不放,伴随亲切的交谈,以体现相互之间的深厚友谊。然而,如果对方是初次见面的人或女性,这种方式则可能显得过于冒昧或不合适,可能会让对方感到不知所措或尴尬。因此,在运用礼仪时,应当充分考虑对方的感受,以尊重和理解为前提,做到恰到好处。

在社交的舞台上,礼仪行为总是像一场精心编排的舞蹈,每一个舞步都需要双方的默契配合。你向对方展示尊重与谦逊,对方自然也会以同样的方式回应你。这就是礼仪的双向性,也是其背后的平等原则。平等,不仅仅是一个简单的词汇,它是人际交往的基石,是构建深厚人际关系的金钥匙。在交往中,平等表现为不骄狂,不我行我素,不自以为是,不厚此薄彼,更不会傲视一切、目空无人、以貌取人,或以职业、地位、权势压人,而是时时处处平等谦虚待人,唯有如此,才能结交更多的朋友。例如,在公共场所,应避免高声谈笑、喧闹,以免打扰他人。以乘坐高铁为例,有人不顾周围人的感受,打开手机的外放功能看短视频或听音乐,这种行为往往会引起他人的不满和反感。在工作中,既有非常重要的客人,也有偶尔消费一次的客人,他们的身份对于服务者来说是一致的,他们都是服务人员所要服务的对象,应该得到平等的服务,绝不能因其消费水平的不同而给予不同的待遇。

平等在礼仪交往中意味着一视同仁,不因交往对象的差别而有高低远近之分。平等本身就是一种尊重的体现,也是人类社会的终极理想之一。在当今时代,平等原则是当前礼仪的基础,也是现代礼仪区别于传统礼仪的主要原则之一。

三、自信自律的原则

在人际交往中,自信是一种至关重要的心理素质。拥有自信,能够使我们在交流中保持从容不迫、态度得体,遇强者不自惭,遇磨难不气馁,遇侮辱敢于挺身反击,遇弱者伸出援助之手。自信是我们人际交往中不可或缺的重要素质,它让我们在人际交往中更加从容、得体地展现自己。

自律即自我约束。要求人们用正确的道德信念和行为修养准则来约束自己,实现自我教育、自我管理。从整体来说,礼仪规范主要涵盖两个核心方面:一是个人行为的自律,二是对待他人的态度与做法。个人行为的自律是礼仪的基石和起点。在践行礼仪的过程中,自我要求、自我约束、自我控制、自我反思、自我检查与自我对照显得尤为关键。这正是自律原则的核心所在。古人有言"己所不欲,勿施于人",若我们只注重对他人的要求,而忽视对自己的严格要求和自律,不恪守慎独与克己的原则,那么真正遵循和实践礼仪就无从谈起。

自信但不能自负,自律原则正是处理好自信与自负的矛盾的一大原则。我们在社会交往过程中,要在心中树立起一种道德信念和行为修养准则,以此来约束自己的行为,实现自我教育、自我管理,摆正自信的天平,既不必前怕狼后怕虎地缺少信心,又不能凡事自以为是而自负高傲。

总之,礼仪的践行既要求我们在日常生活中严于律己,又强调我们在与他人的交往中展现尊重和善意。只有这样,我们才能真正理解并践行礼仪所蕴含的美德和智慧。

曾子守礼易席的故事

有一次,鲁国的大夫季孙子,为了表达对曾子的敬意,特意送了一个大夫专门用的竹席给曾子。后来曾子得了重病,卧床不起,他的学生乐正和子春前去探望老师,结果听见他的僮仆指着曾子的睡席好奇地问:"这是大夫用的席子吧,光泽多么华美啊!"子春听了之后赶紧示意侍僮不要再说了,怕让老师曾子听到。曾子听完之后非常吃惊,就说:"这是季孙子赐予我的,我现在坐不起来,无力去换这张席子。"于是他就让自己的儿子把这张席子给换下去。但是他的儿子却说:"您的病情这样重,身子又不便移动,还是等天亮之后再换吧。"

结果曾子就对儿子说:"你爱我还不如这个僮仆!"为什么这么说?曾子说:"君子爱人以德,小人爱人以姑息。"君子爱人是用德,是成就他的道德,让他时时都有提升,时时都有警觉;而没有见识的小人爱人,是姑息他的过失,甚至放纵他的欲望、满足他的要求。这些要求符不符合礼,都不过问。所以曾子说:"你们爱我还比不上这个僮仆,我还要这块席子干什么?我能守礼而终,也就足够了。"听了父亲的话,儿子只好扶起父亲去换床席,曾子安稳地躺下,不久就离世了。

分析

四、信用宽容的原则

《论语·颜渊》有言:"民无信不立,与朋友交,言而有信。"这一观念体现在日常生活的各个方面,尤其在社交活动中显得尤为重要。信用即信誉。守信的表现首先在于守时,无论是约会、会见、会谈还是会议,我们都应该严格遵守时间,绝不拖延、迟到。其次,在于守约,这意味着我们签订的协议、约定以及各种承诺,都需要认真履行,做到"言必信,行必果"。

宽容原则即与人为善的原则。在社会交往中,充分尊重他人行动与见解的自由,站在对方的立场去考虑一切,宽容的思想是创造和谐人际关系的法宝。具体来说,就是要豁达大度,有一定的气量,不和他人计较。这要求个人具有宽广的胸襟,能够容纳万物的气概和良好的自控能力。《道德经》中说:"上善若水。水善利万物而不争,处众人之所恶,故几于道。"它的意思是做人的最高境界就是像水一样,善于帮助万物而不与万物相争。在人际交往中,不同的人会有不同的思想、行为、语言等,我们要学会求同存异,包容异己,从对方的角度去思考和看待问题,就是一种宽容和包容,也是建立彼此信任、获得尊重、实现合作的基础。

总之,守信和宽容是我们在社交场合中必须具备的品质。我们需要通过守时、守约来展现我们的诚信,同时以宽容的心态来理解和接纳他人。这样,我们才能在社交场合中赢得他人的尊重和信任,建立起良好的人际关系。

郭汲守信

郭汲是东汉时期的一名官员,以守信和良好的德行著称。他的故事体现了他对待承诺的严肃态度,即使是对孩子们的承诺也不例外。

故事发生在郭汲担任并州太守期间。有一次,郭汲巡行至西河郡美稷县,当地的孩子们听说太守要来,都非常兴奋,骑着竹马来到路旁欢迎他。郭汲深受感动,下马向孩子们表示感谢。在县城逗留期间,郭汲处理了许多积压的案件,包括不少冤假错案,深得百姓的爱戴。

当郭汲准备离开美稷县前往下一个视察地点时,孩子们又骑着竹马来送行,并询问他何时会回来。郭汲让随从计算了日程,告诉孩子们他将在某一天返回。孩子们表示会再来迎接。郭汲在下一个县的视察工作进展顺利,比预期提前一天完成了任务。但他记得之前对孩子们的承诺,决定不在当天进城,而是选择在野外的亭子里露宿一夜,以确保第二天才回到美稷县,遵守他与孩子们约定的归期。

五、尊重习俗的原则

礼仪文化讲究入乡随俗,尊重和遵守对方的礼俗,这也是礼仪的民族性和区域性特点决定的。无论是在现实世界还是网络空间,人类的交往前所未有的频繁,在交往过程中必然存在文化差异,在特定的交往时间和空间里只有尊重并遵守对方的礼俗文化,才能保证交往的顺利进行。每一个民族和地区,都有其独特的风俗禁忌。对于这些差异,我们不仅要有所认识,更要发自内心地尊重。正如俗语所说,"十里之内,风气各异;百里之间,习俗不同",又或是"随遇而安,因地制宜"。这些古老的智慧都在向我们传达一个深刻的道理:尊重并顺应各地的风俗和禁忌至关重要。唯有如此,我们才能在社会交往和提供服务时游刃有余,避免出现不必要的误解和错误。

对各国、各地区、各民族的礼仪文化、风俗习惯以及宗教禁忌进行全面的学习和了解,对于我们来说至关重要。这不仅能够帮助我们更好地适应各种环境,更能促进我们与世界各地的人民和谐共处,共同创造一个更加包容和理解的世界。由于国情、民族、文化背景的差异不同,所以必须坚持入乡随俗,尊重当地的民族文化和习俗。尊重他人,才能赢得他人尊重。只有我们尊重对方的风俗习惯、文化传统和宗教信仰,才能相应地得到对方的尊重。如今,我国居民出境旅游越来越多,很多我们在国内习以为常的习惯,一旦出了国门,在外国人眼中可能是不被认同的、不礼貌的行为。所以,要真正做到入乡随俗,就应该提前了解当地的风土人情,这样才能够跟旅游目的地文化更加贴近,"游"得更加深入。

知行合一
Zhixing Heyi

出游,请尊重当地民俗

某地旅游者到浙江北部地区旅游,该地区山清水秀,茂林修竹,盛产竹笋。旅游者到达旅游目的地后被美景所吸引。在游览过程中,旅游者看到竹林中有诱人的竹笋,四顾无人,于是闯入竹园拔笋,结果被当地村民发现。村民要求旅游者赔偿1000元,旅游者认为被村民敲诈,双方为是否需要赔偿和赔偿额度的多少发生争执。旅游者把纠纷经过发到网上,引起许多网民的围观,给当地政府带来了很大的压力。

分析

任务二　见面和介绍礼仪

任务描述: 本任务对旅游从业人员应该掌握的人际交往中常用的日常见面礼节礼仪和介绍礼仪的基本要求、基本技巧进行了较为全面的介绍,包括称呼礼仪、介绍礼仪、握手礼仪、名片礼仪和鞠躬礼仪等内容。

任务目标: 熟悉并掌握见面与介绍礼仪的基本要求和基本技巧。通过本任务的学习,学习者能够对人际交往中常用的日常会面礼仪和介绍礼仪有清晰的认识,并且能够熟练应用于工作服务和社会生活中,保证人际交往的顺利进行,促进事业的成功。

知行合一
Zhixing Heyi

不一样的见面礼仪大盘点

热情地握手并亲切地说"你好",未必是每个国家都适用的见面礼仪。

法国给人热情、友好的感觉,在社交场合见面时,一般以握手为礼。在男女之间、女士与女士见面时,可行亲吻礼,但礼仪规则比较复杂,亲吻的次数会因为不同的地区而有所差异,有些地区只吻右边面颊一下,而在法国北部的大部分地区见面需要亲吻五下。

英国绅士、淑女的见面礼仪有一套严格的规矩,如由谁先打招呼,都有明确的规定。初次见面握手时,一般由女士、地位较高的或年纪大的一方先伸手,另一方再伸手。如果两个相识的人见面,双方只需简单地相互问候即可,谈论天气会是打开话题的最佳方法。在英国,一般在社交性的场合是不会互递名片的;但如果是工作或商业会面,可以在握手后递送名片,再作简短的自我介绍。

在波兰,常用的见面礼节除了握手礼和拥抱礼外,还有吻手礼。一般而言,吻手礼的行礼对象只限于已婚女士,行礼的最佳地点应为室内。如果您不确定该位女性的婚姻状况,或见面地点在室外,见面时普通的握手礼就可以了。在行吻手礼时,男士宜双手捧起女士的手,在其指尖或手背上象征性地轻吻一下,假如吻出声响或吻到手腕之上,都是不合规范的。

在泰国,大部分人都信奉佛教,受生活理念的熏陶,他们的脸上常常挂着微笑。泰国人互相打招呼时,不会采用典型的握手方式,而是将双手合十,做祈祷的姿势,男士弓着额头触碰指尖,女士双手摆在胸前。并且手的位置放得越高,表示对对方越尊重。

日本人非常注重礼节,初次见面打招呼多以鞠躬为礼。日本的鞠躬礼弯腰深浅不同,弯腰最低、最有礼貌的鞠躬礼称为"最敬礼",即日剧中常见的90°鞠躬礼。现实生活中,普通人见面的鞠躬礼只需要微弯45°就可以。男性鞠躬时,两手自然下垂放在衣裤两侧;女性鞠躬时,以左手搭在右手上,放在身前行鞠躬礼。如果戴有帽子,打招呼行礼时要脱下帽子再鞠躬。

印度人见面的礼节有合掌、举手示意、拥抱、摸脚、吻脚等。合掌有高低之分:对长辈,两手至少要与前额相平;对晚辈,可齐于胸口;对平辈,双手位于胸口和下颌之间。见面与分手时,男性与男性握手。如被引见女性,男性不可与女性握手,应该双手合十做祈祷的姿势,头向前倾,微微弯腰,然后说"Namaste"。注意,在印度男女在公开场合接触被视为大忌,男性不但不能触碰女性,连与单身女性谈话都不可以,即使是外国人,也必须遵守以上规矩。

人际交往中,特别是当我们与他人初次相见时,我们展现出的礼节和礼貌,无疑成为衡量一个人内在品质和社交能力的直接标志。这些微妙的举止和言行举止,直接关系到对方对我们形成的第一印象,进而深刻地影响着我们与他人之间关系的深度和广度。更为关键的是,这种影响还渗透到我们日常工作的效率和事业成功的可能性之中。因此,在每一次的交往中,我们都应当珍视每一个细节,以真诚和尊重的态度去对待他人,从而为自己铺设一条宽广而顺畅的人际交往之路。

一、称呼礼仪

称呼是人们在日常交往中所采用的彼此之间的称谓语,是交际语言的先锋官。人与人打交道时,相互之间免不了要使用一定的称呼。不使用称呼,或者使用称呼不当,都是一种失礼的行为。得体又充满感情的称呼,会使交往对象感到愉快和亲切,正确地使用称呼可以为人们打开交际的大门。

（一）称呼的分类

1. 一般性称呼

在与人交往的场合，当我们面对不认识的人时，较常用且不容易出错的称呼就是"小姐""女士""先生""夫人"或"太太"。一般来说，我们习惯称呼成年男性为"先生"，对尚未结婚的女性则称为"小姐"，而已婚的女性则多称为"夫人"或"太太"。如果我们不确定一个女性的婚姻状况，那么称呼她为"女士"是比较安全的做法。值得注意的是，如果我们不小心将已婚的女士误称为"小姐"，很多女士并不会介意，甚至可能觉得这是一个可爱的误会。然而，如果我们错误地将未婚的女士称为"夫人"或"太太"，那么可能会让她感到尴尬和不舒服。

2. 工作性称呼

1）职业性称呼

在职场交往中，对于从事某些特定职业的人，有时可以直接以职业进行称呼，表示对对方职业和劳动的尊重。例如，可以称教员为"老师"，称医生为"大夫"，称驾驶员为"司机"，称警察为"警官"等。此类称呼前，一般均可加上姓氏或姓名，如"张医生""刘师傅""王律师""秦老师"等。

2）职务性称呼

职务性称呼，即以交往对象的职务相称，可以彰显对方的身份与地位，表示对交往对象的尊敬。职务性称呼主要包括三类：第一类是称职务，比如"局长""经理""处长"等，多用于熟人之间；第二类是在职务前加姓氏，如"张经理""李秘书""马处长"等，适用于一般场合；第三类是在职务前加姓名进行称呼，比如"张宁总经理""李尽院长"等，适用于非常正式的场合。

3）学衔性称呼

在一些有必要强调科技或知识含量的场合，可以以学衔作为称呼，以示对对方学术水平的认可和对知识的强调。这种称呼方法主要有四类：第一类是称"学衔"，如"博士"，多用于熟人之间；第二类是称"姓氏＋学衔"，如"杨院士"，常用于一般性交往；第三类是称"姓名＋学衔"，如"王刚博士"，用于较为正式的场合；第四类是称"具体化学衔＋姓名"，即明确其学衔所属学科，如"经济学博士李刚""文学硕士张章"等，此种称呼显得较为郑重。

4）姓名式称呼

在工作岗位上，对于同事、熟人可以采用姓名性称呼，具体做法有三种：第一种是直呼姓名，一般只限于同事、熟人之间；第二种是只呼其姓，不称其名，如"小张""老李"等，一般是年长者或者位尊者称呼年轻人或职位低于自己的人；第三种是只称其名，不呼其姓。这种称呼方式显得更为亲切，但通常仅限于同行之间，或者是上司称呼下属、长辈称呼晚辈时使用。

3. 生活中的称呼

在日常生活中对熟人、朋友和长辈的称呼,既要表达亲切、友好,又要体现对对方的敬意。一般可采用两种表达方式。第一种是使用敬称,对朋友、熟人可以用人称代词"你"或"您"相称。对长辈、尊者或平辈年长者称呼"您",表示恭敬之意;对晚辈或平辈年龄较小者称呼"你";对于有身份的年长者,可以称呼"先生""老师"或"姓氏+老"等。第二种是使用姓名称呼。对平辈的朋友、熟人之间可以姓氏称呼,如"小王""老张"等;对于关系较为亲密者,可以直呼其名。这样的称呼方式,既体现了对对方的尊重和敬意,又展示了说话人的亲切和友好,使日常交往中人与人之间的交流更加和谐、融洽。

(二)称呼的禁忌

1. 使用错误的称谓

1) 误读

误读一般表现为念错姓名,特别是一些多音字,用在姓氏中发音会发生变化,如将"仇"(qiú)读为"chóu"等。在交往中,将对方的姓名读错,是对交往对象极大的不尊重,因此要提前做好准备工作,避免此类错误的出现。

2) 误会

误会主要指对被称呼者的年纪、辈分、婚否以及与其他人的关系作出了错误判断而引起的错误称呼。如将年轻女性称为"阿姨",将公司董事长误称为"总经理",或对对方的新职务不了解,还用以前的称谓等,这些都属于错误的称呼方式,会影响双方的关系。

2. 使用不通用的称谓

有些称呼具有一定的地域性,如中国很多地方称呼配偶为"爱人",但在西方社会,"爱人"则指情人。有的人爱称别人为"师傅",但是在另一些人听来,"师傅"等于"出家人"的意思。

3. 使用庸俗低级的称呼

在人际交往中,有些私下里习惯使用的称呼,在正式场合使用的话会显得不合时宜。比如,向对方介绍自己的朋友时,使用"哥们儿""姐们儿"等此类的称呼,会显得不够庄重,也会让对方觉得不被尊重,所以在正式场合,一定要注意使用正式的称呼。

4. 用绰号作为称呼

给对方起绰号,用绰号去称呼对方,以及随便拿别人的姓名乱开玩笑等是很失礼的行为。即使是关系亲密的朋友或熟人之间,使用绰号称呼对方有时候也会使人反感。因此,我们要遵循社交礼仪,切不可随意用外号称呼他人。

二、介绍礼仪

人际交往始自介绍,在交往礼仪中,介绍是一个非常重要的环节,是交际之桥。通过介绍,人们相识、了解、沟通并建立关系。在人际交往中,正确运用介绍不但可以扩大交往范围,同时有助于自我展示和自我宣传。在礼仪学习中,按照介绍人不同,介绍主要可以分为自我介绍、他人介绍和集体介绍三种类型。

(一)自我介绍

初次见面或者与对方不太熟悉时,自我介绍是一种重要的交流方式。通过自我介绍,人们可以有效地向对方传达个人情况,包括姓名、职业、兴趣等。为了使自我介绍更加有效,还需要掌握一些自我介绍的艺术,并注意以下几个方面。

1. 把握内容

根据交往对象和环境的不同,自我介绍可以分为以下几种不同的形式。

1)应酬式自我介绍

这种自我介绍方式比较简洁,有时只需要告诉交往对象姓名即可,如"您好!我是××"。这种介绍方式一般适用于舞会、宴会、通电话等公共场合和一般性的社交场合,对交往对象只有一般性的接触,并无深入交往的打算。

2)工作式自我介绍

工作式自我介绍包括介绍本人姓名、工作单位和部门、担任职务或所从事的具体工作等内容,如"我叫××,是××旅行社的导游,负责这次的导游工作"。

3)社交式自我介绍

社交式自我介绍的出发点是与交际对象进行深入的交往,在自我介绍时,介绍内容比较详细,一般包括本人姓名、单位、工作、兴趣、爱好、经历及与交往对象的某些熟人的关系等,如"我叫××,是××学校的老师,和你们公司的李××是高中同学"。

2. 时机合适

自我介绍最好选择在对方比较空闲、有兴趣、心情好时进行,以不打扰对方为宜,尽可能简洁明了,一般以半分钟至一分钟为合适。可以适当利用名片、介绍信等加以辅助。

3. 讲究态度

自我介绍时态度要自然、友善、亲切、随和,要面带微笑、落落大方、充满自信。同时,要实事求是,既不夸大其词,也不过度谦虚。

4. 正确的介绍顺序

自我介绍时,不同的情境介绍的顺序有不同的要求。一般来说,由地位低的人先作介绍,尊者有优先知情权。即一位年长者和一个年轻人见面,年轻人要主动向对方介绍自己,年长者听后进行回应;在服务场合,服务人员应先向宾客介绍自己,以便与宾客进行交流;男士与女士在一起的时候,男士应该先主动进行介绍,然后再由女士进行介绍;都是女性时,未婚者先进行介绍,已婚者后进行介绍。

(二) 他人介绍

他人介绍,通常是指由第三方为互不熟悉的双方进行介绍和引见的一种介绍方式。在介绍时要注意把握好以下几点。

1. 选择合适的介绍人

1) 一般社交场合

朋友聚会时,介绍者一般是对双方都很熟悉的人;社交活动中,介绍人通常是社交活动的主办方、年长者或有一定影响力的人;在家庭宴请中,一般由主人充当介绍人。

2) 一般业务活动

在公务交往中,介绍者一般是公关人员、接待人员或助理;在重要会议中,一般由会议主持人担任介绍人的角色;集体交流时,以双方单位最高代表作介绍人;贵宾来访时,则通常由东道主职务最高者作介绍人。

2. 他人介绍的顺序

在为他人作介绍时,应遵守"尊者优先了解情况"的规则。即在为他人介绍前,先要确定双方地位的尊卑,即先介绍身份、地位低的一方,让地位、身份高的一方优先了解其他人的情况。具体操作时,先将身份、职位低者介绍给身份职位高者;将年轻者介绍给年长者;将男士介绍给女士;将未婚者介绍给已婚者;将主人介绍给客人;将非官方人士介绍给官方人士。

因此,作为介绍人,一定要先了解被介绍者双方的身份、职位等情况,遵守介绍的顺序,以免出现令人尴尬的局面。

3. 他人介绍的礼仪规范

1) 介绍内容要选择合理

介绍者要注意选择合适的内容和语句,除了介绍双方的姓名、单位、职务,还可以准备一些双方都感兴趣的话题,营造良好的交谈氛围,让双方能够进一步交流。

2) 介绍双方要遵守礼仪

首先,介绍者在为他人作介绍时要举止大方、语言得体、表情自然。介绍者可以站在双方之间,也可以与其中一方站在一起。使用正确的引导手势,指向被介绍的一方,同时向另一方点头微笑,眼神随手势指向被介绍的对象。

其次,介绍者为双方进行介绍时,除年长或位尊者外,被介绍双方最好站起来点头致意或握手致意,同时应该说些得体的礼貌语言。如果介绍时,是在餐桌上或会谈中发生,则可以不起立,只需要微笑点头即可。如果被介绍双方相隔较远,中间又有障碍物,可以举起右手点头微笑致意。介绍男性时,女性可以不站起来,但是在女性为主人的聚会上,即使对方是男性,女主人也要站起来。另外,介绍比自己职位高的人时,无论男女都要站起来(患病者和老年者除外)。

当被介绍人与宾客认识之后,首先要进行问候,之后要主动与宾客进行适当的寒暄,以便打破初次见面时的尴尬,同时向宾客表达主动结识的意愿,缩短彼此的心理距离。

(三) 集体介绍

集体介绍,顾名思义就是指被介绍的一方或者双方不止一人的情况。在参与人数众多的大型活动场合,需要把某一个单位、某一个集体的情况向其他单位、其他集体或其他人说明,这便属于集体介绍。

1. 集体介绍的形式

集体介绍的形式很多,要根据活动的内容、参加人员的多少、活动的时间长短,以及介绍的必要性决定介绍的形式,主要有以下几种。

1) 一人为多人介绍

一般来说,大型活动中,如果人数多,而且活动的时间不长,没有必要进行详细的介绍时,由一位主持人或熟悉各方人员的人出面,为大家介绍各方的所属部门或单位即可。如果是商务谈判、多方人员组成临时机构或几方人员共同完成一项课题研究时,为了使各方人员在参加活动中能够尽快融合、密切合作,集体介绍应该详细进行。在介绍时,应注意介绍的顺序,介绍者应先把本方人员介绍给他方人员,以表示对他方人员的尊重;在介绍本方人员时,应按尊长在前的顺序进行。

2) 各方出一人为本方人员逐个介绍

在正式大型宴会、大型的公务活动、涉外交往活动、举行会议或接待参观者和访问者等场合,参加者不止一方,各方也不止一人。各方人员应选择一位熟悉本方人员或对彼此各方均熟悉的人员,作为代表出面为各方逐一介绍本方人员。

3) 各方人员依次自我介绍

在集体介绍中,如果需要每个人都做自我介绍,也要做到简洁不拖沓,通常只是报一下姓名与职务即可。

2. 集体介绍的礼仪规范

1) 集体介绍的时机

规模较大的社交聚会、大型公务活动、涉外交往活动及正式的大型宴会,往往会有多方宾客参加,且人数较多。此时,应选择在各方初次亮相或者集中见面时,对各方做集体介绍,以保证后续的交际沟通不会觉得尴尬或不畅。

2) 集体介绍的顺序

根据集体介绍的形式不同,一般分为三种情况。

一是将个人介绍给集体。在集体与个人之间做介绍时,一般先把个人介绍给集体,如在演讲、报告、会议、比赛、会见等重大活动中,一般将身份高者、年长者和特邀嘉宾介绍给广大参加者。

二是把集体介绍给个人。有些场合需要把集体介绍给个人时,一般根据被介绍者的身份,按照从高到低的顺序进行介绍;如果是就座的场合,则按座次顺序,由近及远进行介绍。当集体一方人数较多时,可以不进行介绍,或采取笼统的方式进行介绍,例如"这些是我们公司的业务骨干""在座的都是人文旅游系大一的新生"等。

三是把集体介绍给集体。两个集体之间进行相互介绍时,一般把地位低的一方介绍给地位高的一方,比如把东道主介绍给客人,把年龄较小的一方介绍给年龄较长的一方。当被介绍者双方地位相当、身份相似时,根据"少数服从多数"原则,则应先介绍人数较少的一方。

一次失礼的介绍

某跨国公司为庆祝在亚洲市场的业绩节节攀升,举办了一场商务晚宴,并邀请了多位重要合作伙伴和潜在客户。

晚宴开始前,主办方准备了一份详细的介绍顺序名单,其中包括了各位嘉宾的职位、贡献,以及与公司的关系等信息。然而,在实际的介绍过程中,由于主持人的疏忽,一些次要的嘉宾被提前介绍,而几位关键的合作伙伴和高层管理人员却被安排在了后面。

这种混乱的介绍顺序导致了几位重要嘉宾的不满。他们认为自己在业务合作中的贡献和地位没有得到应有的重视,甚至怀疑公司是否真诚地希望与他们建立长期的合作关系。晚宴结束后,这些嘉宾在私下交流时表达了自己的失望和担忧,这对公司未来的业务发展造成了潜在的负面影响。

三、名片礼仪

在现代社会生活中,名片的作用无可替代,它如同一个人的身份徽章,有时甚至被视为个人的尊严与面子。在国际交流中,若缺乏名片,一个人可能会被认为缺乏社会地位。名片在自我介绍时发挥着"交际桥梁"的角色,它像是一封个人的介绍信和联络卡,帮助陌生人相识并建立联系,推动双方的沟通。在商务交流中,名片还具有宣传效应,使得他人能够快速了解自己所从事的业务领域。在社交场合中,名片的作用至关重要,它不仅能简化自我介绍的过程,更为双方相识铺设了道路。一张设计精致、礼貌递出的名片,往往能给人带来深刻的印象。

(一)使用时间礼仪

在日常工作和生活中,名片作为一种重要的沟通工具,具有广泛的应用场景,主要表现在以下几个方面。

1.拜访宾客

在初次拜访一位宾客,希望相识之后能够再有进一步接触时,要给对方一张名片,无论当时的见面成功与否,留下一张名片就给自己留下了一个合作的机会。

2. 商务会议与洽谈

在参加各类商务会议或项目洽谈时,名片可以作为一个人身份和职务的直接证明,帮助其建立初步的信任和专业形象。

3. 社交活动

在社交场合,如聚会、晚宴或网络社交平台上,交换名片可以快速展示个人背景信息,促进交流并有可能带来新的合作机会。如果没有携带名片,也应简单用语言做一个解释或说明。

4. 日常交往

在日常生活中,名片也可以作为与他人建立联系的一种方式,例如在咖啡馆、餐厅或任何公共场所结识新朋友时,如果你很重视面前的宾客,就可以递送一张名片,这是告诉对方你很重视他。如果非常想获得对方的电话或联络方法,就可以用递送名片的方式来表达内心的想法,这个动作的潜台词就是"我很想结识您",对方通常会交换名片。

5. 接收名片

如果有人递送名片给你并且提议与你交换时,为了尊重对方,使他不致太尴尬,无论是否情愿,都应该礼节性地递给对方一张名片。

6. 信息变更

如果工作地点、联络方式有变化,就应该通过递送名片的方式通知自己的朋友和宾客。

7. 留下信息

有一种比较特殊的情况就是当我们去拜访某人,而对方恰巧不在时,可以留一张名片给他的家人或同事,让他知晓我们的来访,并及时回复。

(二)交换顺序礼仪

在工作场合,名片的交换顺序礼仪主要有以下几点。

1. 先低后高原则

双方在交换名片时,一般讲究先客后主,先低后高。即先由地位低者向地位高者递送名片,然后再由地位高者回复名片给地位低者。男士先向女士递送名片是礼貌的行为。不过,假设是地位高者、主人或者女士先递送名片,自己也不必推让,应当大方收下,然后再拿出自己的名片来回赠。

2. 先高后低原则

向多人递送名片时应该尊卑有序,先向地位高者递送。在不了解对方的情况下,可以采取由近及远的顺序来依次递送名片,但是一定要注意千万不要跳过身边的人向离得较远的人递送,这样很容易让人感觉厚此薄彼。

(三)名片递接方法

无论是在正式的商务场合还是日常生活中,名片都扮演着不可或缺的角色。通过合理、巧妙地使用名片,我们可以更好地展示自己的专业形象,拓宽社交圈子,并为未来的合作和发展奠定坚实的基础。名片的递接要注意一些潜在的礼仪。

1. 准备工作

在参加商务活动时,不要忘记携带名片。名片应用专门的名片夹存放,名片夹最好是放置在上衣左上方的口袋里,不能放在长裤的口袋里。若有手提包,则放于包内伸手可得的位置。

2. 递送名片

递送名片时应起身或身子稍稍前倾,面带微笑,目光注视着对方,然后将名片的正面朝上,方便对方接到名片后读取信息,用双手的拇指和食指捏住名片的两个角递上,并适当说一些寒暄的话,比如"很荣幸认识您,这是我的名片,请多关照"等。

3. 接收名片

接收名片时,要起身或身子稍稍前倾,面带微笑,用双手接过名片,当着对方的面看一遍名片上的信息,读出对方的名字和职务,并表示感谢,这是最基本的涵养。若有不会读的字,应当场请教。然后,将名片妥善存放好,不要随手往口袋里一塞或随便放在什么地方,最好是在对方的注视之下,认真放进名片夹里,这样会使对方觉得受到尊重。

如果一次同时接收到几张名片,千万要记住名片对应的客人。接到名片时,也要顺便把自己的名片递给对方,做到礼尚往来。如果没有名片可以交换,应向对方表示歉意、主动说明。例如,"很抱歉,我没有名片""对不起,今天我带的名片用完了,稍后我会寄一张给您"等。

如果正在跟对方聊天,先不要把对方的名片收起来,更不可随意地将对方的名片塞在口袋里。

(四)索取名片的礼仪

索取名片是一种艺术,若使用不当会使显得失礼且丢面子,因此,针对不同的交往对象要选择不同的索取方法。

1. 交换法

想向对方索取名片时,可以先把自己的名片递给他,一般来说,对方接受了你的名片,作为一种礼节,也会礼貌地主动回敬一张自己的名片,以示友好与尊重。这种索要名片的方法在一般场合都比较适用。

2. 明示法

有时，面对地位、身份比自己高的人，或者交往对象是异性时，对方出于防范之心和阶层落差之类的考虑，交换法就失灵了。这时，可以采用明示法，向对方索要名片，例如："张总，认识您我感到非常荣幸，不知道能不能有幸与您交换一下名片。"在这种情况下，一般对方都不好再拒绝了。

明示法一般适用于位低者向位高者或者男士向女士索要名片等情况。

3. 联络法

面对平辈和晚辈时可以采用联络法。例如："认识您太高兴了，希望以后有机会能跟您保持联络，不知道怎么跟您联系比较方便？"通常对方都会递上名片。

古人的"名片"

在我国，名片最早出现的年代大约在秦汉时期，当时社会上已经有了类似今天使用名片的习俗。那个时候还没有纸，用的是写着自己姓名的竹木简，一般称为"名刺"。当时，去拜访某人，必先送上"名刺"，称为"投刺"。一般常用的"名刺"是"爵里刺"，其形式是在简的开始处写明郡名、姓名，并写"再拜"，其间稍空后，再书"问起居"，然后在简的下方偏左侧以小字注明乡里和本人的字。

到了南北朝时期，纸张的使用日渐普遍，"名刺"也就由竹木改为用纸张，其名称也相应改称"名纸"。史料记载，南朝萧梁时的何思澄"终日造谒，每宿昔作名纸一束，晓便命驾，朝贤无不悉狎"。一些达官贵人常有客人来访，一天可以收到不少"名纸"。曾有人把积攒下来的"名纸"抄成一部《汉书》，可见当时"名纸"在社会交往中使用的普遍程度。

唐宋时期，"名纸"又名为"手刺""手状""门状"。宋代文学家陆游在《老学庵笔记》曾有记载，叙及它们使用的方式方法：士大夫交谒，祖宗时用"门状"，后结䐑"右件如前谨牒"，若今公文，后以为烦而去之。元丰后，又盛行"手刺"，前不具衔，止云"某谨上。谒某官。某月日"。后又止行"门状"，或不能一一作"门状"，则但留语阍人云"某官来见"。

明清时期，"名纸"的使用依然很广泛。当时的"名刺"分为两种。一种称为"名帖"或"名片"，俗称"片子"。"名片"之称算是正式出现，为日常所用，多是手写，交往频繁的往往按格式刻木戳印于纸上而成。当时还有一种是官场上使用的"名片"，其格式虽然基本上与"名帖"相同，但习惯于前后粘以纸壳，称为"手本"。

《清稗类钞》记载，"手本，官场有之，属吏谒上官时所用也。始于明，《通俗编》云：明万历间下官见上官，其名帖以青壳粘前后叶，中永绵纸六扣，称手本。门生见座师，则用红绫壳为手本是也"。

古代"名帖"的使用也有种种惯例，比如在初次谒见时要用红帖。在重大喜庆之际所用的名帖，必须折成十页，取其十全吉祥之意，称为"全帖"。仆人引客见主人，应右手高举名帖，躬身带引客人缓步前行，走到门前应向主人高声通报。在古代，名帖实际上代表着呈帖者本人，请人时自己如果不能亲往，让仆人拿着名帖去请，就如同自己亲自前往。对方收下帖子，就等于接受邀请；不接受就退回帖子，表示当不起对方的盛意。如果收受了对方的礼物，往往也要附还自己致谢的名帖，表示亲自登门感谢。

分析

任务三 电话礼仪

任务描述： 本任务对电话礼仪的基本要求和基本技巧进行了较为全面的介绍，包括拨打电话礼仪、接听电话礼仪、代接电话礼仪、挂电话礼仪、移动电话礼仪等内容。

任务目标： 熟悉拨打电话、接听电话的基本礼仪，掌握手机接打电话的礼仪；能够根据接打电话的基本礼仪，在服务与交往中正确使用电话。通过本任务的学习，学习者在交际中能够自觉遵循电话礼仪规范，使对方感受到亲切、热情，体现个人的文明修养，塑造良好的职业形象。

知行合一
Zhixing Heyi

离职同事的电话查询处理

一家知名咨询公司的客服部门接到了一个客户的电话。客户询问的是关于他们之前一直合作的项目经理李先生的事宜。不巧的是，李先生因为个人职业规划的原因，已经于上个月离开了公司。客服代表小王接到了这个电话。

小王以专业和友好的语气接听了电话："您好，感谢您致电××咨询公司，我是客服代表小王，有什么可以帮助您的吗？"在确认了客户的身份后，小王了解到客户是想讨论一个正在进行的项目，并寻求李先生的专业意见。小王礼貌地告知客户李先生已经离职的情况："我很抱歉地通知您，李先生已经离开了我们公司。但请您放心，您的项目对我们来说非常重要，我们已经有新的项目经理接手了这项工作。"接着，小王向客户介绍了新的项目经理张女士，并说明了她的专业背景和资历："现在由张女士负责您的项目，她在相关领域有着丰富的经验,我相信她会为您提供同样优质的服务。"小王还主动提出帮助客户与新项目经理建立联系:"如果您愿意,我现在就可以帮您转接到张女士,或者您可以留下联系方式,我会安排张女士尽快与您联系。"

在通话结束后,小王详细记录了客户的信息和需求,并确保在接下来的工作中跟进,以确保客户的需求得到满足。

分析

在现代社会中,电话在我们的日常生活和工作中扮演着举足轻重的角色。无论是与亲朋好友的沟通交流,还是商业合作的洽谈,电话都是不可或缺的桥梁。电话礼仪的正确运用不仅体现了个人的修养,更在无形中塑造着企业的专业形象。对于旅游行业的服务人员来说,电话礼仪更是服务质量的直接体现。得体、专业的电话交流,不仅能够让顾客感受到温暖与尊重,更能提升他们对整个旅游企业的好感。因此,对于旅游行业的从业人员来说,掌握规范的电话礼仪显得尤为关键。

一、电话礼仪

(一)拨打电话礼仪

1. 选择合适的时间

拨打电话的时机和通话长度适当,既是通话取得成效的前提,也是对通话对象尊重的表现,更是通话人的修养的体现。反之,拨打电话的时机选择不当或者通话时长把握不妥,会引起通话对象的反感,影响人际关系。

1)通话时机合适

拨打电话应选择双方预先约定的时间或对方方便的时间进行比较合适。在双方没有事先约定的情况下,为避免打扰他人,拨打电话前要慎重考虑。不宜过早、过晚,也不要在私人休息时间(节假日、午休、用餐时间)通话,否则会影响对方的生活,进而在一定程度上影响通话效果。在选择打电话的时间上,要注意以下几点。

第一,休息时间别打电话。如果拨打私人电话,除非情况紧急,一般不在他人休息时间进行,如用餐时间、午休时间、工作日早上7点以前、晚上10点以后,以免打扰他人休息。同样的道理,为了不影响他人正常地办公,在他人上班时间如果没有非常重大的事情,也尽量不要因为私人事宜打电话打扰他人。

第二,节假日非必要勿打电话。法定节假日是他人的私人时间,如果没有重大事情,尽量避免打电话打扰对方。

第三,公务电话有讲究。公务电话宜在上班时间10分钟以后至下班时间10分钟以前拨打。因为刚上班或即将下班时,对方不能全神贯注于工作,很难做到从容地接听电话,因而会影响交谈效果。

第四,知道别人正在忙时不打电话。根据他人的生活习惯或工作规律,拨打电话时应有意识地避开对方的通话高峰时间、业务繁忙时间,如果能不在他人生理厌倦时间通电话,则通话效果可能会更好。

第五,拨打国际电话要注意各国和地区的时差。如果是给国外的人打电话,一定要先了解一下时差,不要不分昼夜地打扰他人。由于时差关系,在我国处于白天时,对方可能正处于深夜的睡眠状态。比如,北京时间中午12点,柏林时间为早上5点,莫斯科时间为早上7点,巴西时间为凌晨1点。如忽视时差,打电话将对方从睡梦中惊醒,是很不礼貌的。

拨打电话时,电话发起人应尽量考虑以上几个方面的因素,尽量少打扰或不打扰对方。如急需在清晨、深夜、用餐时间等可能影响对方休息或用餐时打电话,应当说明原因,并表达歉意。

2) 通话时长合适

一般情况下,每次通话的具体时长应有所控制,尽量做到"以短为佳,宁短勿长"。国际惯例中打电话应遵守通话"三分钟原则",即打电话时,发话人应自觉和有意识地将每次通话的时长限定在3分钟之内,控制通话的具体时间,做到长话短说、废话少说、没话不说,不漫无边际地闲谈,以致造成对方时间的浪费。

通话过程中,电话发起人除了要自觉控制通话时长,还应注意受话人的反应。通话开始时,可以先问对方现在通话是否方便,倘若对方不方便可另约时间再进行联系。如果通话时间较长,也应先征求对方意见,并在通话结束时表示歉意。

2. 环境选择恰当

拨打电话时,应选择较为安静的环境,避免噪声影响通话效果或者产生背景环境联想。私人电话适宜在家里打,工作电话适宜在单位打。如果环境选择不当,不但影响到通话的效果,同时也可能会影响他人、暴露个人隐私,甚至影响个人形象。因此,那些在音乐会、电影院、会议室、公交车等公众场所毫无顾忌地拨打电话且大声交谈的行为,既自毁形象,又是对他人极大的不尊重。

3. 做好充分准备

为了保证通话的顺利进行,打电话前要备好电话号码及其他联系方式,如手机、传真、QQ、微信等。要弄清对方的单位名称、姓名、职位等,想好通话内容,列好通话提纲,收齐必要的资料和文件,准备好记录的纸笔。确定适宜通话的时间,不要毫无准备地拨打电话,避免在通话过程中边说边想而出现遗漏信息、条理混乱的情况,否则会给交谈对象造成做事不够干练、拖泥带水的感觉。

4. 内容简练明确

电话交谈时,拿起电话之前,应首先明确通话的目的,考虑好通话的大致内容,对简单的问题有一个腹稿即可,稍微复杂一些的事情最好事先记下要点。通话发起人务必秉着务实的原则,进行礼貌性的问候和寒暄之后就应直奔主题,不要东拉西扯、故弄玄虚。除此之外,通话内容应力求简练、语言简洁,使对方易于明白和接受。应尽量选择短句,不要使用过于复杂冗长的语言。

5. 言谈举止文明

电话接通以后,应以"您好"开头,首先证实一下对方身份,确认是自己所要找的人,并作恰当的自我介绍,记住对方的全名、所在部门名称及单位的全称等,与对方礼貌地寒暄后进入正题。交谈时,声音清晰悦耳,语速、音量适中,语言文明;态度亲切自然、礼貌恭敬;内容紧凑,讲话干脆利索,主次分明,必要时可以重复重点。

通话中,要积极呼应对方,使用礼貌用语,例如"好的""清楚""明白""是的"等恰当地回应对方。

假如打错电话,要向对方道歉,说"对不起""不好意思""打扰您了",不要直接挂断电话。

通话快要结束时,可以再次重复重点,暗示对方通话即将结束。最后,可以请对方代向他人问好,相互礼貌道别。

(二)接听电话礼仪

接听电话是日常交际中的重要内容,需要讲究一定的礼仪和技巧。无论是打电话还是接电话,都应做到热情大方、音量适中、表达清楚、简明扼要、语言文明。

1. 及时接听

接听电话要及时,电话铃响后,第三声接起最为合适,否则会有怠慢客人之嫌。如果铃响四声后再接起,应该说"对不起,让您久等了",并说明迟接电话的原因,取得对方的理解,便于进一步交流。如果没有及时接电话,又不致歉,态度傲慢,则是极不礼貌的行为,会使对方觉得自己不被重视,留下不好的印象,影响后续的交往。

2. 礼貌应答

电话接通以后,应先礼貌问候对方,如"您好",并自报家门。接听外线电话要报公司名称,内部电话应报部门名称和自己的姓名,不能用"喂"敷衍对方,更不要拿起话筒就问"喂,找谁,干嘛……"这种做法语言生硬,有失礼貌。

自报家门可以让对方确认有没有打错电话,节约时间、提高效率。如果对方不小心拨错了号码,也要保持风度,告知对方电话打错了,切勿直接挂断电话或出言责怪。如果对方道歉,应礼貌回答"没关系"。如果有可能,应主动帮助对方查询正确的电话号码,这样显得更加热情主动,给对方留下一个良好的印象。

3. 仔细倾听

无论接到何种电话,受话人都应聚精会神,认真倾听,不能三心二意或把话筒置于一旁任其"自言自语",应不时地给对方以回应,如"嗯""是的""对""哦"等,让对方知道你正在耐心地倾听,并能够恰当地回应对方的提问。

在通话时,应聚精会神,尽可能避免厌烦的神情和语调。电话旁要专门准备好笔和纸,遇到重要的内容要详尽记录,记录时可以重复时间、地点、事由、数字等关键词,进行再次确认,并及时给有关部门负责人。一般不要在对方话没有讲完时就打断对方,如果实在有必要打断时,应该说声"对不起,打断一下"。接听电话中,如果由于其他紧急事情需要跟第三方沟通,应在取得对方同意后,捂住话筒,小声交谈。

4. 结束通话

通话完毕,打电话者应向对方表示感谢,礼貌地结束谈话,结束电话前应有提示语,例如,"今天就谈到这,好吗?""您看,这样行吗?""请问还有别的需要吗?"等。彼此要客气地道别,并互道"再见",然后再轻轻挂断电话,不能自顾自讲完就挂断电话。听到对方挂电话后自己才挂电话,是对对方的尊重。

(三)代接电话礼仪

在日常生活和工作中,经常会有需要帮他人代接、代转电话的时候,这时受话人应根据情况热情地为对方提供方便,做到热情代接、尊重隐私、记录准确、传达及时。

1. 热情代接

帮助他人代接电话乃是举手之劳,家人之间、同事之间互相代接电话也是互利互助之事,因此,当接到电话时,如果对方要找的人不是自己,接线人员应热情帮助对方代转电话。接听电话时,如果对方不是找自己,应该问清楚找谁。若要找的人在场,用手轻捂话筒,询问其是否方便接听。若要找的人不在场,不能简单地以"他不在"为由中止电话,最好问清事由。当对方要找的人就在附近,要告知对方"请稍等",然后立即去找。切忌大声喊人,或让对方等候过久。若对方要找的人不在场并且需要等待较长时间或者不能来接听电话,应告知对方,并询问对方是否需要转达。如需转达,询问对方的姓名、电话,认真记录,并重复一遍,确保记录准确无误。同时告知对方自己的姓名,让对方放心。代接电话后要及时、快速转达。当对方要找的人不方便接听电话,告知对方不方便接听电话的原因,请对方稍后再打过来。

2. 尊重隐私

在代接电话时,需要尊重他人的隐私权,不应该扮演一个过度好奇的"包打听"角色,向发话人过分询问其与所找之人的关系。如果对方不愿意透露具体的信息或事宜,应当尊重对方的决定,不应当过度追问或探究。当发话人请求接听人传达信息给其他人时,接听人应当严守保密义务,不随意泄露或传播相关信息,也不应当随意猜测发话人的身份或其与所找人的关系,更不应将这些猜测公之于众,以免给他人带来不利影响或损害他人的信任。

如果发话人要找的人就在附近,接听人应该礼貌地请对方稍等片刻,然后协助他们找到目标人物,而不是大声喧哗或打扰他人。同时,当别人正在通话时,其他人应该自觉回避,避免旁听或打断别人的谈话,以显示对他人隐私和通话的尊重。

3. 记录准确

如果对方要找的人不在,则征求对方是否需要留言或代为转达。如果对方同意,则应热情帮助,认真做好书面记录,待对方讲完之后,应复述一遍,确认所记录信息正确无误。记录他人电话,一般应包括记录通话者单位、姓名、通话时间、通话要点,以及是否要求回电话、回电话时间、对方电话号码等信息。

4. 传达及时

当为别人代接电话或转接电话时,如果转接的对象就在不远处,应礼貌地告诉对方稍等片刻,然后迅速找到转接对象。如果对方要找的人距离较远,则要告知对方需要等候的时间,并询问对方是否介意等候。在对方等候的过程中,应尽量保持安静,不要让对方听到自己和周围同事的交谈,以免尴尬;如果需要对方等候的时间太长,可以征求对方意见,请他一会儿再打或者让他找的人回电话。若答应为对方传达留言,应尽快处理,不可忘记或拖延。除非万不得已,否则尽量避免将传达的任务再交给别人,以免信息失真或浪费时间。如果对方要找的人正在开会或接待访客,最好不要直接口头传达,可以写张纸条传递信息,这样不仅保密,也能够避免打断他人造成尴尬。若选择口头传达,请确保声音足够小,以免其他人听到。

(四)挂电话礼仪

结束通话时,谁先挂断电话也是一项值得注意的细节。一般来讲,通话结束时由位高者、尊者、年长者或女士先挂电话。一般应由主叫方提出,然后彼此客气地道别,说"再见"后,再挂电话,被叫方不能只管自己讲完就挂断电话。如果一方有求于另一方,则由被请求的一方先挂电话。如果双方地位相当时,则后挂者显得更礼貌。

(五)使用电话的基本礼仪

1. 举止优雅,姿态端正

使用电话时,应确保姿态得体,避免趴在桌上、仰面朝天或坐在桌面上,更不可倚墙斜靠、东倒西歪,亦不可将双腿搭在桌上。这些姿势会给人一种懒散或不重视通话的感觉。最好的做法是,使用左手持听筒、右手执笔,确保唇部与话筒保持大约3厘米的距离。避免将嘴紧贴话筒,也不要将电话夹在颈部。同时,在通话过程中,不应边走边谈,也不可同时吃东西、吸烟或喝茶,这些行为会显得不够尊重对方。

2. 语言文明,声音柔和

电话交流是一种只能听到声音、看不到对方的交流方式。在通话过程中,许多因素,如环境、线路质量,以及通话者的情绪状态、文化素养以及礼貌程度等都会对通话效果产生影响。通话时,如果语气、语速、音调等方面稍有不当,就可能会引起对方的误解。因此,在通话过程中,我们必须注意语言的选择和声音的控制,使用文明礼貌用语及柔和悦耳的声音,保障交流的顺畅和有效。

首先,打电话时应注意文明用语。电话交谈时,语言是传递信息和情感的主要方式,要做到信息传递准确就要做到用词准确、语言文明。有时因为个别词语的使用不当,可能会导致通话内容变得生硬,甚至使他人产生误解,留下不好的印象。因此,通话中应少说"我"多说"您",不说"你"而说"您",尽量以"您好"开头,"请"字在中间,"谢谢"收尾,多用敬语和谦语,做到语言文明、态度诚恳。

其次,电话交谈应做到语气柔和。因为电话另一边的人看不到对方的姿势和面部表情,其印象完全取决于通话者的声音。通话时,柔和悦耳的声音能够给对方带来愉悦和亲切的感觉,促进双方之间的交流。因此,我们应该努力调整和控制自己的音量和音调,确保传达出自然、柔和、优美而动听的声音,给对方留下美好的印象。

3. 态度亲切,语调愉快

电话交谈时,一定要面带微笑,这样才会使自己态度亲切、语调愉快。因为微笑不只表现在脸上,同时也可以藏在声音里。打电话时,微笑的表情会使声音自然、轻快、悦耳,给人以亲切和愉快的感觉。电话是不见面的交谈艺术,交谈对象可以通过对方接电话的速度,以及讲话的声音、语气、语调来判断对方的态度。因此打电话时,我们即使看不见对方,也要当作对方就在眼前,尽可能注意自己的仪态。

二、手机礼仪

手机作为当前广泛使用的移动通信工具,极大地便利了人们的沟通与联络。使用手机时,应注意以下几方面的礼仪。

(一)放在合适的位置

在正式场合,把手机挂在胸前、别在腰带上、套在手腕上或直接拿在手里,这些都会给对方留下不好的印象,影响个人的形象,应将手机放置在适当的位置。一般将手机放在随身携带的公文包里,男士也可放在上衣的内袋里,女士手机应放在手袋里,切忌长时间将手机拿在手里或挂在脖子上。在参加会议、洽谈等重要活动时,也可以将手机交给秘书或会务人员暂时代为保管。

(二)保持手机通畅

在正式活动中,应保证手机话费、电池电量充足。更换手机号码时,应及时通知交往对象,确保联络通畅。

(三)铃声设置得当

切勿选用过分怪异、夸张、个性的铃声。铃声不宜过大,以免影响他人。

(四)遵守社会公德

在公共场合,手机使用不当会影响正常的公共秩序,对他人形成不必要的干扰。因此,在公共场所活动时,应注意照顾他人的感受,不要旁若无人地使用手机。

(1)观看电影、听音乐会、看舞蹈演出时,应当关机或调为静音,严禁手机铃声干扰。

(2)公务或商务拜访他人、宴请客人时,都不宜拨打、接听电话。

(3) 到别人家做客时,不能频繁地接打电话。

(4) 参加宴会或与人一起进餐时,不能对着餐桌打电话,而要离开餐桌。如果是茶话会,或者不方便离开餐桌,则要侧转身子,用手遮挡一下。

(5) 如果在公共场所有紧急事务必须接打电话时,应主动走出活动区域,到无人处接打电话。

(6) 在工作岗位上,不要因手机影响工作或影响别人。

(7) 电话交谈时,用语应文雅含蓄,不能对着手机大呼小叫,否则会影响个人形象。同时,要注意语言简洁、音量适中,不要喋喋不休、旁若无人,否则会给人一种缺乏教养的感觉。

(五) 尊重他人隐私

手机属于私人物品,手机使用者既要注意保护个人隐私,同时也应尊重他人的隐私。

(1) 不要轻易将自己的手机号码告诉别人。

(2) 不随意将本人的手机借给他人使用。

(3) 不随便打探他人的手机号码。

(4) 不随意借用别人的手机。

(5) 不能不负责任地将别人的手机号码转告给其他人。

(6) 用手机给他人拍照时,要征得他人的同意。

除此之外,还应充分尊重他人的通信自由权利,即使是自己的亲人,在不经其允许的情况下,也不能随意查看、复制他人的手机短信、通话记录,更不能在他们不知情的情况下接听其手机电话。如果在不得已的情况下接听了别人的电话,事后应向对方讲明情况并致歉。

(六) 注意使用安全

(1) 开车时,不要使用手机通话或者查看短信、微信,保证驾驶安全。

(2) 在加油站、油库等易燃场所,禁止使用手机,确保安全。

(3) 飞机飞行期间,自觉开启飞行模式或关机,确保飞行安全。

(4) 手机充电时,请勿使用手机,确保人身安全。

智能电话机器人

有一个小型电商公司,每天都接收大量的客户咨询和订单确认人电话。由于人手不足,公司的客服团队经常忙得不可开交。为了解决这个问题,他们引入了一个智能电话机器人,名叫"小智"。小智是一个功能强大的机器人,它能够全天候为客户提供服务,无论是咨询还是订单确认,都能够应对自如。每天早上,小智启动并准备就绪,它的声音充满了自信和亲和力。

有一天,客户张先生收到了一通电话,电话那头传来了一个熟悉的声音:"您好,张先生!我是小智,代表企业××致电给您。"张先生感到有些惊讶,因为他知道这是一个智能电话机器人在为他提供服务。小智与张先生进行了一段愉快的对话,他回答了张先生的问题,并确认了他的订单信息。张先生感到非常满意,因为小智的回答准确无误,而且服务态度非常友好。结束通话后,小智礼貌地挂断了电话。

随着时间的推移,小智越来越受到企业和客户的喜爱。它不仅能够为客户提供高效的服务,还能够处理大量的电话呼叫,为企业节省了大量的人力和成本。公司的客服团队也感到轻松了许多,他们可以将更多的时间和精力投入到其他重要的工作上。

小智的成功激发了其他企业的兴趣。很快,智能电话机器人成为企业节省成本的新宠儿。各行各业的企业纷纷引入智能电话机器人,他们的效率大大提高,客户的满意度也得到了提升。

正如小智所展示的,智能电话机器人不仅能够为企业节省成本,还能够提高效率和服务质量,它们的出现为企业带来了新的商机和竞争优势。在这个快节奏、高效率的时代,智能电话机器人成为企业不可或缺的伙伴,帮助企业在激烈的市场竞争中脱颖而出。无论是小智还是其他智能电话机器人,都以其独特的方式为企业创造了一个更加高效和智能的未来。

分析

任务四　拜访与接待礼仪

任务描述:本任务对拜访与接待礼仪的基本要求和基本技巧进行了较为全面的介绍,包括拜访前的准备、拜访的过程、拜访的类型、接待前的准备、迎客礼仪、待客礼仪和送别礼仪等内容。

任务目标:熟悉事务性拜访的礼仪要求,掌握私人拜访的礼仪要求;熟练接待工作的基本礼仪和基本技巧。通过本任务的学习,学习者能够在不同情境中熟练运用相关知识和技能高效完成各类拜访与接待任务,确保达到预期的目标与效果。

知行合一

一次拜访失礼导致的解约

在一次商务拜访中,由于张先生的疏忽,他迟到了近一个小时。他原本计划与合作伙伴李总进行一场关于未来合作的重要会谈。然而,这次迟到却成为他们合作关系的终点。

当张先生赶到会议室时,李总已经等得不耐烦了。尽管张先生连忙道歉并解释是由于交通堵塞导致的迟到,但李总显然并不满意这个解释。他严肃地对张先生说:"张先生,我非常重视我们之间的合作,但我也同样重视时间和承诺。您的迟到让我感到非常失望,也让我对我们的合作关系产生了质疑。"

张先生深知自己的失误给合作带来了不良影响,他试图挽回局面,但李总已经做出了决定。李总遗憾地告诉张先生,由于这次拜访的失礼行为,他决定终止与张先生的合作关系。张先生听后,心中充满了后悔和惋惜。

分析

一、拜访礼仪

在社会交往中,相互拜访是一种常见且重要的行为,它体现了人际交往的礼节与尊重。拜访,亦称"拜会",通常是指主动前往他人的工作场所或私人住所,以与对方进行会面、交流或进行其他形式的接触。无论是公务场合还是私人场合,拜访都是人们广泛采用的一种社交方式,它有助于增进双方的了解与联系,促进关系的和谐与长远发展。因此,在进行拜访时,我们应当注重礼仪规范,以展现出自己的素养与尊重他人的态度。

(一)拜访前的准备

1. 事先预约

在进行拜访活动之前,务必遵循预约在先的原则,这是访客礼仪的核心要义。当计划拜访他人时,首先要考虑的是对方的时间安排和便利性。因此,务必提前通过口头、书面或电话形式向对方表达拜访意愿。在此过程中,特别需要强调的是,若是由自己主动发起拜访,应避免使用强硬或逼迫性的措辞,语气应温和且尊重。同时,应有意识地将决定权交予对方,以体现尊重和礼貌。

1)约定时间

在安排会面时间时,双方需以共同意愿为基础,经过充分协商,确定访问的具体时段以及预计的逗留时长。在此过程中,应坚持主随客便的原则。通常情况下,进行公务拜访时,应优先考虑对方的正常工作时间;若为私人拜访,则应尊重对方的休闲时段。无论如何,都应避免在早晨7点之前、晚上9点之后,以及对方用餐或午休的时间进行拜访,以免给对方带来不便。

2)约定地点

经过与对方的协商,确定了拜访的时间。接下来,为了确保拜访的顺利进行,需要根据拜访的具体目的来选择合适的地点。这个地点可以是受访者的办公场所,也可以是他们的私人居所,或者是某个公共场所。在选择时,拜访者应尽量考虑到对方的便利，选择离对方较近或者对对方来说更为方便的地点，以确保整个拜访过程的顺畅进行。

3）约定人员

在预约拜会的过程中，为确保接待工作的顺利进行，双方应提前向对方明确告知出席拜会的具体人数及各自的身份信息。此举旨在使受访者能够充分准备，以确保接待工作的顺利进行。同时，主宾双方均应尽力避免让不受欢迎或令人反感的人员参与拜会，以维护双方的友好关系。

2. 仪容仪表

拜访前，适当的"梳妆打扮"是表达对受访者的尊重和对活动的重视。选择服饰时，要考虑受访者身份、关系及场合。公务拜访建议穿公司制服，以展现正规的管理和企业文化。私人拜访应避免过于正式或休闲的着装，如西装、西式套裙或休闲装、牛仔装等。合适的着装能够展现个人素养，营造和谐的氛围。

3. 拜访前应准备谈话内容和礼品

在进行拜访之前，精心准备谈话内容和选择恰当的礼品是至关重要的。此举不仅能够显著提升拜访者在受访者面前的自信度，还能够有效增进受访者对拜访者的好感，进而为达成拜访目标奠定坚实的基础。

在进行拜访前，应深入思考拜访目的，并据此精心策划如何表达自己的想法和请求。建议事先列出关键要点，并在必要时准备相关背景资料，以确保谈话的连贯性和专业性。此外，对受访者的个人信息和兴趣点进行初步了解，有助于在交谈中找寻共同点，进而增强交流的说服力，使拜访过程更加高效和成功。

在挑选礼品时，应当精心选择既具有纪念意义又兼具实用价值的礼物。鉴于赠送礼品本质上是一种基于礼尚往来的双边互惠行为，应有意识地避免选择价格过高或过低的礼品，以确保受访者不会因礼物价值过高而感到承受不起，也不会因礼物价值过低而产生被轻视的感觉。合适且得体的礼品能更好地表达尊重和友好之意。

（二）拜访的过程

1. 守时守约

在进行拜访时，首先要遵循的原则即守时。无故使他人等待，无疑是一种极其不礼貌的行为。如遇紧急事务导致迟到，或因故需取消拜访，务必及时通知对方，以示尊重。

2. 敲门的艺术

在到达约定地点后，若未见有人前来迎接，应先行采取主动措施，以礼貌的方式敲门或按下门铃，以表明自己的到来。在敲门时，应注意方式方法，使用食指进行敲门，力度要适中，保持一定的间隔，连续敲三下后等待回应。若无人应答，可以适当加大力度，再次敲三下。一旦听到门内有回应，应立即侧身站在门框一侧，待门开启后再向前迈出半步，与受访者进行面对面的交流。

在按门铃时,同样需要控制时长。建议初次按下时长为3—4秒,随后稍作等待。若室内仍无回应,可再次以相同时长按下门铃。注意,持续按住门铃直至受访者开门是不礼貌的行为,应予以避免。

在大多数情况下,如果在敲门或按门铃等待数分钟后,房门仍未被打开,那么应当自觉地离开。此时,继续敲门、在门前徘徊,或者通过窗户窥视室内都是不恰当的行为,除非确信室内有人且需要提供帮助。即使房门半开,也不应擅自推门进入,因为这可能会给受访者带来不便或尴尬。

3. 注意见面礼节

在收到回复或有人前来开门后,务必积极向对方致以问候。若受访者亲自前来迎接,见面时应立即向其表达诚挚的问候;若开门的是受访者的家人或客人且自己并不熟悉,当对方提出询问时,必须坦诚回答,不得显露出任何不耐烦的态度。

在进入室内后,按照受访者的指示安排座位。如果受访者因故暂时无法接待,要保持耐心并安静等待。若等待时间过长,可以向相关人员提出,并协商重新安排访谈时间,以确保时间得到合理利用。同时,如果受访者身份非常重要,可以在访谈前将手机关闭或调至静音状态,以示尊重和专注。

4. 注意仪态大方

在拜访期间,务必保持得体的举止,站立时应站姿端正,坐下时则应坐姿稳重。整体态度应自然大方,且始终保持礼貌。当受访者提供茶水、水果、点心等饮料和吃食时,应微微起身,双手礼貌地接过,并表达感谢。吃过后,应将果皮、果核等置于茶几上或指定的果皮盒内,不要随意丢弃于地面,以保持环境的整洁。

对于习惯于抽烟的个体,应当时刻保持警觉,观察所在环境是否设有禁止吸烟的明显标识。若某人不吸烟或不喜欢排斥吸烟的环境,那么出于对他人的尊重,吸烟者应当自我约束,尽量克制吸烟的冲动,以免给他人带来不便。

5. 掌握交谈艺术

在与受访者交流的过程中,应保持诚恳、有礼的态度。言语之间,务必审慎斟酌,既要避免傲慢之气,亦不可炫耀自己的才能,以免给受访者带来压迫感。交流伊始,应直奔主题,避免漫无边际的闲聊,以节省双方时间。一旦察觉受访者表现出不耐烦或为难的情绪,应随机应变,调整话题或语气。若与受访者意见不合,应避免无谓的争辩。对于受访者的帮助,应表达诚挚的谢意。总之,作为拜访者,应时刻牢记自己的身份与角色,自我约束,充分尊重受访者的意见,遵循其安排,并尽力维护其形象。

6. 把握辞行时机

在安排拜访时,若无紧急事务需要讨论,建议将拜访时间控制在合理范围内。通常情况下,初次拜访的时长应限制在15分钟至半小时内。即便是在较为深入的交流中,也应尽量避免拜访时间超过两小时。若涉及重要事宜的拜访,双方应提前协商并确定具体的拜访时间,务必严格遵守所约定的时间,不得单方面延长拜访时间。一旦拜访方表达出结束会见的意愿,应即刻起身告别。在离开前,应向受访者及其他在场客人致以诚挚的道别,并对受访者的热情接待表示感谢,同时表达对于"打扰"的歉意。当准备离开时,应礼貌地邀请受访者止步。随后,在行走几步后,应回头挥手致意并说"再见"。若有意邀请受访者回访,可以在握手告别时提出。

(三)拜访的类型

拜访可以分为多种类型,每种类型都有其特定的目的和适用场景。以下是几种常见的拜访类型。

1. 商务拜访

商务拜访是常见的一种拜访类型,通常发生在两个公司或组织之间。这种拜访的目的是建立或加强商业关系,讨论合作事宜,或者进行销售推广。商务拜访通常需要提前预约,并遵循一定的礼仪和程序。

2. 社交拜访

社交拜访则更多地关注个人之间的交流和互动。这种拜访通常发生在朋友、亲戚或熟人之间,目的是增进感情、交流信息或者享受彼此的陪伴。社交拜访通常比较随意,不需要过于正式地准备。

3. 家庭拜访

家庭拜访是指到别人家中进行的拜访。这种拜访通常是为了与家庭成员交流、分享生活、提供帮助或者庆祝特殊场合。家庭拜访需要尊重家庭成员的生活习惯和隐私,同时也要遵守一定的礼仪规范。

4. 官方拜访

官方拜访通常发生在政府机构、国际组织或代表团队之间。这种拜访的目的是加强官方关系、推动合作或者进行外交交流。官方拜访通常需要提前安排,并遵循一定的程序和礼仪。

总之,不同类型的拜访具有不同的目的和适用场景,需要根据实际情况进行选择和安排。无论哪种类型的拜访,都需要注重礼仪、尊重他人,并保持良好的沟通和交流。

二、接待礼仪

接待工作是不容忽视的,它接待包括对来宾的迎接、招待、送别。要做好接待工作,严格按照接待要求,规范各种礼节,让来客感受到尊重和热情。在对重要宾客的接待活动中,既要展示形象,又要充分尊重其需求,给对方留下美好而难忘的印象。

在日常工作中,接待工作占据着举足轻重的地位。它涵盖了迎接、款待、送别等各个环节,要求对待每一位来宾都能够周到细致。为了确保接待工作的顺利进行,必须严格遵循既定的接待准则,规范各项礼仪流程,以展现尊重与热情。尤其是在接待重要宾客时,不仅要充分展现专业形象,还需尊重并满足其个性化需求,以确保为其留下深刻且美好的印象。

(一)接待前的准备

(1)为确保接待工作的顺利进行,需要全面且准确地掌握来宾的基本信息,包括来宾的所在单位、姓名、性别、职务、行政级别以及随行人员数量。同时,还需要了解来宾的预计到达日期和具体抵达地点。

(2)根据来宾的具体情况确定具体的接待规格。

① 特级接待:中央部委、局、办以及省市主要领导视察;省级职能部门主要领导考察。

② 一级接待:国内、国外大型企业负责人的考察及参观;各级政府部门主要领导视察;市级机关主要领导视察;区级机关主要领导视察;战略投资伙伴、行业知名专家考察;新闻媒体发布会;金融机构主要负责人考察。

③ 二级接待:国内中型企业负责人的考察及参观;区级街道部门领导参观;上游产品供应商业务洽谈。

④ 一般接待:区政府、区街道部门带领的一般人士参观;业内人士、兄弟公司参观、交流接待;公司聘用的法律、设计、质量标准体系等顾问、专家的参观及交流。

(3)根据对方意图和实际情况,拟出接待日程安排方案,报请领导批示。

(4)根据来宾的身份和具体情况,安排具体接待人员、住宿、接待用车、饮食。

(5)根据来宾的工作内容,分别做好以下工作安排。

① 若来宾的主要任务是参观或学习交流,应根据来宾的具体要求,精心策划并事先安排好参观路线和行程,确保整个参观过程既顺畅又高效。

② 及时通知相关参与人员,准备交流所需的材料,精心准备相关情况的介绍以及现场演示等内容。

(二)迎客礼仪

迎客,即迎宾,为接待的重要礼仪。基于事先约定,主办方派遣专人至约定地点,恭敬等待来访者。此举彰显尊重与重视,有助于构建良好关系。

1. 迎客规范

(1)在接待来宾之前,深入了解来宾的背景资料,尤其是主要来宾的个人信息,例如单位、姓名、性别、职务和年龄等。若有必要,还应掌握其籍贯、民族、学历、职称、专业领域、特长、个人喜好、婚姻状况、健康状况,以及政治立场和宗教信仰等信息。

(2)根据迎送规格和标准,准备好所需的车辆和餐饮、住宿接待服务。

(3)准确掌握来宾抵达的时间,提前到达迎宾地点做好准备。若迎送时间有变化,应及时获取最新信息并做出相应调整。

(4)迎接未见过面的客人,建议在车站、码头、机场设立醒目接站牌。接站牌设计应正式、整洁,字迹须大而清晰。避免使用白纸黑字配色。接站牌内容可以选择"热烈欢迎某某同志""热烈欢迎某单位来宾的光临""某单位热烈欢迎来宾莅临指导"或"某单位来宾接待处"等。

（5）在与来宾会面时,应尊重其身份、性别、年龄和习俗,并采取适宜的礼仪表达欢迎。对于尊贵或亲近的来宾,可以选择拥抱或握手;对于年长者或地位崇高的来宾,可以采取更为恭敬的方式,如鞠躬、抱拳作揖或双手合十;对于一般来宾,点头微笑或鼓掌欢迎即可。总之,应以得体的礼仪展现热情与尊重。

（6）欢迎来宾后,表达对他们旅途劳累的关心,并介绍自己。同时询问来宾是否需要帮助搬运行李,对于他们的个人物品,应尊重他们的意愿,不得擅作主张。

（7）若有专车接送,应主动为来宾开启车门。待其上车后,及时递上活动日程表。行车途中,可以向客人详细介绍沿途的建筑特色、自然风光、民俗文化、气候特点以及地方特产等信息。同时,主动询问客人是否有任何私人活动的需求,并在能力范围内尽量满足其特殊要求,以展现对来宾的尊重和关怀。

（8）商务接待住宿安排需审慎考虑,依据宾客身份、人数及工作需求进行合理安排。在选择酒店时,需要综合考量接待经费预算、酒店接待能力、口碑与服务品质、周边环境及交通状况等因素。抵达住宿地点后,接待人员应适时离开,确保宾客得以充分休息。在分别之际,务必明确约定下一次会面的时间及地点,并向宾客提供联系方式,以便后续沟通。

（9）对应邀前来参加本单位活动的本市重要客人,应在单位大门口迎接。

2. 接待人员引导礼仪

（1）在宾主双方并排行进时,引导者应当自觉在外侧行走,同时让来宾行走于内侧。当三人并排行走时,中间的位次通常被视为最高,内侧的位次次之,而外侧的位次则相对较低。

（2）在单行行进的过程中,引导者应当走在前方,而让来宾紧随其后,这样引导者可以为来宾引路。

（3）出入房门时,引导者应主动为来宾开关房门。引导者应先于来宾行动,无论是推开还是拉开房门,都应确保来宾先行通过。待来宾通过后,引导者再轻轻关闭房门,并迅速跟上来宾的步伐。

（4）出入无人控制的电梯时,引导者应遵循"先入后出"原则,以操控电梯,而来宾则后进入;出电梯时,让来宾先出。出入有人控制的电梯时,引导者则应遵循"后入先出"的原则。

（5）上下楼梯:上楼时,引领者应让来宾先行,以示尊重与照顾;下楼时,引领者则应先行,为来宾提供安全引导。无论上楼梯还是下楼梯,引领者的首要任务是确保来宾安全。

（6）上下车时,若引导者陪同来宾出行,且双方不同车,应遵循引导者所乘车辆在前,来宾所乘车辆随后的原则。若引导者与来宾同车,一般遵循引导者后上车、先下车的礼仪,而来宾则先上车、后下车,以彰显对来宾的尊重与礼遇。

(三)待客礼仪

在接待工作中,通常存在多种接待地点,包括办公室、会客室以及接待室等。针对一般的访客,可以在自己的办公室内完成接待工作。如果是接待重要的客人,则推荐选择专为待客设计的会客室。在接待身份极为尊贵的来宾时,有时还需要选择档次最高的会客室,即贵宾室。而接待室则主要用于接待就某些特定问题来访的客人。为确保访客能够顺利找到接待地点,必要时还需设置"指向标"以指引客人。

1. 待客规范

(1)确保待客环境整洁舒适,需提前进行彻底清扫。接待来宾的房间内,环境舒适度至关重要,需确保空气清新、地面干净、墙壁无尘、窗户明亮、家具洁净。此外,调节室内温度至适宜范围也是必要的,让来宾在温馨舒适的环境中享受愉快时光。

(2)站立迎接,以示敬意。首先,接待人员应提前10分钟到达约定地点,以展现诚意与专业性。其次,在必要时,应在正门之外迎接来宾,以体现热情与周到。不建议同时接待来自不同地方的人士,如遇此情况,应遵循"先来后到"原则或安排其他人员分别接待。对于突然到访的来宾,应起立欢迎并提供座位与茶水,以展现热情好客与专业素养。

(3)应该提前准备好茶具、烟具和饮料等物品。男性来宾入座后,应递上香烟以示敬意。递烟时,应打开烟盒,轻弹数支至客人面前,避免直接用手取烟。若主人也吸烟,应先客后主。冲泡茶叶时,需先清洁茶具,若有多个茶杯,应一字排开,逐一冲泡。斟茶时,茶水应以杯高的2/3为宜,双手恭敬地捧至客人的右手上方,先尊长后卑幼,并配以礼貌用语,如"请您用茶"或"请喝茶"。避免用手指捏住杯口边缘送茶给客人,这样既不卫生也不礼貌。

(4)在与来宾进行交流时,必须全心全意地倾听与回应,展现出耐心与专注。频繁查看时间或表现出疲倦,如打哈欠,都是极不恰当的举止,极有可能引发他人的不满与反感。同时,在接待过程中,应避免分心处理其他事务,如接打电话、发送传真、批阅文件、查找资料或与他人闲聊等。若遇紧急情况,需要暂时离开或接听电话时,务必事先向来宾致以歉意,以示尊重。

2. 待客座次礼仪

待客中,应注意座次高低,并视具体情况做好安排。

1)面门为上

在采用"相对式"座位安排时,面对房门的座位被视为尊贵的位置,优先安排给来宾。背对房门的座位则被视为次要位置,通常由主人在此就座。

2)以右为上

遵循"并列式"排位的原则,主宾双方应当面对正门,并排而坐。右侧被视为尊贵的位置,应请来宾就座于右侧。相对而言,左侧则被视为次要的位置,主人应自行就座于左侧。

3）居中为上

当来宾数量少于东道主一方时,为了尊重来宾,东道主可以采用特定的座位安排,将来宾置于中央,四周或两侧围坐,形成"众星捧月"的态势,突出来宾的重要性。

4）以远为上

为了减少打扰,应将来宾安排在离房门较远的位置,因为离房门近者易受打扰,而离房门较远者则受到的打扰较少。

（四）送别礼仪

在来宾即将离去之际,应该陪同对方行走一段路程,或者特意前往来宾启程返回之处,进行告别,并目送其离去。

（1）在正常的社交交往中,无论宾主双方事先是否商定了具体的会晤时长,客人提出告辞时,都应由主人率先表达挽留之意。主人若率先提出送客,或以举止、神态流露出对客人的厌烦,都是极为失礼的行为。当客人有意结束会晤时,主人应展现出真诚的热情,通过语言表达,如"我并不急于结束这次会面"或礼貌地邀请对方"再稍作停留"来体现对客人的尊重和珍视。

（2）当客人表示离开时,主人应表现出充分的尊重与礼貌。具体而言,主人应当等待客人先起身,然后再起身相送。这样做不仅体现了对客人的尊重,也避免了可能给客人带来的不适。

（3）与来宾握手告别时,应尊重对方的意愿,由客人首先伸出手来与主人相握,以表达"再见"的意愿。若主人过早地伸出手,可能会无意传达出逐客的意味,造成误解,因此在这种情况下,主人应耐心等待客人的动作,以体现尊重和礼貌。

（4）在接待重要客人时,送行是重要礼仪。为确保送行的正式与得体,通常选择来宾启程的地点,如机场、码头、火车站或长途汽车站等。应尊重客人的行程安排,待对方离开后再离开。若来宾在本地有临时下榻之处,这些地方也可以作为送行的备选地点。对于本市客人,应将其送至单位门口,以示尊重。

知识活页

国事访问的欢迎仪式

任务五　宴请与馈赠礼仪

任务描述:本任务对宴请与馈赠礼仪的基本要求和基本技巧进行了较为全面的介绍,包括宴请活动的组织、赴宴的基本礼仪、用餐礼仪、席间交谈礼仪、馈赠的基本原则、馈赠礼品的礼仪和受礼礼仪等内容。

任务目标:了解应邀的仪表要求和用餐的注意事项,掌握用餐的邀请、应邀和用餐礼仪;掌握馈赠的构成要素、主要原则及注意事项。通过本任务的学习,学习者能够全面把握宴请与馈赠的相关要领,并在实际操作中熟练运用,确保流程规范、得体。

知行合一

筷子上的生姜

在一次盛大的宴会上,张先生作为主办方的重要嘉宾,被安排坐在了主桌。席间,张先生注意到身旁的一位年轻女士举止得体、言谈优雅,给他留下了深刻的印象。

席间,服务员端上了一盘色香味俱佳的红烧肉。张先生见状,便想向这位年轻女士展示他的绅士风度,于是主动夹起一块红烧肉,准备递给女士。然而,就在这时,张先生突然发现自己的筷子上竟然还夹着一块生姜。

张先生一时尴尬不已,但他迅速调整了自己的情绪,用稳重的语气对女士说:"小姐,这块生姜是我特意为您留的,希望您喜欢。"女士听后,不禁捂嘴偷笑,整个宴会上也响起了一片会心的笑声。

分析

一、宴请礼仪

在社会交往中,宴请与赴宴是礼尚往来的重要形式,尤其在商业繁荣与市场经济活跃的今天,公务交往愈发普遍,宴请更是不可或缺的一环。因此,要深入了解宴请礼仪,并提升商务礼仪的修养,这对于社会交往和现实生活具有重要意义。

(一)宴请活动的组织

宴请作为一种社交性活动,代表着对宾客的尊重和礼遇,因此,其准备过程必须遵循既定的礼节和礼仪规范。

1. 确定宴请对象、范围、规格

宴请的目的要明确,如庆祝节日、接待贵宾、工作交流、结婚或祝寿等。选择邀请对象和人数时,需要根据不同的目的审慎考虑,并列出详细的客人名单。在确定邀请对象时,要充分考虑客人之间的关系,防止不愉快或尴尬的局面。宴请规格的确定需要综合考虑出席者的身份、人数、目的和主宾身份等因素,避免规格过低或过高带来的问题。在确定规格时,应秉持理性、稳重的态度,确保宴请活动顺利进行。

2. 确定宴请的时间、地点

宴请的时间、地点应依宴请目的和主宾情况而定。安排时间时,应征求主宾意见,并考虑对方工作、生活的便利性,避免与其冲突。通常来说,晚上6—8点是较为适宜的宴请时间。同时,避免与对方国家的重大节日、重要活动或个人的禁忌日子冲突,如欧美文化避讳的"13",以及日本文化认为"4"和"9"不吉利等。宴请地点需要考虑交通、宴会规格和主宾需求。官方活动通常在政府议会大厦或主宾入住的宾馆酒店举行,企事业单位则可以在单位内部餐厅或附近酒店进行。

3. 宴请邀请

发出邀请作为人际交往中常见的社交活动，其重要性不言而喻。在进行此类活动时，不仅要努力遵循礼仪规则，以获取积极的反馈，还需要确保邀请行为符合双方的身份和地位，严格遵循相应的礼仪规范。

邀请人可以采用正式邀请或非正式邀请两种形式来发出邀请。

正式邀请因注重礼仪与增强记忆性，常采用请柬、书信、传真、便条等邀请形式。对于庄重盛大的活动，使用正式书面邀请书——请柬，列出时间、地点、形式及主人姓名。书写时无需标点，使用全称，字迹需美观清晰。正式宴会应预先安排座位，并标明座位号。确认出席情况后，及时记录调整座位。

非正式邀请采用口头方式，适用于一般性质的场合，特别是与亲朋好友之间的交流。邀请可以在休闲时段或日常晚间，由邀请人亲自前往被邀请人家中，或通过电话邀请，既节省时间，又能立即获得反馈。同样需要明确活动的时间、地点和具体内容。活动前1—2天，可以通过手机短信再次提醒被邀请人，确保邀请的真诚与有效性。

4. 宴请准备

1）确定菜谱

宴会菜谱选定需要遵循"因客而异"原则，与宴会档次相匹配。考虑嘉宾身份和宴请目的，确保菜品档次与嘉宾身份相符，既不过于奢华也不简朴。菜品配置应包含冷盘、热菜，荤素搭配，层次分明，有主有次。高档菜品如鲍鱼等应作为主菜，展现宴会档次，辅以特色小炒、传统地方风味菜等，调节口味，展现多样性。菜品确定应优先考虑嘉宾口味偏好，尊重主宾饮食习惯，确保每位嘉宾享受满意服务。

2）座次安排

宴会常采用圆桌布局，每桌宾客人数控制在8—12人。多桌宴会需要遵循的礼仪原则包括面门和以远为尊、居中为尊、以右为尊等。其他桌次根据距离主桌远近确定，遵循"近主远次，右主左次"原则。大型宴会中，主人应为宾客安排桌签，确保准确找到座位。此安排体现对宾客的尊重及组织者的严谨周到。

3）现场布置

宴会与休息厅布置应依活动性质审慎规划。正式场合应避免花哨的霓虹灯，可以适度摆放鲜花和盆景以增添雅致。乐队位置需适中，避免过于嘈杂。餐桌可以选择圆桌、长桌或方桌，间距适中，便于宾客交流。休息厅配置小茶几或圆桌，满足基本需求。

5. 宴请接待

宴会的顺利举办，得益于主人的热忱款待、大方宴请以及周全缜密的策划安排。按照社交礼仪的规范，主人有责任确保每位来宾都能深切地感受到自己的热诚欢迎。

1）迎客

宴会前，主人应微笑迎接嘉宾，与其他重要官员形成迎宾线。嘉宾到达后，主人握手致意，由工作人员引导至休息厅或宴会厅。主宾抵达时，主人陪同入厅，标志着宴会的开始。宾客入座，共享盛宴。

2）致词欢迎

宴会开始时，主人率先致词，以表达对各位宾客的热烈欢迎。若此致词为正式性质，可以在宾客入座后立即进行，亦可选择在热菜供应之后、甜品上桌之前的时段，先由主人发表致词，随后再由主宾进行回应。而在冷餐会及酒会等更为轻松的场合，致词的时机则更为灵活多变。

3）布置菜肴

在宴请客人时，主人应负责为宾客布菜。为确保卫生与尊重，布菜时应使用公勺或公筷。在布菜过程中，主人应留意并尊重客人的饮食偏好。若客人表示不喜欢某道菜肴或已感到饱腹，主人应停止为其夹送食物，以体现对客人的尊重与体贴。

4）敬酒

在正式的酒宴场合，主人应遵循礼仪，先为主宾斟酒。若场中有长辈或尊贵客人，主人亦应优先为他们敬酒。当主人为客人倒酒时，作为客人，应以手轻扶酒杯，以示恭敬和感谢。首次敬酒的提议应由主人发起，客人不宜擅自抢先。敬酒过程中，应以礼为先，适度为宜，各位宾客可随意享用。

5）散席

宴会的结束通常由主人宣布，待主人和主宾离座之后，其他宾客方可依次离场。

酒水与食物的搭配

（二）赴宴的基本礼仪

在参与宴会时，无论代表公司还是个人，自服装准备至告别，均应恪守礼仪规范。这既体现了个人素质和修养，也表达了对主人的尊重。熟悉并掌握赴宴、用餐及告别致谢等环节的常规礼仪，在宴会上展现得体形象、塑造个人及集体良好形象至关重要。

1. 及时回复

在接到邀请后，应尽快给予答复，以便主人做出相应的安排。一旦确认参加，应尽量避免变动。若因特殊情况无法出席，特别是作为主宾时，应尽早向主人说明原因并致以诚挚的歉意，甚至亲自上门致歉。在接受邀请参加活动前，应核实主人的身份、活动的具体日期和地点、是否包含配偶以及活动对服饰的具体要求。

2. 赴宴准备

参加宴会时，服饰礼仪很重要。对于家庭宴会，建议为女主人准备礼品并在开始前赠予。正式的宴会邀请会注明服装要求。男性宾客可以选择西服套装或单件西装；女性宾客可以选择长裙、连衣裙、旗袍等优雅大方的服饰。女性应适当化妆，男性需要保持面部清洁和梳理头发。除了服装和妆容，饰品搭配也很重要，应避免过于浓重的妆容或奇异的装扮。

3. 按时抵达

出席宴会是一项社交活动，其基本要求是准时到场。这不仅体现了对主人的尊重，也体现了个人的礼貌和修养。抵达宴会的时间以及逗留的长短，都在一定程度上反映出对主人的重视程度。因此，迟到、早退或逗留时间过短，都可能被视为对主人的不敬或故意冷落。

在出席宴会时,应根据当地的习俗来确定到场的时间。在大多数情况下,应准时到达或稍晚一两分钟到达。在我国,通常习惯是准时或提前一两分钟到达。对于酒会等宴请活动,可以在请柬上注明的时间内到达,以确保不会过早或过晚到场。

4. 礼貌入座

受邀参加宴会时,应遵守主人的指示和安排。入场前,明确桌次和座位,避免误会。入座前,确认座席卡上是否有自己的名字,避免误坐他人的席位。若邻座为年长者或女士,可以主动提供帮助,礼让入座。保持坐姿端正,双脚置于座位下,避免妨碍他人。宴会期间,不要随意玩弄餐具,以示尊重和敬意。

(三) 用餐礼仪

中华饮食文化历史悠久,自古以来,中国便是礼仪之邦,饮食礼仪在文化中占有重要地位。据史书记载,中国的饮宴礼仪始于周公,经过数千年的演变,形成了现今的饮食进餐礼仪体系。西方社会则将餐桌礼仪视为衡量个人文明修养的重要标准。尽管礼仪逐渐简化,但基本的礼节规范仍得以保留,成为共同遵循的行为准则。

1. 餐前迎接

邀请者应根据宴请的目的与性质,审慎选择合宜的服装,并提前半小时到达约定地点,以彰显对来宾的敬意及热烈欢迎之情。在迎接环节,邀请者需要热诚地招呼每位来宾,并运用得体的欢迎语与问候语。同时,邀请者宜保持愉悦的笑容、轻快的步伐及积极的言谈,避免流露出疲惫或烦躁的情绪。若来宾携带礼物赠予主人,邀请者应双手恭敬接过,并表达感激之意,如"感谢您的慷慨馈赠,让您破费了"。若来宾对迎接人员不甚熟悉,邀请者有责任为来宾逐一介绍,确保每位来宾均能感受到周到的接待与尊重。

2. 按号入座

在受邀参加宴会活动时,应尊重并遵循主人的安排。特别是在进入宴会厅之前,务必清楚了解自己的桌号和座位号。在入座时,请务必注意查看桌上的座位卡,确认是否写有自己的名字,避免随意入座。若邻座为年长者或女士,应主动提供必要的协助,确保他们能够优雅地先入座。入座后,应保持坐姿端正,避免用手托腮或将双臂肘部放置于桌上。双脚应放置在本人座位下方,避免随意伸出,以免妨碍他人。同时,避免玩弄桌上的餐具,如酒杯、盘碗、刀叉、筷子等,以免给人造成餐具不洁的印象。在用餐过程中,餐巾应主要用于擦拭嘴角,而非用作擦拭餐具的替代品。

3. 文明进餐

宴会开始时,主人会致祝酒词,与会者需暂停交谈和进食,专注聆听。主人致词完毕后,即可开始用餐。用餐时,应举止得体,适量取食,不够可以再取。餐巾铺在腿上,擦嘴时一手捏住上端,另一手辅助,不可用于擦面或擦汗。服务人员递送的香巾用于擦面,用后放回原处。夹菜时,使用公用餐具,不可用自己的餐具。在冷餐酒会中,要等待服务人员递送至面前再取食,不可抢先。用餐时,保持文雅举止,咀嚼时微闭双唇,避免发出声响,食物过热应等待自然冷却。遇到鱼刺、骨头等,用餐巾掩嘴取出,不直接外吐。口中有食物时避免交谈。不要剔牙,尤其不要在走动时剔牙。剩余菜肴和餐具放在碟中,不直接留在桌上。

4. 切忌大声喧哗

在餐厅用餐时,应当充分体验美食与社交的乐趣,各自沉默地用餐会显得不合时宜。然而,旁若无人地高声喧哗也是极不礼貌的行为。因此,建议在聊天时保持适当的音量,以对方能够清晰听到为准,避免对邻桌客人造成干扰。这样,我们既能享受美食,又能维护良好的社交礼仪。

5. 中途离席时将餐巾放在椅子上

在万不得已需要中途离开餐桌时,建议在上菜间隙礼貌地向同桌的人示意,并将餐巾轻放在椅子上,以保持用餐的秩序和氛围。用餐结束后,只需将餐巾随意放置于餐桌上,不用刻意折叠整齐。

6. 任意选择乳酪

在高级餐厅,用餐体验中有一个特别的环节:在甜点前,餐厅会提供一个大托盘,上面摆放着乳酪、新鲜饼干和色彩缤纷的水果,供食客自由挑选品尝。注意不要浪费,珍惜食物。这种服务细节体现了餐厅对顾客体验的重视和对食物资源的尊重。

7. 叉子和汤匙吃甜点

在提供甜点时,通常会附带汤匙和叉子以供食客使用。对于冰淇淋等易于滑动的甜点,建议食客使用叉子固定后再放入汤匙中品尝。对于较大的水果块,建议先使用刀具将其切成小块,再使用叉子叉取进食。

(四)席间交谈礼仪

在入座后,如有茶水供应,可以适量品尝。无论身份如何,都应积极参与交流,特别是与邻座的人互动,避免只与少数人对话。遇到陌生人,可以主动自我介绍。交谈时,要把握时机,选择合适的话题,避免冗长或不合时宜的内容,以免引起不满。

用餐时的轻松、亲切对话有助于拉近关系、提升食欲,也是有效的社交手段,能够解决许多问题。若餐桌上只有沉闷的进食声,气氛会比较尴尬。交流时,要考虑对方的背景、年龄、性格和兴趣,选择合适话题讨论。一般适合在餐桌上谈论的话题有如下几类。

(1)英国人习惯以天气和气候作为社交话题,因此在与他人交流时,常常会从天气入手展开对话。

(2)共同的嗜好是较好的交际话题,如果发现与他人有相同的兴趣爱好,便能够轻松地展开交流和互动。

(3)尽管新闻报道的内容每天都会有所不同,但由于其受众广泛,因此适合作为谈话的素材,能够引导双方深入探讨和交流。

（4）了解对方的故乡、出身和学校等信息，有助于找到共同点，拉近彼此之间的距离，促进更加深入的交流。

此外，家庭成员、居住地特色、喜好的酒类、钟爱的食物种类、所拥有的汽车类型以及休闲旅行经历等，均可作为交流的话题。

二、馈赠礼仪

中国自古以来便注重礼仪之邦的形象，深谙礼尚往来的道理。《礼记·曲礼上》明确指出："礼尚往来。往而不来，非礼也；来而不往，亦非礼也。"这一理念在现代商务交往中依然具有重要意义。在社交活动中，礼物作为一种有效的媒介，发挥着桥梁和纽带的作用，直接且显著地传递着情感和信息，默默地表达对受礼者的关心与支持。因此，适当的馈赠行为有助于双方进一步深入沟通与交往，共同促进合作关系的和谐发展。

（一）馈赠的基本原则

馈赠在社交活动中扮演重要角色，历史悠久，备受人们认可。赠送礼物旨在传达敬意和祝愿，加深双方关系。然而，不当的赠品选择可能导致关系受损。因此，在馈赠礼品中，遵循基本原则至关重要，以确保活动顺利进行并实现预期效果。

1. 轻重原则

礼品的价值、质量与选择，均体现了送礼者的意图与情感深度。一般而言，过于轻薄的礼物可能缺乏足够的象征意义，对于非亲密关系的对象，可能会引发误解，被认为是轻视。在商务场合，若礼物价值过低，会显得不够重视。然而，过于贵重的礼物，也可能使受礼者被怀疑。因此，在选择礼物时，应以对方能够欣然接受为标准，力求实现成本效益的最大化，既节约开支，又达到预期的效果。

2. 时机原则

馈赠的艺术在于恰当的时机和选择。中国人珍视"雪中送炭"的礼仪精神，这凸显了送礼的时效性和必要性。选择馈赠的时机需慎重，既要及时，也要合适。提前或滞后可能无法达到预期效果。在对方困境时馈赠更显真挚情感。商务馈赠可以选择重要节日、庆典或对方纪念日，显得既自然又得体，有利于增进双方感情，促进关系的融洽。

3. 效用性原则

礼品作为一种物品，同样具备价值和实用价值。礼品的实用性因个人的经济状况、文化程度和追求的不同而有所差异。在选择礼品时，应针对受礼者的具体情况进行区别对待。对于家境贫困者，应选择实用的礼品；对于富裕者，可以选择精巧的礼品；对于朋友，可以选择有趣味的礼品；对于老人，应选择实用的礼品；对于孩子，应选择能够启发智力的新颖礼品；对于外宾，应选择具有特色的礼品。总之，应根据受礼者的具体情况，有针对性地选择合适的礼品。

4. 投其所好避忌的原则

个人对礼品的反应因民族、生活习惯、经历、信仰和性格等差异而不同。馈赠时，需要遵循投其所好、避其禁忌的原则，以确保礼品能传达出尊重和意图。赠送前，应了解受赠者的偏好和禁忌，注意数字、颜色和礼品的含义。在中国文化中，双数礼物常被视为吉祥，但不同地域对数字和颜色的解读可能不同。送礼时，还需要避免传统禁忌，如不要给老人送"钟"和给朋友送"梨"等。不同地区对相同礼品的含义也可能不同，因此需要遵循相应的注意事项。

（二）馈赠礼品的礼仪

社会交往中，赠送礼物往往不易让人欣然接受，即使按照馈赠原则精心挑选礼品，若忽略赠礼艺术与礼仪，则可能适得其反，无法有效促进双方关系。因此，我们必须慎重对待赠礼的每一个环节，以确保达到预期效果。

1. 礼品要有意义

礼物作为情感的媒介，其背后蕴含了送礼者的独特意愿和目的，无论是表达感激、寻求帮助，还是加深情感联系等。因此，在挑选礼品时，务必确保所选之物与个人的心意相吻合，同时亦需让受礼者感受到礼物的独特与珍贵。最佳的礼品当是根据对方的喜好精心挑选，既富含深意，又耐人寻味，品质出众却又不张扬。在选择过程中，应综合考量礼物的思想性、艺术性、趣味性及纪念性等多重因素，力求创意独特、不落俗套。

2. 礼品包装要讲究

精心设计的包装不仅为礼品增色，更能充分展现送礼者的真挚心意，同时也诱发受礼者产生深入了解和探索的欲望，为双方带来愉悦的体验。若优质的礼品未能得到恰当的包装，其外在美感与内在价值将大打折扣，给人以"珍贵变平庸"的遗憾感，进而可能导致受礼者对礼品价值产生误解，无形中削弱了礼品所承载的情感意义。因此，在赠送礼品前，务必去除价格标签，以避免礼品被单纯地视为价值交换的工具，而应当将礼品作为情感交流的媒介。若价格标签难以去除，应使用深色颜料加以覆盖，以确保礼品的纯粹情感价值得以体现。

3. 慎重考虑赠礼的场合

在选择赠送礼物的场合时，应审慎考虑，特别是带有感谢、应酬或特定目标的赠品。在公开场合，只向一部分人赠送礼物可能使受礼者感到不适，同时也可能让其他人感到被忽视。对于亲密关系的人，送礼也不宜在公开场合进行，只有轻便而情感深厚的礼物才适合在大众面前赠送。

最佳做法是在受礼者面前亲自赠送礼物，以明确双方关系，并观察受礼者的反应。同时，可以传达选择礼物时的独特考虑，激发受礼者的感激和喜悦之情。当然，根据具体情况，也可以选择邮寄或委托他人代为赠送。

4. 赠礼的态度要大方

赠礼时，应双手或右手恭敬呈送，避免用左手，以显尊重与礼貌。赠礼者态度应平和友善，举止得体，言语恰当，使双方感到舒适。礼品不应悄悄放在不易见到的地方，否则可能产生反效果。在我国文化中，送礼常用谦虚言辞，如"薄礼"或"只有一点小意思"，以表诚意和尊重。介绍礼品时，应强调对受赠方的感激和情谊，而非过分强调物质价值，以免误解为重视物质而轻视情感，甚至产生接受贿赂的感觉。因此，赠礼应注重礼仪和情感表达，以增进双方关系与友谊。

5. 选择适当的赠礼时机

礼品赠送通常在双方见面的场合进行，如相见或道别时。最佳时机是在简短寒暄后立即献上礼物，避免过度客套导致不收礼的尴尬。如错过门口送礼机会，可在坐定后、主人倒茶时赠送，避免打断话题，增添新议题。送礼时间间隔需慎重考虑，不宜过密或过疏。频繁送礼会显得目的性过强，给对方带来压力。参加婚礼时可提前送礼，节日或年礼可选择送达或邮寄，附上名片和手写贺词，装入信封并注明受礼者的姓名，贴在礼品包装上方。

（三）受礼礼仪

1. 接受礼品的礼仪

在社交互动中，收礼与答谢不仅是对馈赠者善意与情谊的积极回应，更是推动礼尚往来这一社交行为得以延续的重要环节。尽管接受礼品的过程看似简单，实则蕴含着诸多需要细致考量的社交礼仪。

（1）一旦得知有人将赠送礼物，无论正在从事何种活动，都应即刻暂停，起立并面向对方，以做好接收礼物的准备。

（2）在对方准备赠送礼物的过程中，应避免主动伸手抢夺、询问或过度注视，以保持得体的举止和风度。

（3）在一般情况下，除非礼物具有贿赂性质，否则最好不要拒绝接受。可以考虑在适当的时候回赠礼物。接收礼物时，应表现出礼貌，避免过度推辞或说出伤害送礼者感情的话。即使礼物不符合个人喜好，也应礼貌地表示感谢。对于合适的礼物，接收者应郑重地收下，并在赞美和感谢中表达感激之情。应称赞礼物的精致、优雅或实用性，并对赠送者的周到和细心表示感谢。

（4）接收礼物时，应尽可能地用双手去接，尤其是在赠送者递上礼物时。避免只用一只手或只用左手接收礼物。同时，应面带微笑，注视对方。如果收到的是礼品单，应立即仔细阅读。在正式场合下，接收礼物的人应用左手托住礼物（大型礼物可以暂时放下），然后用右手与对方握手致谢。

（5）根据具体情况，可以选择拆开礼物或仅查看外包装，又或邀请赠送者介绍礼物的功能、特性和使用方法等，以表达对礼物的喜爱。在中国文化中，收到礼物的人通常不会当面打开礼物，而是将其放在一旁稍后查看，以表示重视赠送者的心意而非物质价值。然而，在西方文化中，人们往往习惯于当场打开礼物并表示赞赏，有时甚至会表示这正是自己一直期待的物品。

知识活页

商务交往中的馈赠礼物选择

2. 回礼礼仪

在接受他人所赠的礼品之后,按照礼仪常规,受礼者通常需要进行回礼以表达感激之情。在进行回礼时,受礼者需要选择一个恰当的理由和合适的时机,以确保回礼的得体与合适。单纯为了回礼而不考虑时间、地点等因素,随意回送等值的物品,是不符合礼仪要求的。一般而言,在进行回赠礼品时,受礼者需要注意以下几点。

(1) 在接受他人的礼物时,务必注意并牢记礼物的内容。在回赠时,选择类似或等值的物品作为回礼是恰当的。同时,需要避免回赠的礼品与收到的礼品重复。

(2) 选择适当的时机进行回赠至关重要。在节日庆典等特定时期,最好在客人离开时立即回赠。对于生日、婚庆、晋升等场合收到的礼品,应在对方有类似庆祝活动或适当的时机进行回赠。此外,回礼的方式可以根据具体情况和个人喜好来决定。例如,可以通过赠送物品或款待对方来回礼。需要注意的是,如果是以酬谢为目的的馈赠,受礼者通常不用回礼。

(3) 在选择回礼时,应确保礼物的价值与原礼相当。一般来说,回礼的价值不应过于超过对方赠送的礼品,以免给人造成攀比的感觉。适当的回礼既能表达感激之情,又能维护良好的人际关系。

3. 拒绝礼品的礼仪

在多数情况下,拒绝礼物并非明智选择。但当礼物价值超出公司限额或选择不恰当时,可以礼貌地拒绝。商务场合拒绝礼物的方式需因个人和情境而异,以符合商务礼仪。

(1) 在收到他人赠送的礼品时,如非所需或所愿,应以委婉且得体的方式表达拒绝之意。例如,当收到一部昂贵的手机时,可以在表达感激之情后,以诚恳的态度回应:"您的慷慨与好意我心存感激,但目前我已有手机使用,不便再接受新的礼品。"或者,也可以表示:"我深感荣幸您能赠予我这份珍贵的礼物,但我个人对手机品牌有所偏好,故而不能接受这份厚礼。"

(2) 在商务交往中,若需回绝礼品,应以直接且真诚的态度向赠送者阐述原因。例如,当收到大额现金时,应明确表明:"根据公司的规章制度,接受现金礼品是违规行为,故我不能接受此份礼物。"若收到价值高昂的物品,应坦诚地说明:"根据相关规定,您所赠送的这件物品需进行登记上缴,因此我不能私人接受。"

(3) 在特定情境下,可能无法立即拒绝或退还礼品,如在公共场合或未当场打开礼品。此时,可以采用事后退还的方式处理。应尽快在24小时之内将礼品单独归还给赠送者。若涉及金额巨大的现金、有价证券或其他价值高昂的物品,退还时可以邀请地位相当且可信赖的朋友作为见证人。若赠送者出于善意,应向其解释退还的原因(如公司政策),并表达感谢之情。若赠送者存在不正当意图(如附加条件),则只需告知其礼品不合适。为确保自身权益,应将退还礼品时的信件复印件妥善保存,并注明退还日期、方式或向上级汇报。

任务六 乘车礼仪

任务描述：本任务对乘车礼仪的基本要求和接待服务基本技巧进行了较为全面的介绍，包括座次礼仪、上下车礼仪、乘坐出租车礼仪、乘坐公共汽车礼仪、乘坐火车礼仪和乘坐地铁礼仪等内容。

任务目标：了解乘车礼仪的座位安排、乘车规则和技巧，包括乘车前的准备、车厢内的座位安排、上下车顺序、与他人的交流方式等。通过本任务的学习，学习者掌握如何在不同场合下运用乘车礼仪，以展现自己的优雅与修养。

到底怎么坐？

在一次商务出行中，张先生作为公司的代表，负责接待来自外地的重要客户李女士。按照计划，二人共同乘坐公司提供的专车前往会议地点。在车辆到达并停稳后，张先生遵循通常的礼仪，主动为李女士打开了车门，并引导其入座。然而，在这一过程中，发生了一个小小的误会。

由于车内座位的配置与张先生日常所见有所不同，在张先生的引导下，李女士自然地坐进了副驾驶的位置。随着车辆的启动，张先生逐渐意识到了这一座位安排的不妥之处。在商务礼仪中，通常会将尊贵的客人安排在司机的后方，以表示尊重和敬意。张先生开始思考如何弥补这一失误。他明白，在商务场合中，细节往往能够决定成败。一个微不足道的座位安排，也可能影响到整个商务合作的氛围和结果。

于是，张先生决定主动与客人沟通，解释这一座位安排的失误，并向客人表示歉意。他诚恳地表达了对客人的尊重和敬意，同时也表达了自己对商务礼仪的重视和关注。客人听了张先生的解释后，并没有表现出不满或不悦，反而对张先生的诚意和态度表示赞赏。客人表示，座位安排只是一个小细节，更重要的是双方的合作意愿和合作精神。

乘车礼仪作为社交礼仪的重要组成部分，不仅体现了个人的文明素养，更是对他人尊重与关怀的具体表现。在现代社会中，无论是公共交通工具还是私人轿车，乘车礼仪都发挥着举足轻重的作用。因此，了解并遵循乘车礼仪的基本规范对于营造和谐、文明的乘车环境具有重要意义。

一、座次礼仪

在乘车礼仪中,座次的安排占据着举足轻重的地位。当家庭成员与商务人员同乘一车时,座次或许并非首要考虑的因素。然而,在商务场合,特别是当商务人员与他人共享车辆空间时,座次的恰当性则显得至关重要。

礼仪在轿车座次尊卑的确定上,有着明确且细致的规定。根据这些规定,需要综合考量以下四个基本要素:驾驶员的身份地位、所乘车辆的类型、安全因素,以及嘉宾的个人意愿。这些要素共同作用于座次的安排,以确保在商务场合中既符合礼仪规范,又能体现出对参与者的尊重与得体。

(一)驾驶员的身份地位

在轿车乘坐中,座次的安排具有明确的尊卑之分,事关重大。通常,轿车的后排座位被视为上座,而前排座位则被视为下座。这一安排的主要依据在于,轿车的前排座位,包括驾驶座和副驾驶座,相对而言安全性较低。需要明确的是,所谓的轿车座次后排为上座、前排为下座的规则,主要是在有专职司机驾驶车辆的情况下适用,如出租车司机或单位司机开车时。当商务人员的交往对象本人亲自驾驶轿车,即主人亲自驾驶时,这一规则不再适用,情况会有所不同。

在车辆乘坐礼仪中,若主人亲自驾驶,则前排副驾驶座被视为尊贵之座。若车上有其他乘客,副驾驶座不应空置,应推选一位代表陪同坐在副驾驶座,这体现了乘客与主人之间的亲密与尊重。若有乘客在明知只有自己和主人两人乘坐的情况下,故意选择坐在后排,这种行为则显得缺乏诚意,对主人极为不友好和不尊重。此种举止会让主人感到失望,因此,建议乘客在乘坐时遵循此礼仪规范。

当主人夫妇需要开车接送客人夫妇时,男女主人的座次应保持不变,客人夫妇则应当坐在后排座位上。

若主人单独开车接送一对夫妇,男宾应坐在副驾驶座上,而女宾则应当坐在后排座位上。若前排座位可容纳三人,则应请女宾坐在中间位置。

若主人亲自驾驶轿车,且车上只有一名客人时,该客人应坐在前排座位上。若车上有超过一名乘客,则应推选地位、身份最高者坐在副驾驶座上。若该乘客中途下车,应立即按照相同标准选择下一位乘客"替补"上座,以确保副驾驶座始终有人就座。

(二)所乘车辆的类型

不同类型的车辆,其座位排列的尊贵程度亦不相同,这是显而易见的事实。

在乘坐小双排座轿车时,若由专职司机驾驶,座位安排应遵循一定的礼仪原则。根据国际惯例,座次的尊卑顺序如下:后排上座为尊,前排下座为卑,右侧座位为尊,左侧座位为卑。具体而言,车上其余四个座位的尊卑顺序依次为后排右侧座位、后排左侧座位、后排中间座位、前排副驾驶座位。特别需要指出的是,按照国际礼仪,在由专职司机驾驶的轿车中,通常不建议让女士坐在副驾驶座位上。这一安排既体现了对乘客的尊重,也遵循了国际通行的乘车礼仪。

当主人亲自驾驶双排座汽车时,车上其余四个座位的尊卑顺序应如下:副驾驶座为首,其次为后排右侧座位,再次为后排左侧座位,最后为后排中央座位。

在专职司机驾驶三排七座汽车时,车上其余六个座位的座次安排,应遵循从尊至卑的原则进行布局。具体安排如下:后排右侧座位为最尊贵,后排左侧座位次之,再者为后排中央座位,中排右侧座位、中排左侧座位则分别位于其后,最末位置为副驾驶座位。

在主人亲自驾驶的三排七座汽车中,车上座位的排列顺序,根据尊贵程度由高到低应为副驾驶座、后排右侧座位、后排左侧座位、后排中间座位、中排右侧座位、中排左侧座位。

在专职司机驾驶的三排九座汽车中,座位的尊卑顺序应当遵循以下排列:中排右侧座位为尊,紧接着是中排中央座位,随后是中排左侧座位;进入后排,右侧座位次之,中央座位再次之,左侧座位又次之;前排右侧座位(在司机座位左侧的前提下)位列最后,而前排中央座位则位于其前。

由主人亲自驾驶三排九座汽车时,车上的座位的顺序由尊而卑依次应为前排右座(假定驾驶座居左)、前排中座、中排右座、中排中座、中排左座、后排右座、后排中座、后排左座。

在主人亲自驾驶三排九座汽车时,车上座位的安排需要遵循一定的顺序,以体现尊重与次序。具体而言,座位的顺序依次为前排右侧座位(假设驾驶座位位于左侧)、前排中央座位、中排右侧座位、中排中央座位、中排左侧座位、后排右侧座位、后排中央座位、后排左侧座位。

在乘坐吉普车或大中型轿车时,驾驶员的身份并非至关重要。在吉普车中,副驾驶位置被视为尊贵之座。至于后排座位,则遵循右座高于左座的传统礼仪。

在大中型汽车中,按照传统礼仪,座次的排列应遵循由前至后、由右至左的顺序。座位的尊卑次序如下:首先是第一排右侧的最右侧座位,其次是第一排右侧的最左侧座位,再次是第一排左侧座位;然后是第二排右侧的最右侧座位,接着是第二排右侧的最左侧座位,以及第二排左侧座位;以此类推,第三排和第四排等座位的排列顺序亦同。

在实际操作中,需要根据基本原则进行灵活应用。例如,在与上司共同乘坐由专职司机驾驶的双排座轿车时,即使后排有足够的空间容纳,也应自觉选择坐在前排副驾驶座,避免与上司在后排"并肩而坐"。然而,若是以私人身份一同外出观光游览,那么坐在后排左座,同时邀请上司坐在后排右座,则是完全可以接受的。在此情况下,我们应当根据场合和关系的不同,适度调整自己的行为举止,以表现出对礼仪的尊重和对他人的尊重。

(三)安全因素

在利用车辆进行出行活动时,我们不仅要追求高效与舒适,更应将安全置于至关重要的地位,以严谨的态度对待,确保每一次行程的安全与稳定。

(四)嘉宾的个人意愿

在不必强调礼仪性的重要场合中,对于轿车内座次的尊卑排序,无须过于刻板地遵循既定规则。总体来说,只要乘车者的举止得体且符合社交礼仪,便已经满足了基本标准。

在礼仪场合中,若宾主双方不共乘一车,根据既定礼仪,主人的车辆应行驶在前,以便为宾客引路并确保行程顺利。若双方均有多辆车,则主人的车辆依旧应领先,而宾客的车辆随后。车辆之间的排列顺序亦要遵循尊卑有序的原则,从前至后依次排列。为确保宾客车辆不会落单,主人方应安排一辆车负责殿后。

二、上下车礼仪

上下车过程中,还需要注意以下几个问题。

(一)提前联系好车辆

在准备乘车外出时,搭车人员有责任事先与司机沟通所需的车辆类型、数量以及约定的上车或会合地点。特别是在商务场合,搭乘他人车辆时,更应明确提前告知司机相关细节。在约定的时间,商务人员应准时抵达指定地点等待。商务场合的人际交往尤为注重守时守约,因迟到导致"车等人"是不恰当的行为。若因特殊原因无法按时赴约,应尽早通知司机,避免造成麻烦。

(二)中途搭乘他人的车辆,应以不妨碍对方的正事为前提

在乘坐他人车辆时,无论是主动要求还是应邀搭乘,我们都应当时刻保持礼貌和谦逊。首先,我们必须向车主、司机或邀请自己的人表达衷心的感谢,这既是对他们善意行为的认可,也是自我修养的体现。当我们在车上遇到之前并不熟悉的人时,应主动与他们打招呼,展示我们的友善和热情。若因我们的存在给他人带来不便或困扰,我们必须及时道歉,以表达我们的歉意和诚意。最后,在下车时,我们应当礼貌地说一声"再见",这不仅是对他人的尊重,也是对自己行为的负责。

(三)注意上下车时的表现

在正式场合,与他人同乘车时,上下车的次序需要遵循一定的礼仪规范。

在环境条件及资源允许的前提下,依照礼仪规范,应当优先邀请女士、年长者、上司或宾客先登车,而自己则最后登车。

在与女士、年长者、上司或宾客共同乘坐双排座轿车时,应首先邀请他们在后排右侧就座,并从右侧后门上车。随后,自己再从车后绕到左侧后门上车,坐在后排左侧座位。到达目的地后,若无专人负责开车门,则自己应先从左侧后门下车,绕行至右侧后门,为同行的女士、长辈、上司或宾客开门并协助其下车。

在乘坐配备有折叠椅的三排座汽车时,依据惯例,位于中间一排加座上的乘客应当最后登车,并在到达目的地后最先下车。

在乘坐三排九座汽车时,应恪守礼仪规范,尊重高位者。具体而言,女士、年长者、上司或宾客应优先上车,以体现对其尊重与礼遇。相应地,男士、小辈、下级或主人等,则应随后上车。然而,在下车时,顺序则恰好相反。仅坐于前排的乘客享有优先下车的权利,并负责拉开车门,以展示其应有的礼貌与谦逊。由主人亲自开车时,出于对乘客的尊重与照顾,可以由主人最后一个上车,最先一个下车。

在上下车时,要注意保持举止的"优雅得体",避免采取过于粗犷的动作,如大步跨越或蹦跳,这不符合"公共礼仪"的要求。对于穿着短裙的女士,在上车时,建议先背对车门,待坐定后再将双腿并拢并慢慢收入车内,然后调整坐姿面向前方;在下车时,先转向车门,将双腿并拢后轻轻移出车门,待双脚着地后再缓慢起身离开。

商务人员如果身为低位,则在上下车时,还需主动地为高位者开关车门。具体来讲,当高位者准备登车时,低位者应当先行一步,以右手或左右两只手并用,为高位者拉开车门。

商务人员在身处低位时,对于上下车这一环节,应展现出应有的礼仪与尊重。特别是在高位者准备登车时,低位者需主动上前,用右手或双手并用,为高位者打开车门,确保他们能够顺利、优雅地进出车辆。在开启车门时,为确保安全及礼貌,应确保车门完全打开。在下车时,若身旁有低位者,可以通过先行下车并辅助开门的方式,展现尊重与关怀。

(四)注意在车上的谈吐与举止

在轿车行驶过程中,大家可以与同车人略做交谈,但是,绝对的畅所欲言则要根据双方的关系及实际情况而定。

在车内,不宜与司机过多交谈,也不宜谈论隐私性内容,更不要在车内吸烟。

在车内整理衣饰、描眉画眼、脱鞋和袜子、对着车内后视镜补妆的做法,都是不太礼貌的。如携带东西,注意不要乱抛乱放。

不要在车内打闹,不要在车内吃东西、喝饮料,也不要向车窗外面随意扔废弃物和吐痰,等等,这些行为都是有失礼仪的。

三、乘坐出租车礼仪

乘坐出租车时,需要遵循一定的礼仪规范,这不仅便于个人顺畅出行,更是对出租车司机尊重与礼貌的体现,同时也是衡量城市文明程度的重要指标。具体而言,乘坐出租车时应当注意以下礼仪要点。

(一)在指定区域候车,遵守公共秩序

在各大城市中,对于出租车的停靠地点均有明确指示。因此,务必在规定的候车区域等待出租车的到来。若有专职管理人员负责指挥,应积极配合其工作,不得擅自

扰乱出租车的正常排队秩序。在禁止停车或上下客的地点,应避免强行要求司机停车,遵守交通法规。同时,在候车过程中,若遇到需要特别关照的人群,如老年人、病患或孕妇等,应主动让其先行乘车,展现良好的社会公德心。

(二)尊重司机,爱护车辆,维护卫生

乘坐出租车时,乘客应尊重司机的劳动,明确告知目的地和路线要求。若对服务有不满之处,应以文明、平和的语言提出,避免发生争执。在行车过程中,乘客可以与司机进行适度的交流,但不得干扰其安全驾驶。同时,乘客应爱护车辆及其设施,保持车内环境整洁,不得向窗外丢弃垃圾、吐痰,不得在车内遗留废弃物或吸烟。若携带易泄漏或有异味的食品或物品,应妥善包装并放置在后备箱中。下车前,乘客应认真检查是否有物品遗留在车上,并主动支付足额车费,同时可以对司机的服务表示感谢。

知识活页

女士着裙装上下车的礼仪

四、乘坐公共汽车礼仪

公共汽车作为城市交通的主要工具,具有容量大、价格亲民、运行时间长及覆盖区域广等独特优势,深受广大市民的青睐。在享受其便利的同时,我们更应注重乘车礼仪,共同营造一个和谐文明的乘车环境。以下是乘坐公共汽车时应遵循的礼仪事项。

(一)应当自觉维护排队秩序,尊重他人权益

特别是在上下班高峰期,由于候车人数众多,保持有序的候车队伍有助于提升上车效率。对于身边需要关照的人群,如老年人、儿童、孕妇等,应主动提供协助,确保其安全地上下车。

(二)遵循司乘人员的指引,保持秩序井然地上车

切勿因急于赶时间而忽视安全,在车辆到达时莽撞行事,争先恐后地上车,这种行为不仅有悖于礼仪,还可能引发安全隐患。应当遵从司乘人员的安排,按照先后顺序有序上车,并合理选择站立或就座的位置,以确保自身和他人的安全与舒适。

(三)主动礼让座位,关爱他人

当车内座位资源紧张时,应主动为需要帮助的乘客提供座位。这既展现了个人高尚的品质,也体现了社会文明的进步。同时,还应积极引导身边的人培养良好的社会公德,主动为他人提供帮助和服务,为即将下车的乘客创造便捷的通道。

(四)保持车厢环境卫生,避免大声喧哗

每个人都应当积极维护车厢内的公共卫生,切勿随地丢弃垃圾、废物等,避免将其放置在地板、座位上。同时,为了保持车厢内的安静与秩序,避免大声喧哗及高音量地接听或拨打电话。

五、乘坐火车礼仪

不同类型的火车,如高铁、动车、特快和普通快车,虽然它们的运行速度有所差异,但在乘坐时所应遵循的礼仪要求大致相同。

(一)候车礼仪

为确保乘车过程的安全与顺利,需要配合工作人员完成物品及人身的安检工作。严禁携带违禁或危险物品进入候车室,以免给交通安全带来潜在风险。完成安检后,进入候车室,应自觉维护候车环境,不乱扔垃圾,不随意摆放行李,以免阻碍通道。不能占用多个座位或横卧在椅子上,这样既不符合公共礼仪,也影响他人乘车体验。在候车室,要保持安静,避免大声喧哗。在收听或收看节目时,要确保音量不会干扰到他人。同时,遵循工作人员的指示与引导,有序排队,耐心等待上车。为保证顺利乘车,应合理安排候车时间。

(二)上车礼仪

按照站台上的指示标志,在对应车厢位置耐心等候列车到来,避免在上车后穿越车厢寻找座位,以免造成不便。上车前,主动向乘务员出示车票,并按顺序登车,切勿采取攀爬车窗等危险行为。登车后,按车票所示座位号就座。火车上的座位并无严格尊卑之分,但按照惯例,靠近车窗且面向火车前进方向的座位更具舒适感,人们会优先选择这些座位。男士可以主动帮助女士或年长乘客安放行李。若行李架已满,自己的行李需要放置在他人行李之上,要事先征得对方的同意,以体现对他人的尊重。

(三)举止得当

在车辆行驶过程中,为了保障自身及他人的舒适与安全,应避免过度"宽衣解带"。即使天气异常炎热,男士也应避免赤膊,以维护公共场所的秩序和文明。在使用座位前的小桌子时,应充分考虑他人的使用需求,避免占用过多空间。同时,休息时也不应将身体倚靠在他人座位上或将脚放置在他人座位上,以免给他人带来不便或不适。

(四)爱护环境

在用餐时,应当尽量减少食用散发出的浓烈气味的食物。对于食品包装纸或包装袋,不应当随意丢弃在椅子下方,更不能抛出车窗外,而应当自觉地将垃圾投放到车厢连接处的垃圾箱内。

(五)看好儿童

在乘坐公共交通工具或身处公共场所时,携带儿童的乘客有责任妥善管理和照看其孩子。不要让儿童大声哭闹或四处奔跑,以免干扰其他乘客。此外,儿童不应随意触碰他人的个人物品或过分纠缠他人,以免引起他人的不满和反感。作为家长或监护人,应当时刻保持警惕,确保孩子的行为符合公共场所的礼仪和秩序。

六、乘坐地铁礼仪

地铁作为大都市的重要交通方式,承载着巨大的运输任务。特别是在高峰时段,地铁的运输量尤为庞大,乘客的流动速度也较快。此外,节假日期间,地铁客流量会大幅增加,人潮涌动,这时候乘客在行进过程中应当格外注重个人安全。因此,为了维护地铁车厢的秩序和乘客的舒适体验,应当注意以下礼仪规范。

(1)进入地铁车站后,遵循上下楼梯靠右行走的规则,以确保安全通行。

(2)在搭乘电动扶梯时,面向正确的行进方向,不能逆向行走。同时,紧握扶手,确保双脚稳固地踩在黄色框线内,以确保安全。

(3)如果发现旅客在电动扶梯上跌倒,旁边的人应迅速协助按下紧急按钮,以确保及时采取救援措施。

(4)在站台等车时,按照指示线自觉排队,以维护良好的乘车秩序。

(5)进入地铁车厢后,保持安静,并将手机声音调小,以营造舒适的乘车环境。

(6)在地铁车厢内,主动礼让老弱妇孺,体现社会公德心。

(7)为了保持车厢的整洁与卫生,地铁车厢内禁止吃东西或喝饮料,应自觉遵守相关规定。

(8)当列车到站后,不要争先恐后,应按照秩序先下后上,以确保安全。

知识活页
▼

导游在"行"中的讲究和乘坐技巧

任务七 涉外礼仪

任务描述: 本任务对旅游从业人员的礼仪基本要求和接待服务基本技巧进行了较为全面的介绍,包括跨文化交际、社交场合礼仪、外事接待礼仪、涉外餐桌礼仪等方面的内容。

任务目标: 了解涉外礼仪在旅游从业人员岗位的具体应用;在国际交往中,熟练掌握并遵守涉外礼仪的注意事项;了解旅游从业人员进行涉外服务的基本技巧。通过本任务的学习,学习者能够熟悉相关的涉外礼仪规则,以确保国际交往顺利,避免不必要的误解和礼仪文化冲突。

知行合一
Zhixing Heyi

外国人的"核心机密"

小王曾接待了一位82岁高龄的美国加州老太太,她是来华旅游并参加短期汉语学习班的,见面时小王对老太太说:"您这么大年纪了,还到外国旅游、学习,可真不容易呀!"这话要让同样高龄的中国老太太听了,准会眉开眼笑,高兴一番。可是那位美国老太太一听,脸色即刻晴转多云,冷冷地回了一句:"噢,是吗?你认为老人出国旅游、学习是奇怪的事情吗?"这弄得小王十分尴尬。

问题:小王在接待外宾时说的话有何不妥之处?涉外交往中要注意哪些礼仪?

一、跨文化交际

"跨文化交际"(Cross-cultural Communication 或 Inter-cultural Communication),是指本族语者与非本族语者之间的交际,也指任何在语言和文化背景方面有差异的人之间的交际。通俗来说,就是如果你和外国人打交道(由于存在语言和文化背景的差异),应该注意什么问题,应该如何得体地去交流。

(一)握手礼仪

(1)先打招呼,然后握手。如果是初次见面,一般在介绍自己时主动伸手。

(2)一般情况下,握手时间不宜过长,一下即可,不可太用力。关系很好的话握手时间可以稍微长一些。年轻人对年长者、身份低者对身份高者可以稍欠身,用双手握住对方的手,表示敬重。

(3)男士与女士握手,轻轻握一下女士的手指部分即可。

(4)涉外礼仪中,握手时伸手的顺序也有讲究:主人、年长者、身份高者和女士先伸手。

(5)在一些国家,如墨西哥和巴西,人们见面时可能会采用拥抱礼或亲吻礼,而不是行握手礼。而在澳大利亚,虽然人们习惯于握手,但女性之间有时会选择亲吻对方的脸颊作为见面礼。

(6)有多人需要握手时,不要同时和多人交叉握手,可以依次一个个握手。握手前要脱帽并摘下手套,握手时双目注视对方,面带微笑。

(二)社交距离

在涉外交往中,人与人之间的正常距离大致可以划分为以下四种,它们各自适用不同的情况。

1. 私人距离

其距离在0.5米以内。它仅适用于家人、恋人与至交,因此有人称其为"亲密距离"。

2. 社交距离

其距离大于0.5米而小于1.5米。它适合于一般性的交际应酬,故亦称"常规距离"。

3. 礼仪距离

其距离大于1.5米而小于3米。它适用于会议、演讲、庆典、接见等场合,意在向交往对象表达敬意,所以又称"敬人距离"。

4. 公共距离

其距离在3米开外。它适用于在公共场合同陌生人相处,也被称为"有距离的距离"。

(三)见面介绍

在涉外交际场合,人们相互认识往往需要经过介绍。

1. 自我介绍

自我介绍时,要主动自然地讲清自己的姓名、身份等内容。为他人作介绍时,应说明被介绍人姓名、身份、与自己的关系等,一般应遵循三点:把男士介绍给女士;把年轻人介绍给年长者;把身份低的人介绍给身份高的人。

进行自我介绍时应注意的事项如下。

(1)介绍时要用整个手掌来示意,不能用一个手指来指人。

(2)被介绍人应有礼貌地起立,微笑点头,并致以问候。

(3)彼此认识后通常要握手,握手时,主人先向客人伸手,身份高的人先向身份低的人伸手。

(4)男士被介绍给女士时,女士一般只微笑着问好,是否握手应由女士来定。

2. 名片交换

(1)名片是商务社交中的重要工具。在交换名片时要用双手递送和接受名片。接到名片要认真查看一下,以示尊重。

(2)初次见面,可以主动双手向对方递上自己的名片,并将有文字的一面顺对着对方。

(3)收到的名片应妥善放置,不可随意扔在桌上、放入裤兜或拿在手里把玩。

(四)姓名称呼

由于各国历史背景和风俗习惯的区别,人们的姓名排列顺序大体上分为以下三类。

1. 姓前名后

姓前名后的称呼方式,包括中国、朝鲜、越南、日本、蒙古国、阿富汗、匈牙利和一些非洲国家等。

2. 名前姓后

名前姓后的称呼方式,主要包括欧美各国等。

3. 有名无姓

有名无姓的称呼方式,大致包括缅甸、印度尼西亚等国。

按照国际惯例,一般称男性为"先生",称女性为"夫人""女士""小姐"。已婚女性称为"夫人",未婚女性称为"小姐"。对不了解婚否的女性可称"小姐"。这些称呼前均可冠以姓名、职称、头衔等,如"施密特先生""市长先生""上校先生""玛丽小姐""秘书小姐""护士小姐""怀特夫人"等。对部长及以上的官员一般称"阁下"。君主制国家,一般称国王、皇后为"陛下",称王子、公主、亲王为"殿下"。

(五) 语言习惯

(1) 涉外交往中,在与外商谈话时表情要自然,语言和气亲切,表达得体。

(2) 谈话时,可适当做些手势,但动作不要过大,更不要手舞足蹈,不要用手指点人。

(3) 谈话时的距离要适中,太远或太近均不适合,不要拉扯或拍打别人。

(4) 参加别人的谈话要先打招呼;别人在个别谈话时,不要凑前旁听;有事需与某人谈话,可等别人谈完;有人主动与自己说话,应乐于交谈;发现有人想和自己说话,可主动询问;第三人参与谈话,应以握手、点头或微笑表示欢迎;若谈话中有急事需离开,应向对方说明情况,表示歉意。

(5) 谈话时不要唾沫四溅。在交际场合,自己讲话时要给别人发表意见的机会。在别人讲话时,也应适时发表个人的看法,不要沉默不语。

(6) 对于对方谈到的不便谈论的问题,不应轻易表态,可转移话题。

(7) 要善于聆听对方的讲话,不要轻易打断,不提及与谈话内容无关的问题。

(8) 在相互交谈时,应目光注视对方,以示专心。在倾听别人讲话时,不要出现左顾右盼、心不在焉或注视别处、频繁看手表等不耐烦的动作,不要伸懒腰、玩手指,不能表现出漫不经心的样子。

(9) 不要谈及疾病、死亡等不愉快的事情,也不要提起一些荒诞离奇、耸人听闻、淫秽的话题。

(10) 不应直接询问对方的履历、工资收入、家庭财产等有关私人方面的问题。

(11) 对方不愿回答的问题不应追根究底,当意识到某个问题引起对方反感时应表示歉意或立即转移话题。

(12) 在谈话中,不要批评长辈、身份高的人,不要议论当事人国家的内政,不要挖苦和讽刺对方或他人,不要随便议论宗教问题。

(13) 谈话现场超过三人时,应不时地与在场的其他人攀谈几句,不能只与一两个人说话而不理会在场的其他人;也不要与个别人只谈两个人知道的事而冷落第三人。

(14) 如所谈问题不便让旁人知道,则应另找场合。

(15) 一般不询问女士的年龄、婚否,不谈论女士胖瘦、身材、面容等话题。

(16) 谈话中要使用礼貌语言,如"你好""请""谢谢""对不起""打扰了""再见""好吗"等。在中国,人们相见习惯说"你吃饭了吗?""你到哪里去?"等,有些国家不用这些话,甚至习惯上认为这样说不礼貌。在西方,一般见面时先说"早安""晚安""你好""身体好吗?""最近如何?""一切都顺利吗?""好久不见了,你好吗?""夫人(丈夫)好吗?""孩子们都好吗?""最近休假去了吗?"

(17)英语中的"请""谢谢"和"对不起"是常用的礼貌用语。

(18)在日本,常用"谢谢"来结束对话。而在韩国,则会频繁使用敬语来表示尊重。

(19)在社交场合,还可谈及天气、新闻、工作、业务等内容。

(20)在社交场合中谈话,一般不过多纠缠,不高声辩论,更不能恶语伤人、出言不逊,即便争吵起来,也不要斥责,不讥讽辱骂,最后应握手告别。

二、社交场合礼仪

(一)维护形象

在涉外活动中,公民要注意维护国家形象和个人形象。

1. 国家形象

维护自己伟大祖国的形象,在任何时间、任何地点、任何情况下,都是第一位的、最基本的要求。那么,怎么才是真正地维护国家形象呢?这主要体现在三个方面,即热爱祖国、热爱人民、拥护政府。

2. 个人形象

公民在涉外活动中,要维护好自身形象,做到举止得体。

(二)不卑不亢

不卑不亢,是外事礼仪的一项基本原则。它要求每一个人参与外事活动时,都必须意识到自己在他国人民眼里,是代表自己的国家、自己的民族、自己的单位,要做到从容得体、堂堂正正。不应畏惧自卑、低三下四,也不要自大狂傲、放肆嚣张。

(三)热情有度

待人热情不仅意味着自己对待交往对象具有诚意,也能体现对对方充满了友好、关怀与热诚。但是,作为外事人员对人热情相待,必须有一个"度",注意"热情有度"。

(四)尊重隐私

尊重隐私,实际是上述"热情有度"的顺理成章的推论。所谓尊重隐私,主要是提倡在国际交往中主动尊重每一位交往对象的个人隐私,不询问其个人秘密,不打探其不愿公开的私人事宜。目前,在国际交往中,尊重隐私与否,已被公认为一个人在待人接物方面有无个人教养的基本标志。

在涉外交往中,尊重隐私实际上具体表现为人们在交谈中的下述"八不问"。

(1)不问收入支出。

(2) 不问年龄大小。
(3) 不问恋爱婚姻。
(4) 不问身体健康。
(5) 不问家庭住址。
(6) 不问个人经历。
(7) 不问信仰政见。
(8) 不问所忙何事。

（五）信守约定

在国际交往中，人们十分重视交往对象的信誉，讲究"言必信，行必果"。

1. 慎重许诺

在涉外交往中，对外方人士所作出的所有正式承诺必须量力而行、慎之又慎，切勿信口开河、草率许诺，也不要使承诺大而化之、模棱两可。

2. 严守约定

在国际交往中，信用就是形象，信用就是生命。一定要努力恪守约定，兑现承诺，如约而行。

（六）尊卑有序

在外事交往中，依照国际惯例，将多人进行排位，最基本的规则是右高左低。
(1) 以右为上，以左为下；以右为尊，以左为卑。
(2) 在进行并排站立、行走或者就座时，为了表示礼貌，主人理应主动居左，而请客人居右。
(3) 男士应当主动居左，而请女士居右。
(4) 晚辈应当主动居左，而请长辈居右。
(5) 未婚者应主动居左，而请已婚者居右。
(6) 职位、身份较低者应主动居左，而请职位、身份较高者居右。

（七）女士优先

"女士优先"是国际社会尤其是西方国家所通行的交际惯例之一。在社交场合，"女士优先"主要表现在以下几个方面。

1. 尊重女士

与女士交谈时，一律要使用尊称。涉及具体内容时，谈话亦不应令在场的女士难堪。排定礼仪顺序时，应将女士列在男士之前。

2. 照顾女士

在社交活动中，男士均应细心地照顾女士：就座时，应请其选择上座；用餐时，应优先考虑其口味。

3. 关心女士

外出之际,男士要为女士携带重物。出入房间时,男士要为女士开门、关门。在女士面前,男士不要吸烟。

4. 保护女士

在危险的条件下,男士应竭尽全力保护女士。通过危险路段时,男士应走在前面。在马路上行走时,男士则应行走在外侧。碰到危险之事,男士应主动承担。

三、外事接待礼仪

(一)迎送

在涉外活动中,到机场、车站迎送客人,也是一种礼节。

(1)迎接时,要在飞机或火车抵达之前迎候。

(2)外宾出机场或车站时,应按照身份高低站成一列,经礼宾工作人员介绍,主动与外宾握手问候,表示欢迎。

(3)为外宾送行时,应在外宾登机或上车之前到达机场或车站,按照身份高低排成一列与外宾握手告别,并表示良好的祝愿。

(4)在机场送行时,一般说"祝您一路平安""欢迎再来"等祝福语。

(5)在车站(站台)送行时,要等到火车开动后挥手告别,直至走远时方可离去。

(二)陪同

(1)陪同作为一种礼遇,要按照"对等原则"(对外交往还有一个原则是"国际惯例原则"),视外宾的职务、身份而定陪同人员。

(2)依据"谁迎送谁陪同"的要求,确定专人陪同外宾的全程活动,不应频繁调换陪同人员。

(3)在陪同外宾活动时,应该注意乘车(轿车或出租车)的规矩:上车时,要请外宾从后面的右车门上车,主人从后面的左车门上车。这样做一是外宾上下车方便(距离目的地最近),二是为了外宾安全。如果外宾先上了车,并坐到了主人的位置上,可不必让其调换位置。

(三)会见

会见是外事礼仪中比较重要的一个内容。它是指有身份、有地位或上级领导(如市长)出面给来宾的一种礼遇。安排会见,要注意以下事项。

1. 会见人员确定

要按照来访外宾的身份、地位和目的来确定由什么样的人出面会见。会见的人不要过多,不可"小题大做",也不应"降格以求"。

2. 要事先确定好会见的时间、地点和参加人员

(1) 在时间上,一定要比外宾先到,做好事先的有关事宜。当客人到达时,参加会见的人员要按身份或职务高低站立一排,一一同客人握手致意,表示欢迎。

(2) 在地点上,要讲究环境和气氛。会见场所要宽敞、明亮、整洁且有特色。桌子(或茶几)上应摆放鲜花,甚至可摆放国旗(对官方人员)。

(3) 在参加人员上,要遵循"对等原则"。这里的"对等"既指人员的身份、职务、专业的对等,也指外方与我方人数上的对等。外宾六人以下的,我方参加人员对等;六人以上的,我方人员可少于对方。

另外,在会见时,还可以上茶水、点心或水果。会见结束后,宾主应合影留念。

(四)赠送礼物或纪念品

1. 选择礼物或纪念品

(1) 会见时,有些国家的人有赠送礼品或纪念品的习惯,以表示对会见人的答谢。所以接待方也要做好事先准备,否则将处于被动。赠送或回赠礼品时,要在会见完毕,客人即将离开时,由主要会见人,即身份或职务最高的人来赠送。

(2) 涉外交往的馈赠更多是为了表达对他人的祝贺、慰问、感谢之意,因此在选择礼品时,应挑选具有一定纪念意义、民族特色,或具有某些艺术价值,或为受礼人所喜爱的纪念品,如花束、书籍、画册等。

2. 讲究礼品包装

有些国家的人非常讲究礼品包装,礼品一定要用彩色纸包装,然后用丝带系成漂亮的蝴蝶结或梅花结。注意在信奉基督教的国家里,礼品包装要避免把彩带结成十字交叉状。

3. 送花礼仪

送花时,应考虑到花的寓意、颜色及数目。最好送外宾所在国的国花及相应的辅花(如满天星、风雨兰)。花束大小应视场面大小及宾主之间的关系而定,花枝的数量以单数为宜,但忌13枝。

4. 参观与旅游礼仪

安排好外宾来访时的参观(观光)与旅游活动,是涉外工作中常见的一种礼仪。最重要的是,要根据外宾的情况(如代表团的性质、来访目的、人员层次等),选择好参观的项目或内容(外宾确实感兴趣),安排好参观的路线和时间。在选择参观项目或内容时,应该考虑到如下几点。

(1) 能与代表团业务或来访目的相一致、相配合。

(2) 安排最能体现本地经济(产业)实力或特色、最有典型意义的企事业单位,如经济技术开发区等。

(3) 根据来访者的职业、兴趣、爱好与愿望,安排相应的参观单位。如教育工作者

涉外礼仪之合照原则

应安排参观学校,科学家可以安排参观科研单位等。

(4) 对于某些女性外宾,可以安排到社会福利机构、文化艺术场所或妇幼保健单位参观。

5. 签字仪式

(1) 在双方签署重要的协议、协定以及联合公报、联合声明或重要合作项目合同书等时,往往要举行签字仪式,由双方代表分别签字,然后交换文本。

(2) 参加签字仪式的人员,可以包括双方参加谈判的人员及其他必要的人员。为了表示对所签协议、合同等的重视,往往还请更高身份或更多的人员出席。

(3) 在签字仪式前要做好准备工作。特别是所签文本必须在仪式前准备妥当,包括文本的定稿、翻译、印刷、校对、装订、盖章等,都要确保无误;同时还要准备好签字时用的国旗、文具(签字笔)等。

(4) 签字仪式的现场布置。我国的一般做法是:在签字厅内设一张签字桌(长方桌),桌上覆以深色(深绿色为好)台布,桌后放两把椅子,为双方签字人座位,主左客右。座前摆放双方保存的文本,文本前面放置签字文具。桌子中间摆一个旗架,悬挂双方国旗。参加仪式的其他人员,按身份顺序排列于各自签字人员的座位之后。双方助签人员分别站立在各自签字人员的外侧。

四、涉外餐桌礼仪

涉外餐桌礼仪是涉外交往中非常重要的一部分,它不仅体现了个人素质和修养,也代表了所在国家的文化形象和礼仪风范。以下是一些涉外餐桌礼仪的要点。

(一) 桌次安排

1. **两桌横排**

面对正门右边的为1号桌,左边的为2号桌,即遵循以右为尊的原则。

2. **两桌竖排**

靠里的为1号桌,靠近门的为2号桌,即遵循以远为上、以近为下的原则。

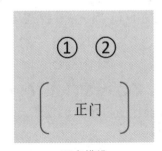

两桌横排

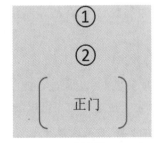

两桌竖排

3. **多桌对称排**

正对门的为1、4、7号桌,右侧为2、5、8号桌,左侧为3、6、9号桌,即遵循居中为大、以右为尊的原则。

4. 多桌三角形排法

中间的为1号桌,右侧为2、4号桌,左侧为3、5号桌,即遵循以中为大、以远为上、以右为尊的原则。

5. 多桌花样排法

中间的为1号桌,右侧为2号桌,左侧为3号桌,上方为4、5号桌,下方为6、7号桌,即遵循以中为大、以远为上、以右为尊的原则。

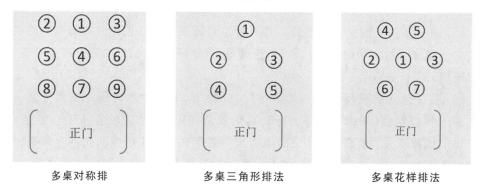

多桌对称排　　　　　　多桌三角形排法　　　　　　多桌花样排法

(二)座次安排

1. 居中为上

(1)在涉外宴会中,座次的安排应遵循国际惯例,通常主人会坐在桌子的中央或主位,重要来宾则坐在主人的右侧。其他宾客则根据身份、地位、年龄等因素进行安排。

(2)在宴会厅内,若各桌围绕在一起,居于正中央的那张餐桌应被视为主桌,主位则位于主桌的中央或显著位置。

2. 临台为上

(1)主位也可能设置在靠近宴会厅入口的位置,以便主人能更好地掌控全场和迎接宾客。

(2)如果宴会厅内有舞台,主位也可能设置在靠近舞台的位置,以便主人能更好地观看演出并与舞台上的表演者互动。同时,这个位置也便于主人掌控全场,与宾客交流。

3. 面门为主

在每张餐桌上,以面对宴会厅正门的正中座位为主位,这是传统礼仪中最为尊贵的位置,因为坐在这里的人可以最先看到所有进入宴会厅的宾客。

4. 以右为尊,右高左低

(1)主人与主宾:在主桌上,除主位之外,在排定位次时,一般按照"以右为尊,右高左低"的原则来安排座位。右侧的位次高于左侧的位次,所以安排第一主宾坐在主人的右侧,第二主宾坐在主人的左侧。

(2)其他宾客:其他宾客的座位则按照职位、身份的高低依次排列在主人的两侧。一般来说,职位、身份越高的宾客越靠近主位。

(三)用餐过程

1.餐具使用

(1)西餐中,餐具通常按使用顺序由外向内摆放。用餐时,应从外向内依次使用餐具。

(2)左手持叉,右手持刀,切食物时轻轻切割,不要发出声响。

(3)用餐完毕后,应将刀叉呈八字状放在盘内,表示用餐结束。

2.举止端庄

(1)用餐时,应保持身体端正,不要趴在桌子上或过于随意。

(2)嘴内有食物时,应闭嘴咀嚼,勿说话或大笑。

(3)剔牙时,应用手或餐巾遮口,避免不雅。

(4)吃剩的菜,用过的餐具、牙签等,应放在盘内,勿丢在桌面上。

3.交谈礼仪

(1)用餐时,可以适量交谈,但应避免大声喧哗或谈论不雅话题。

(2)与宾客交谈时,应注意礼貌用语,保持自然、亲切的态度。

4.祝酒与致辞

(1)若双方需要在席上讲话或致祝酒词,主宾入座后即可发表讲话。

(2)祝酒时,主人和主宾应先碰杯,其他客人可随后举杯示意。

(3)致词或祝酒时,其他客人应注意聆听,以示尊重。

5.其他注意事项

(1)时间掌握:根据活动的性质和当地的习惯掌握时间,避免迟到、早退或逗留时间过短。

(2)手机礼仪:用餐时,手机应调至静音或振动模式,避免在餐桌上接打电话或查看信息。

(3)尊重习俗:不同国家和地区有不同的用餐习俗和禁忌,应提前了解并尊重当地的文化习惯。

(4)适量饮酒:中外饮酒习俗有一定的差异,对外宾可以敬酒,但不宜劝酒,尤其是不能劝女宾干杯。

◆ "1+X"证书直通车 ◆

1."1+X"呼叫中心客户服务与管理职业技能等级证书(初级):要求呼叫中心客户服务与管理部门根据业务需求,完成呼入、呼出、电话销售及在线客户接待与业务受理等工作。

2."1+X"酒店运营管理职业技能等级证书(初级):要求酒店运营管理部门员工具有良好的职业道德和职业素养;掌握酒店运营服务专业技能;适

旅游职业礼仪

应高端住宿业相关企业岗位群要求;胜任企业一线服务岗位。

3. "1+X"现代酒店服务质量管理职业技能等级证书(中级):要求现代酒店服务质量管理部门工作人员能够通过环境管理、服务管控、物品管理、新媒体传播、服务质量改进五个领域各项工作任务的学习,掌握服务质量管控基本技能、综合信息管理平台相关模块系统应用技能、新媒体传播技能;能够提供前台接待、住宿、餐饮和宴会、会议和会展、康体和娱乐、财务、市场营销、人力资源、行政等岗位的高质量对客服务和质量管控工作。

行业趋势

多元化与包容性:随着全球化的深入发展,不同文化背景的人之间的交往日益频繁。礼仪将更加注重尊重和包容不同文化的差异,重视多元文化的融合与共存。这意味着在未来,礼仪教育和实践将更加强调跨文化交流的能力,以及对不同文化习俗的理解和尊重。

数字化与虚拟化:科技的进步,尤其是互联网和移动通信技术的发展,改变了人们的交往方式。礼仪也将适应数字化和虚拟化的趋势,重视在线交往的礼仪规范,如网络礼仪、视频会议礼仪等。这要求人们在虚拟空间中同样展现出尊重和礼貌,以适应新的沟通方式。

健康与卫生:近几年,人们对健康与卫生的重视程度大幅提升。未来的礼仪可能会更加强调个人卫生与公共卫生意识,注重口罩佩戴、手部卫生等方面的礼仪规范。这表明在公共卫生事件频发的背景下,礼仪的实践也需要与时俱进,以适应新的健康要求。

环保与可持续性:随着环境保护意识的增强,礼仪的实践也将更加注重环保和可持续性。例如,在举办活动时可能会减少一次性用品的使用,鼓励循环利用和绿色消费,以及在礼仪规范中融入对环境友好的意识与行为。

平等与尊重:礼仪的基本原则始终强调平等与尊重,未来这一趋势将更加明显。无论是在工作场所还是社会生活中,礼仪都将更加注重个人的价值和尊严,避免任何形式的歧视和不平等待遇。

礼仪教育与普及:随着礼仪重要性的日益凸显,礼仪教育和普及也将成为一个重要趋势。家庭、学校和社会将共同构建礼仪教育体系,通过各种形式的教育活动,培养提高公众的礼仪意识和实践能力。

以上这些趋势反映了礼仪基本原则在未来的发展方向,旨在适应社会的变化和人们的需求,同时也体现了对传统礼仪文化的传承与创新。

教学互动

训练项目:
特殊团队接待训练。

训练要求：

（1）将班级学生分为三组，每组分别扮演美国旅游团、韩国旅游团、法国旅游团，由学生进行三种旅游团队的涉外接待训练。

（2）老师对学生的现场表现进行评议并打分。

训练提示：

（1）注意语言表达和沟通。

（2）注意特殊团队接待的涉外礼仪要求。

项目小结

本项目详细介绍了旅游从业人员职业交际礼仪，并引述部分经典案例加以说明。

任务一介绍了旅游从业人员日常交往需要遵循的基本准则，包括真诚尊重的原则、平等适度的原则、自信自律的原则、信用宽容的原则和尊重习俗的原则。目的是使大家学习并熟练掌握旅游从业人员在日常交往过程中所需要遵守的基本准则，以其高雅的仪表风度、完善的语言艺术、良好的个人形象，展示自己的气质修养，赢得尊重。

任务二介绍了旅游从业人员接待过程中常见的见面和介绍礼仪，包括称呼礼仪、介绍礼仪、握手礼仪、鞠躬礼、名片礼仪等。目的是使大家学会并掌握旅行社各岗位工作中常用的基本礼节和行为规范，从而更好地提供对客服务。

任务三介绍了景区主要工作岗位的电话礼仪，包括电话礼仪的基本内容、留言要素、基本礼仪、接电话、打电话、禁忌用语和礼貌用语。良好的电话礼仪展现了景区工作人员积极向上的工作状态和专业的电话服务礼仪以及优质的服务质量。

任务四讲述了拜访与接待礼仪的具体要求，明确了拜访与接待工作的程序和细节。

任务五讲述了旅游从业人员工作中宴请与馈赠时的礼仪，包括宴请的原则、餐桌礼仪、馈赠原则、馈赠礼品的选择、包装和馈赠方法。目的是使大家学会并掌握旅游从业人员工作中常用的宴请与馈赠的基本礼节和行为规范，彰显个人职业素养、礼仪风范。

任务六介绍了旅游从业人员乘车过程中需要遵循的礼仪，包括座次礼仪、上下车礼仪等。目的是使大家学会并掌握旅行社各岗位工作中常用的乘车基本礼节和行为规范，从而更好地提供对客服务。

任务七讲述了旅游从业人员工作中的涉外礼仪，包括跨文化交际、社交场合礼仪、外事接待礼仪、涉外餐桌礼仪等方面的内容。目的是使大家学会并掌握旅行社各岗位工作中常用的涉外礼仪，从而更好地提供对客服务。

知识训练

项目训练

能力训练

某公司的王先生年轻肯干,点子又多,很快引起了总经理的注意并拟提拔为营销部经理。为了慎重起见,公司决定再进行一次考察。恰巧总经理要去省城参加一个商品交易会,需要带两名助手,总经理选择了公关部杜经理和王先生。王先生自然看重这次机会,也想寻机好好表现一下。

出发前,由于司机小王乘火车先行到省城安排一些事务,尚未回来,所以,他们临时改为搭乘董事长驾驶的轿车一同前往。上车时,王先生很麻利地打开了前车门,坐在驾车的董事长旁边的位置上,董事长看了他一眼,但王先生并没有在意。

车上路后,董事长驾车很少说话,总经理好像也没有兴致,似在闭目养神。为活跃气氛,王先生寻到一个话题:"董事长驾车的技术不错,有机会也教教我们,如果都自己会开车,办事效率肯定会更高。"董事长专注地开车,不置可否,总经理也无应和,王先生自觉没趣,便也不再说话。一路上,除了董事长向总经理询问了几件事,总经理简单地作答后,车内再也无人说话。到达省城后,王先生悄悄问杜经理:"董事长和总经理是不是都有点不太高兴?"杜经理告诉他原委,他才恍然大悟:"噢,原来如此。"

会后,一行人从省城返回,车子改由司机小王驾驶。杜经理由于还有些事要处理,需要在省城多住一天,同车返回的还是四人。"这次不能再犯类似的错误了。"王先生想。于是,他打开前车门,请总经理上车,总经理坚持要与董事长一起坐在后排,王先生诚恳地说:"总经理您如果不坐前面,就是不肯原谅来的时候我的失礼之处。"并坚持让总经理坐在前排才肯上车。

回到公司,同事们知道王先生这次是同董事长、总经理一道出差,猜测着肯定提拔他,都纷纷向他祝贺。然而,提拔之事总经理却一直没有提及。

请分析:文中的王先生有哪些地方做得不合礼仪?

项目四
旅游从业人员职业服务礼仪

 项目描述

　　本项目详细介绍了旅游从业人员在酒店、旅行社、景区和会展服务过程中应该遵循的礼仪规范和服务流程,将礼仪知识与旅游服务相结合,强化学习者的服务意识,规范学习者的职业礼仪。

 项目目标

知识目标

1. 了解服务礼仪在旅游从业人员日常工作中的具体应用。
2. 掌握酒店、旅行社、景区和会展业对从业人员服务礼仪的基本要求。
3. 熟练掌握酒店、旅行社、景区和会展接待服务的基本技巧。

能力目标

1. 在日常服务工作中,能够按照礼仪要求进行规范操作和提供接待服务。
2. 在日常服务工作中,能够掌握从业人员应知的礼仪礼节,塑造自己成为合格的旅游工作人员。

素养目标

1. 做到理论和实践有机结合,培养良好的职业素养。
2. 规范服务流程标准,培养卓越服务精神。
3. 增强对品质服务的理解和追求,尊崇和弘扬工匠精神。

知识导图

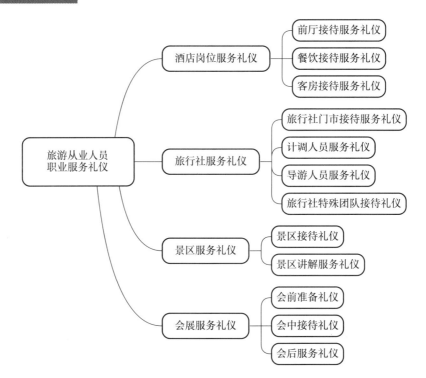

 项目引入

我国"金钥匙"服务的主要内容

"金钥匙"服务,即为客人提供委托代办服务,帮助客人解决各种需要,将服务个性化、极致化。"金钥匙"全称是国际金钥匙组织,起源于法国巴黎,自1929年至今,是全球一个拥有几十年历史的网络化、个性化、专业化、国际化的品牌服务组织。"金钥匙"拥有先进的服务理念和标准,是一位服务的专家、服务的榜样,也是一个服务的网络。

"金钥匙"的口号是:"先利人,后利己;用心极致,满意加惊喜。在客人的惊喜中,找到富有乐趣的人生。"对旅游者而言,"金钥匙"是酒店内外综合服务的总代理,一个在旅途中可以信赖的人,一个充满友谊的忠实朋友,一个解决麻烦问题的人,一个个性化服务的专家。

"金钥匙"的服务很广泛。比如,向客人提供市内最新的流行信息、时事信息和举办各种活动的信息;为客人代购歌剧院或足球赛的入场券;为团体会议制订计划;满足客人的各种个性化需求,包括安排正式晚宴;为一些大公司设计旅程,照顾好客人的子女;"金钥匙"甚至可以为客人把金鱼送到地球另一边的朋友手中。

在我国的一些大城市里,"金钥匙"委托代办服务往往被设置在酒店大堂,他们除了管理和协调好行李员和门童的工作外,还负责其他的礼宾服务等。

任务一　酒店岗位服务礼仪

任务描述: 本任务对酒店前厅部、餐饮部和客房部各岗位的礼仪基本要求和接待服务的基本技巧进行了较为全面的介绍,包括门厅迎送服务、行李服务、总台接待服务、大堂副理接待服务等内容。

任务目标: 了解服务礼仪在酒店所有岗位的具体应用;掌握酒店各部门对员工服务礼仪的基本要求;熟练掌握酒店各部门接待服务的基本技巧。通过本任务的学习,学习者能够对酒店所有岗位的职责范围和接待要领有清晰的认识,并且能够在实践中规范操作和提供接待服务。

一杯茶的故事

一天晚上,某酒店中餐厅来了一位姓吕的客人,是一家公司的总经理,今天他是主人,所以很早就到了房间,服务员小李很热情地询问需要什么茶水。"那来杯苦丁吧,多放点茶叶。"客人说。服务员泡了茶,吕总边喝边说:"我最喜欢喝这个茶了,可以清热祛火,还不影响睡眠。"服务员微笑着点头示意,表示赞同。然后吕总接着说:"等会儿我的客人来了,就泡一壶算了,每人一杯太浪费了。"接下来吕总就拿来菜单开始点菜了,过程中他一直说菜太贵,只要了一些特价菜,并要求服务员上菜时要把菜介绍得好一点,就说这菜是这里比较有特色的,以免自己在客人面前丢脸。

客人入席后,一杯杯不带茶叶的茶水放在每一位客人的面前,主宾看了看旁边的吕总,然后巡视了一周,对服务员说:"是不是我不经常来,连茶叶都不给我放?你看吕总的,你知道他今天买单,给他放那么多茶叶。快!拿下去,重新泡一杯吧!"服务员并没有着急,望着吕总杯里的片片茶叶,真的很漂亮。她双眼看向整个台面,吕总的杯子在灯光和众多客人的注目下,显得格外夺目。很快,这位服务员微笑着走到主宾面前,用柔和甜美的语调说:"今天吕总来得比较早,先点了一杯茶,可是在喝的过程中,总是喝到茶叶,吕总觉得这样很不方便,所以就特别交代我们,准备充足的上等茶叶,提前放在茶壶里,这样避免了茶叶倒在杯中,喝起来也比较浓郁可口。您如果不喜欢这样喝，我马上给您多放些茶叶，您看呢？"说着就拿起托盘要为客人重新冲茶，这时客人决定不换茶叶了，说这是吕总的一片心意，并连声向吕总道谢。顿时房间的气氛达到了顶点，有笑声、掌声和称赞声，最终响起了碰杯声。大家尽兴地喝完了第一杯酒，整个用餐过程大家都非常高兴。从此以后，吕总成了这家餐厅的常客。

分析

一、前厅接待服务礼仪

前厅部也称大堂部、前台部，是酒店的重要组成部分，也是酒店的"橱窗"和"名片"。前厅接待人员最能代表酒店形象，因此应该做到着装整洁、仪容美观、仪态端庄、举止大方、言语标准、服务规范，使客人一进大厅就能感受到酒店的氛围和待客之道。

（一）门厅迎送服务礼仪

（1）见到客人光临，应面带微笑，主动表示热情欢迎，问候客人"您好！欢迎光临"，并致15°鞠躬礼。

（2）对常住客人的称呼应加上其姓氏，以表达对客人的礼貌和重视。还应记住客人乘坐车辆的颜色和车牌号码，以便提供更加快捷的服务，让常住客人感觉到自己的与众不同。

（3）当客人集中到达时，要尽可能让每一位客人都能看到接待人员热情的笑容并听到亲切的问候。

（4）客人乘车抵达时，接待人员应立即主动迎上，引导车辆停妥，接着一手拉开车门，一手挡住车门框的上沿，以免客人碰头。但是如果遇到有宗教信仰的客人，因其教规习俗，不能为其护顶。

（5）如遇下雨天，要撑伞迎接，以防客人被淋湿。若客人带伞，应为其提供保管服务，将雨伞放在专设的伞架上。

（6）遇到老人、儿童、残疾客人应先问候，征得同意后予以必要的扶助，以示关心照顾。如果客人不愿接受特殊关照，则不必勉强。

（7）客人下车后，要注意车座上是否有遗落的物品，如发现要及时提醒客人或帮助取出。

（8）如遇出租车司机"宰客"现象，应维护客人利益，机智处理。

（9）客人离店时，要把车子引导到客人容易上车的位置，并为客人拉开车门，请其上车。看清客人已坐好后，再轻关车门，微笑道别"谢谢光临，欢迎下次再来"，并挥手致意，目送客人离去。

（10）主动、热情、认真地做好日常值勤工作。尽量当着客人的面主动引导或打电话为其联系出租车。礼貌地按规定接待来访者，做到热情接待、乐于助人、认真负责。

（二）行李服务礼仪

（1）客人抵达时，应热情相迎，微笑问候，帮助提携行李。当有客人坚持亲自提携物品时，应尊重客人意愿，不要强行接过来。用推车装运行李时，要轻拿轻放，切忌随地乱丢、叠放或重压。

（2）陪同客人到总服务台办理住宿手续时，应侍立在客人身后1米处等候，以便随时接受客人的吩咐。

（3）引领客人时，要走在客人左前方两三步处，随着客人的步子行进。遇拐弯处，要微笑向客人示意。

（4）乘电梯时，行李员应主动为客人按电梯按钮，以手挡住电梯门框，请客人先进入电梯。在电梯内，行李员及行李的放置都应靠边侧，以免妨碍客人通行。到所在楼层时，应让客人先出电梯。如果有大件行李挡住出口，则先运出行李，然后用手挡住电梯门，再请客人出电梯。

（5）引领客人进房时，先按门铃或敲门，停顿3秒后再开门。开门时，先打开过道灯，扫视一下房间无问题后，再请客人进入客房。

（6）进入客房，将行李物品按规定轻放在行李架上，或按客人的吩咐将行李放好。箱子的正面要朝上，把手朝外，便于客人取用。与客人核对行李，确无差错后，可以简单介绍房内设施和使用方法。询问客人是否有其他要求，如客人无要求，应礼貌告别后离开客房。

（7）离开客房前应向客人微笑礼貌告别，目视客人，后退一步，再转身退出房间，将门轻轻拉上。

（8）客人离开酒店时，行李员进入客房前必须按门铃或敲门通报，得到客人允许后方可进入房间。

（9）客人离店时，应询问客人行李物品件数并认真清点，及时稳妥地运送、安放到客人的车上。

（10）行李放好后，应与门厅接待人员一起向客人热情告别，对客人说"欢迎再次光临""祝您旅途愉快"，再将车门关好，挥手目送车辆离去。

（三）总台接待服务礼仪

1. 接待服务礼仪

（1）客人离总台约3米远时，应予以注视。客人来到台前，应面带微笑热情问候，然后询问客人的需要，并主动为客人提供帮助。如客人需要住宿，应礼貌地询问客人有无预订。

（2）高峰时段客人较多时，要按顺序依次办理，注意"接一顾二招呼三"，即手头接待一位，嘴里招呼一位，通过眼神、表情等向第三位传递信息，使客人感受到尊重，不被冷落。

（3）查验并核对客人的证件与登记信息时要注意礼貌，凡事"请"字当头，确认无误后要迅速交还证件,并表示感谢。当知道客人的姓氏后,应尽早用于称呼,让客人感受到热情、亲切和尊重。

(4)给客人递送单据、证件时,应上身前倾,将单据、证件文字正对着客人双手递上。若客人签单,应把笔帽打开,笔尖对着自己,右手递送单据、证件,左手递送笔。

(5)敬请客人填写住宿登记单后,应尽可能按照客人的要求安排好房间。把客房钥匙交给客人时,应有礼貌地介绍房间情况,并祝客人住宿愉快。

(6)如果客房已客满,要耐心解释,并请客人稍等,看是否还有退房。此外,还可以为客人推荐其他酒店,主动打电话联系,以热忱的态度欢迎客人下次光临。

(7)重要客人进入客房后,要及时用电话询问客人"这个房间您觉得满意吗""您还有什么事情?请尽管吩咐,我们随时为您服务",以体现对客人的尊重。

(8)客人对酒店有意见到总台陈述时,要微笑接待,以真诚的态度表示欢迎。在客人说话时应凝神倾听,绝不能与客人争辩或反驳,要以真挚的歉意,妥善处理。

(9)及时做好客人资料的存档工作,以便在下次接待时能有针对性地提供服务。

2. 预订服务礼仪

(1)客人到前台预订,要热情接待,主动询问其需求及细节,并及时予以答复。若有客人需求的房间,要主动介绍设施、价格,并帮助客人填写住宿登记单;若没有客人要求的房间,应表示歉意,并推荐其他房间;若因客满无法接受预订,应表示歉意,并热心为客人介绍其他酒店。

(2)客人电话预订时,要及时礼貌接听,主动询问客人需求,帮助落实订房。订房的内容必须认真记录,并向客人复述一遍,以免出差错。因各种原因无法接受预订时,应表示歉意,并热心为客人介绍其他酒店。

(3)受理预订时,应做到报价准确、记录清楚、手续完善、处理快速。

(4)接受预订后,应信守订房承诺,切实做好客人来店前的核对工作和接待安排,以免出差错。

3. 住宿登记服务礼仪

1) VIP客人入住登记

VIP客人入住酒店一般都会事先预订房间。分房员要在客人入住酒店前填写好登记卡,并将客人房间的钥匙装在钥匙袋或信封里。待客人抵达酒店时,将钥匙交给客人或随行礼宾人员,而不必再办理登记手续。

2) 零散客人入住登记

客人抵达酒店办理入住登记时,工作人员要表示热烈欢迎。对熟客或已预订房间的客人说:"您好,××先生(女士),我们一直都在恭候您的光临!"对一般客人则应说:"您好,尊敬的先生(女士),欢迎光临!"

总服务台的工作人员在为零散客人办理入住手续时,首先要询问客人的基本情况,并向客人说明各类房间的价格、特点以及折扣率等,然后请客人填写住宿登记单。应双手将住宿登记单递给客人,并指导客人填写。再在客人填写好的住宿登记单上注明房间号,并将住宿登记单复核一次,确认无误后存档。最后将房间钥匙交给客人或行李员,引领客人去房间。若客人已经预订了房间,应事先做好登记,并在客人到达前将钥匙准备好。

3)团体客人入住登记

团体客人一般会提前预订好房间。在客人到达前,大堂经理应负责安排好一切,控制酒店当天的房间数,提前做好接待工作。

团体客人到达后,应请领队或者陪同填写团体住宿登记单。核对无误后,请填写住宿登记单的客人签字,然后把钥匙袋交给他,请行李员或者专门的陪同人员引领客人前去客房。当客人提出其他要求时,酒店应尽可能给予满足,并向客人讲明提供服务的费用标准。

4. 问询服务礼仪

(1)客人前来问询,应面带微笑,注视客人,主动迎接问好。

(2)认真倾听客人问询的内容,耐心回答问题,做到百问不厌、有问必答、用词恰当、简明扼要。

(3)服务过程中,不能推脱、怠慢、不理睬客人或简单地回答"不行""不知道"。遇到自己不清楚的问题,应请客人稍候,问清楚后再回答,忌用"也许""大概""可能"等模糊词语应付客人。

(4)若客人提出带有敏感性的政治问题或超出业务范围的问题而不便回答时,应向客人表示歉意。

(5)客人较多时,要做到忙而不乱、井然有序,应先问先答、急问快答,使不同的客人都能得到适当的接待和满意的答案。

(6)接受客人的留言时,要记录好留言内容或请客人填写留言条。应认真负责,按时、按要求将留言转交给接收人。

(7)服务过程中,要多使用"您好""请""谢谢""对不起""再见"等文明用语。

5. 结账服务礼仪

(1)客人来总服务台付款结账时,应微笑问候,迅速而准确地为客人提供高效、快捷的服务,确保结账流程顺畅。切忌漫不经心,以免造成客人久等的难堪局面。

(2)应确认客人的姓名和房间号,当场核对住宿日期和收款项目,避免客人产生关于酒店多收费的任何猜疑。

(3)递送账单给客人时,应将账单文字正面对着客人。若客人签单,应把笔帽打开,笔尖对着自己,右手递送账单,左手递送签字笔。

(4)如结账客人较多时,要礼貌地示意客人排队等候,依次进行,以避免因客人一拥而上,造成收银处混乱,引起结算差错并造成不良影响。

(5)结账完毕,要向客人礼貌致谢,并欢迎客人再次光临。

6. 寄存处服务礼仪

寄存处是为客人保存贵重物品的地方,所以要格外小心谨慎。一旦出错,不但会给酒店造成损失,而且会影响酒店的声誉。在接待客人寄存物品时,应注意下列事项。

(1) 客人前来寄存物品时,服务人员应向客人讲清楚服务费用,并记下客人的姓名、房间号、证件号码以及所存物品等基本信息。

(2) 检查客人需要寄存的物品后请客人填写单据,一式两联。其中一联交给客人,作为客人取东西时的凭据;另外一联自己留着存档。

(3) 易损物品一般不办理寄存。若寄存衣帽等小件物品,必须强调衣服口袋里不能放贵重物品或钱款,并提醒客人自行保管或指引客人将贵重物品等存放到专业柜台或总服务台。

(4) 认真对待客人的物品,有规矩地摆放整齐并小心保管。大衣一律用衣架挂起,小件物品,如头巾、围巾、手套等则放进大衣口袋里。

(5) 客人来取寄存物品时,一定要仔细核对单据。确认无误后,将物品交给客人,并请客人当面检查、验收并签字。

(6) 若客人不小心将单据遗失,寄存处工作人员要与总服务台的工作人员取得联系,用客人的身份证或其他有效证件证明客人的身份,并问清寄存物品的特征和件数。若与实际情况相符,由客人签字后方可让客人取走物品。

7. 委托代办服务礼仪

酒店的委托代办服务是为方便住客而设立的一个服务项目,主要是代客人订购车票、船票、机票,代购、代邮、代送或代接收物品,办理客人所需要协助办理的事宜等。

1) 代购车票、船票、机票

(1) 客人前来询问时,应向客人讲清楚酒店的服务范围以及提供此项服务的手续费。若酒店确实有不方便的地方,应向客人讲清楚,并尽量帮助客人解决,为客人出谋划策。

(2) 接受客人的订票请求时,一定要弄清客人的基本情况,如姓名、房号以及需要订票的交通工具的类别、出发日期、班次、时间等。与客人核对无误后,应做好记录,根据客人的要求与民航、轮船、铁路或汽车公司联系订票事宜。

(3) 若因客观原因无法买到客人所要求的票时,应及时征求客人的意见,并向客人提出有建设性的建议,客人同意修改后再与相关部门联系。

(4) 票务确定后,应及时通知客人准备好证件(如身份证、护照、工作证等)和票款,到委托代办处取票。

(5) 客人取票时,要认真检查客人的证件,并请客人仔细核对票面信息,确保不出现差错。客人所交票款和手续费也要当面点清。

2) 代购物品

(1) 客人要求代购物品时,应仔细询问客人所需要物品的颜色、大小、规格、型号、价格等,记录在一张卡片上。记录完毕,将卡片交给客人核对,确保无误。

(2) 按客人要求为客人采买物品后,可以送到客人房间,或请客人前来领取。若客人所需要的物品暂时缺货,一定要先询问客人,以确定买或者不买,或是改买其他物品,不可自作主张替客人做决定。

3)代邮、代送物品

(1)帮客人代邮、代送物品时,应仔细询问收件单位或个人的具体地址、收件人姓名、邮编、电话号码等,记录完毕后请客人核对。

(2)代邮、代送物品的费用由客人自付,所以在物品送到后要有签收、邮寄后要有回执,并请客人过目,一切费用均要当面点清。

(3)对于易燃、易爆等危险品,服务人员要拒绝运送和邮寄。

4)代接收物品

(1)收到客人的快递等其他物品,前台服务人员应仔细记录,并立即通知客人前来领取;如客人不方便前来领取,应为客人送到房间。

(2)当客人不在酒店时,要将快递等代接收物品保管好,不能随便让其他人转交。因为一旦出现了失误,就会引起很多麻烦。

(四)大堂副理接待服务礼仪

(1)接待客人要积极热情、精力集中,以谦和、富有耐心的态度认真倾听,让客人把话讲完。

(2)对于客人投诉的问题,要详细询问,并当面记录,以示尊重。

(3)能够设身处地为客人考虑,以积极负责的态度处理好客人的问题和投诉。在不违反规章制度的前提下,尽可能满足客人的要求。

(4)当客人发脾气时,要保持冷静,待客人平静后再婉言解释与道歉,要宽容、忍让,绝不能与客人发生争执。

(5)尽量维护客人的尊严,同时也要维护酒店的形象和声誉。对于原则性问题,绝不能放弃自己的立场,应机智灵活处理问题。

(6)对客人的任何意见和投诉,均应给予明确、合理的解释,力争在客人离开酒店前解决问题,并向客人表示歉意和感谢。

二、餐饮接待服务礼仪

餐饮部是酒店重要的两大业务部门之一,餐饮经营的成败直接影响着酒店的知名度、品牌形象和经济效益。餐厅除了提供美味佳肴,更要营造温馨的用餐环境和热情好客的服务氛围,因为宾客光临餐厅不仅是为了物质享受,也追求受尊重、受关注的精神享受。餐厅服务水准的高低很大程度上依赖于服务人员娴熟的服务技能和良好的服务态度,服务礼仪的运用就显得十分重要。

(一)迎宾员服务礼仪

1. 注重仪态

迎宾员应在开餐前5分钟站好,神情专注,反应敏捷,注视过往宾客,做好拉门迎客的准备。当客人走近餐厅约1.5米处时,应面带笑容、热情问候。

知识活页

酒店服务人员服务原则

2. 礼貌问候

不管客人肤色、年龄，是内宾还是外宾，熟客或第一次来用餐的客人，都要主动热情地迎接，不可厚此薄彼。男女宾客若一起进来，应先问候女宾，再问候男宾。然后询问顾客是否有预订，并核实人数。客人离开餐厅时，应礼貌道别。

3. 主动协助

如遇雨天，要主动收放客人的雨具。如客人戴着帽子或穿有外套，应在他们抵达门口处时协助其拿衣帽，并予以妥善保管。

（二）领位员服务礼仪

1. 热情问候

见到客人后，立即上前迎接并面带微笑问候，同时询问预订情况。迎宾顺序坚持按客人到达先后。同一批客人做到先主宾后随员、先女宾后男宾，符合礼仪顺序。

2. 规范引领

对于已预订的宾客，要迅速查阅预订单或预订记录，手持清洁的菜单、酒单走在客人左前方1米左右的位置，引位时应说"请跟我来""这边请""里边请"，并不时回头示意或用规范的手势示意，把客人引领到适当的位置入座。

如果客人没有预订，应根据客人到达的人数、客人喜好、年龄及身份等选择座位。如果宾客指定位置，应尽量满足其要求，如已被占用，应做好解释和致歉。

如果餐位已满或有客人需要等人聚齐时，可以先请客人在沙发上等候，一般不安排拼桌，以免客人不便和难堪。

3. 协助入位

引领客人到餐位后，要先向客人询问位置是否满意，然后再拉椅让其入座。为客人拉椅入座时，一般来说，示意性地为一两位客人拉椅子就可以了。具体做法是：双手握着椅子靠背，右腿在前，用膝盖顶住椅子后部，轻轻拉出，避免椅子与地面摩擦，发出声响。拉椅入座的顺序同样要遵循先主宾后随员、先女宾后男宾的原则。不必要的餐具及多余的椅子应及时撤走。

（三）值台员服务礼仪

1. 餐前准备

1）餐前服务礼仪

待客人入座后，应为客人斟茶、递香巾。斟茶从客人的右边斟，按顺时针逐位斟上。需要续茶时，应右手握茶壶，左手按壶盖，将茶缓缓斟入杯中。注意水不要斟得太满，茶要倒杯子的3/4。香巾要放在小碟内，用夹钳从客人左边递送。

如果顾客不慎将餐具掉到地上，应将餐具马上收走，并为客人放上干净的餐具。

2) 点菜礼仪

客人坐稳后,要注意客人的点菜示意,递送菜单时态度恭敬。男女一起用餐时,应先将菜单递给女士。很多人一起用餐时,应先把菜单递给主宾。

接受客人点菜时,应微笑地站在客人左侧,与客人保持一定距离,上身稍向前倾,手持点菜本,认真听取客人选定的菜肴,并做好记录,复述一遍,以免出差错。

如果所点的菜肴已暂时售完,应向客人表示歉意,并委婉地向客人介绍其他类似菜肴。如果有些菜烹制时间较长,应向客人说明原因。如客人点的菜在菜单上没有列出,应尽量设法满足,不可一口回绝"没有",可以说"请您稍等,我马上和厨师商量一下,尽量满足您的要求"。

在点菜过程中,服务人员要做到神情专注、有问必答、百问不厌,不要催促客人点菜,而应耐心等候,必要时可向客人招呼离开餐桌一会儿,让客人有充分的时间去考虑或商量决定。客人点菜完毕后,要将记录下的菜点逐一复述核对一遍,并询问客人还有什么需要,如酒水、饮料等。

2. 上餐服务

1) 上菜

上菜的位置在陪座之间,避开主人和主宾,上菜应在客人的左侧。将菜用双手端平放稳,拇指不可按着盘子边缘,切忌越过客人头顶上菜。跟配小菜和佐料的,应与主菜一并上齐。双手将菜盘端上来放到餐桌时不能放下后推盘,要将新菜转到主人、主宾之间以示尊重。放菜结束后,后退一步,同时报菜名。

派菜时,先客人后主人、先女宾后男宾,从主宾开始以顺时针的顺序依次派菜。派菜应站到宾客左侧。如宴会上菜,应按主桌在前、陪桌在后的顺序进行。

所有菜肴上齐后,应告知客人菜已上齐,请客人慢用。

2) 斟酒

值台员应为客人斟上第一杯酒。斟酒要按先主宾后主人、先女宾后男宾的顺序进行。应先斟烈性酒,后斟果酒、啤酒、汽水饮料。

开启客人点用的酒水,在开瓶前服务员应左手托瓶底、右手握住瓶颈、商标朝向客人,请客人辨认。一是表示对客人的尊重,二是让客人看到酒水商标从而明确所选酒水没有差错,三是让客人看到酒水的质量没有任何问题。

拉开酒水饮料瓶盖时,应在客人的侧后方朝外拉开。斟酒时,一般右手拿酒瓶,左手拿杯徐徐倒入,特别是啤酒,开始倒要把瓶口放到杯的正中,一面倒,一面把瓶口慢慢移向杯边,而且倒的速度也由快变慢,以防啤酒的泡沫上升溢杯。倒香槟酒或其他冰镇酒时,要用餐巾包好酒瓶再倒,以免酒水喷洒或滴落在客人身上。续斟时,应再次征得客人同意。

3) 席间服务

宾主祝酒时,要精神饱满地站在适当的位置,保持安静,不随意走动。如客人不慎将餐具、餐巾及物品掉落在地上,要迅速上前取走更换。若桌布弄脏了,可用餐巾垫在上面。

值台员应准备一块干净的餐巾,以备擦拭酒滴、饮料滴等用,但不可用来擦拭自己的手。

值台时要巡视四周,随时应答客人的招呼。为某桌客人服务时,如其他桌的客人也需要招待,应对客人打手势或点头微笑,表示自己已经知道,马上就能去服务,使宾客放心。若当时在忙,可以轻声告诉顾客"请稍候,马上就来"。找人时,应走到客人身旁,轻声告知,不能在远处高声呼喊。

宾客的物品如果不慎落在地上,值台员应立即帮忙拾起,双手奉上,不可视而不见。

4)撤盘服务

要征得客人同意之后再撤盘。撤盘时,要从右侧将盘子撤下。撤下的餐具要放到就近服务桌上的托盘里。

3. 送客和翻台

1)送客

送客是礼貌服务的具体体现,所谓善始善终,其要点如下。

(1)宾客不想离开时绝不能催促,也不要做出催促宾客离开的错误举动。

(2)宾客离开前,如愿意将剩余食品打包带走,应积极为之服务。

(3)宾客结账后起身离开时,应主动为其拉开座椅,礼貌地询问他们是否满意。

(4)提醒宾客不要遗忘物品。

(5)礼貌地向宾客道谢,欢迎他们再来。

(6)面带微笑地注视宾客离开,或亲自陪送宾客到酒店或餐厅门口。

2)翻台

翻台是指宾客离开餐厅以后,服务人员收拾餐具、整理餐桌,并重新摆台的过程。餐厅翻台率和翻台速度能够反映出餐厅营业水平和受欢迎程度。翻台服务中应注意的要点如下。

(1)翻台应快速及时、规范有序,不要损坏餐具、物品,不要将餐纸、杂物、残汤剩菜等弄得到处都是,也不应惊扰正在用餐的宾客。

(2)翻台时,如发现宾客遗忘的物品,应及时交给宾客或上交有关部门。

(3)翻台后,应立即开始接下来的工作,尽量减少后面宾客等候的时间。

三、客房接待服务礼仪

客房是酒店的基本组成部分,是宾客在酒店"临时的家",客房服务人员的服务态度和服务水准如何,直接关系到酒店的形象。客房接待服务质量是酒店服务质量的重要标志之一。

(一)楼层接待服务礼仪

(1)在客人抵达前,要整理好房间,检查设备及用品是否完好、充足,调节好房间的温度和湿度,为客人提供清洁、卫生、舒适、安全的客房。

(2)楼层服务员接到来客通知后,要在电梯口迎接,主动问候客人:"先生(女士)您好,一路辛苦了,欢迎光临!"如果是常客,要加上客人的姓氏。

(3)引导客人出电梯,主动帮助客人,征得同意后帮助客人提携行李。

(4)引领客人到客房,到达房间门口时先开门、开灯,侧身站在一旁,敬请客人进房,然后放置好客人的行李物品。

(5)客人进房后,根据人数和要求,灵活递送香巾和茶水。递送时,必须使用托盘和毛巾夹,做到送物不离盘。

(6)根据客人的实际情况,礼貌介绍房间设备及其使用方法,简要介绍酒店内的主要服务设施及其位置、主要服务项目及服务时间,帮助客人熟悉环境。对房内需要收费的食品和其他物品,要委婉地说明。

(7)接待服务要以客人的需要为准,体现为客人着想的宗旨。若客人表示不想被打扰,需要安静地休息时,服务人员应随机应变,简化某些服务环节。

(8)在问清客人没有其他需要后,应向客人告别,可以说"请好好休息,有事尽管吩咐"或"有事请打电话到服务台",并祝客人住宿愉快。退出客房后,轻声将门关上。

(二)客房日常服务礼仪

客房服务员要使客人在住店期间感到方便、舒适、称心如意,犹如在家里一般,必须时时留意客人的需要,主动、热情地为客人提供所需服务。

1. 保持警惕

客房服务员应随时注意往来和进出客房的人员,尽量记住客人的姓名、特征等。对于不熟悉的客人,一定要其出示出入证才能为其开门,一定要确保其与登记住宿的姓名、性别、特征相符。

有关客人的姓名、身份、携带的物品等不得告诉他人,尤其是重要客人的房号和行踪更不能随意泄露,以防意外。

未经客人同意,不得将访客引入客房内。客人不在或没有亲自打招呼、留下亲笔书面指示的情况下,即使是客人的亲属、朋友或熟人,也不能让其拿走客人的行李和物品。对出现在楼层的陌生人,必须走近询问,必要时打电话给保安部进行处理。

客人外出要跟房,检查房内设施是否完好并工作正常。检查房内物品是否齐全,留意有无火灾隐患或其他不安全因素。对客人进出情况及跟房情况进行详细记录。

客房服务员当班期间,钥匙应随身携带,妥善保管。

2. 整理房间

房间的整理需要按照接待规格和操作程序进行。

整理房间又可以分为上午整理、下午整理和晚上整理。整理前先把工作本及用品备齐,然后敲门进房(敲门进房应固定成为习惯)。整理房间要按操作程序,并且注意早、中、晚客人休息的规律,尽量不打扰客人的休息和睡眠。如上午整理,应尽量利用客人外出的时间进行；下午和晚上整理则应利用客人用餐时间进房收拾。

了解客人是否有午睡的习惯，并且按照白天和晚间不同的需要，为客人准备好应用的物品。

打扫卫生的工具及客房换下来的物品要及时拿走，不要长时间放在走廊过道，以免影响整洁，有碍观瞻。

3. 生活服务

到酒店住宿的客人，有些会有许多生活琐事需要服务员协助处理。为客人提供生活服务，不仅是方便客人的举措，而且是提高酒店服务信誉和增加经济收入的渠道，例如为客人缝补衣物、擦皮鞋等。

客人因各种原因，有时需要在客房中进餐，酒店可为客人提供这项服务，满足客人的需要。提供这项服务时要注意食品的保温，送菜要迅速，所送食品不要有遗漏，注意清洁卫生等。

如客人患病，应随时关注客人的需要，帮忙端送饮食。患传染病的客人住过的房间必须彻底消毒，防止交叉感染。

4. 代办事务

客房服务员有时需要帮助客人购买药品、洗熨衣物等，样样事情不得马虎。如客人提出让服务员代为购买药品，不要轻率采办，需经值班经理同意之后再办，以免使客人误服药品。代办洗熨衣服，要按照有关规定办理，做到细心认真、善始善终。

5. 有自我保护意识

客房服务员绝大多数都是女性，在工作中要有自我保护意识。对客人既要彬彬有礼、热情主动，又要保持一定距离，以免自身受到不必要的伤害。被客人唤进客房，要让门时刻处于打开状态，对客人关门要保持警惕。客人邀请坐下，要婉言谢绝，更不要坐在床上。尽量找借口拒绝客人邀请外出。下班后不得到客人房间串门。客房服务员要培养以上自我保护意识，形成习惯。

（三）其他服务礼仪

1. 客房送餐服务礼仪

当客人要求送餐到客房时，一定要记清客人的姓名、用餐人数、送餐时间、房间号以及点餐的品种、规格、数量等，记录完毕要向客人复述一遍，以免出错。确认无误后，通知餐饮部，或将订餐卡片送到餐饮部。

根据客人订餐的具体情况准备好用餐的器具及调味品，并整齐地摆放在餐车里。把握好送餐的时间，不要太早也不要太迟。进入订餐客人的房间前，应先敲门或按门铃，得到客人允许后方可进入。进入后应先对客人说："您好，这是您订的早餐（午餐、晚餐）。您看，我应该把餐桌摆放在哪儿呢？"一切就绪后，将账单拿给客人过目、签字。客人签字或付账后，应对客人表示感谢。若客人还需要其他服务，则应站立在一旁按餐厅的规定为客人提供服务。若客人不再需要服务，则应立即离开房间。

知识活页

酒店开夜床服务

最后,估计客人的用餐时间,在客人用完餐后,配合客房服务员将餐具收回并送去清洗。

2. 失物招领服务礼仪

客房服务员在打扫客人房间时,如捡到客人遗留的物品,应立即上交,并详细记录捡到物品的时间、地点、名称、房间号等,最后向值班经理报告。值班经理则应立即贴出告示,告知失主前来认领。若客人已经离开酒店,则应交给总服务台处理。

凡拾获的遗留物品均应交保安部门保管,由保安部门移交给客人,移交手续要完备。按国际惯例,为客人保存遗留物品的期限一般为一年。

3. 擦鞋服务礼仪

擦鞋服务是高级酒店服务中很重要的一部分,是一种付出不多但收效很好的感情投资。这种服务倾注着员工对客人的尊重、对客人利益的关心和对本职工作的热爱,常给客人带来出乎意料的感动。它的操作程序看起来简单,但也具有一定的技术难度。

服务员对各种皮鞋及鞋油一定要非常熟悉,能够根据客人的皮鞋选择适宜的鞋油和不同的擦法,特别是对于高档皮鞋,更应注意鞋油与擦拭方法的选择。如果服务员没有把握,就应向客人道歉,说明理由,不接受这项工作;或者向专人请教后,再为客人擦鞋。

为客人提供擦鞋服务时,应使用鞋篮,要特别注意做好标记,防止出错。擦拭中,如因不慎或不了解皮鞋质地特点擦坏了客人的皮鞋,应赔偿客人的损失。一旦出现差错,应先向客人道歉。

(四)客人离店前后的服务礼仪

客人离店前后的服务,是服务全过程的最后一个环节,如果工作做得好,就能加深客人对酒店的良好印象,使其高兴而来、满意而归。此阶段的工作包括以下三个方面。

1. 客人离店前的工作

服务员应了解客人离店的确切日期、乘坐飞机或火车的班次、时间,以及交通车辆接送安排情况。要检查代办事项是否办妥办完、客账是否已结清、早上是否有叫醒服务、清晨是否需要早点、行李打包和托运是否办理完毕,以及客人还需要什么帮助等。以上情况,客房服务员应与相关部门联系确定落实,对于重要的客人还必须汇报给领导,以便协同工作,组织欢送。

2. 客人离店送别工作

服务员应协助客人检查室内各处有无物品遗留,如有必要应提醒客人。在将客人的行李件数查清后,可请行李员搬运上车,并向客人交代清楚。客人离开楼层时,要热情送至电梯口,礼貌道别,欢迎再来。在此之前,还应清查房间内的设备及用品有无损坏和丢失,及时报告总服务台。

3. 客人离去后彻底检查房间

服务员在清理房间时，如发现有物品遗留，应迅速设法转送归还。若客人已离店，速交总服务台设法转交，或请示领导处理。客人离店后，还应及时进行全面的清洁整理工作，按照酒店的规格布置完整，准备迎接新的客人。

"1+X"现代酒店服务质量管理职业技能等级证书（中级）：要求酒店从业人员能根据酒店从业人员服务礼仪规范为客人提供前台接待、住宿、餐饮和宴会、会议和会展、康体和娱乐、财务、市场营销、人力资源、行政等岗位的高质量对客服务和质量管控工作。

任务二 旅行社服务礼仪

任务描述：本任务对旅行社各岗位的礼仪基本要求和接待服务基本技巧进行了较为全面的介绍，包括旅行社门市接待服务礼仪、计调人员服务礼仪、导游人员服务礼仪以及旅行社特殊团队接待礼仪等内容。

任务目标：熟悉旅行社各部门工作人员的基本业务要求；掌握旅行社各部门对员工服务礼仪的基本要求；熟练掌握旅行社各部门接待服务的基本技巧。通过本任务的学习，学习者能够对旅行社所有岗位的职责范围和基本业务要求有清晰的认识，并且能在旅行社各岗位上为游客提供规范的接待服务，将自己塑造成合格的旅游接待人员。

冲突的机票

某旅行社帮助某时尚杂志的李总安排了米兰世博会区米兰时装周观展出行。旅行社计调帮李总预订了9月23日北京出发和9月29日米兰返回北京的机票，待所有行程都确认没有问题后，很顺利地安排了出票事宜。正巧活动结束后赶上国庆节休假，于是旅行社又为李总预订了9月30日15:00北京飞首尔的航班，出票前和李总进行了确认。其中有一个很大的失误却在9月29日的时候才被发现，李总由米兰乘坐的航班于9月30日13:30抵达北京，而预订北京飞首尔的航班是当天15:00，出关提取行李然后转机时间完全来不及。当旅行社工作人员都意识到这个问题的时候，首先没有先追究是谁的责任,而是第一时间做出补救工作,9月30日15:00北京飞首尔的航班必须改签,但是又遇到黄金周机票紧张,最终经过不同的渠道终于订到了9月30日21:00起飞的航班,很是幸运,此次订票的费用也由旅行社全部承担。事后,李总对旅行社服务人员的工作表示感谢,并且说明在以后出行都将选择该旅行社,与旅行社建立了良好的合作关系。

一、旅行社门市接待服务礼仪

旅行社门市是旅行社销售产品和服务的主要场所,是对外服务的重要窗口,门市接待人员的服务礼仪和个人素质直接关系到旅行社门市服务的质量。门市接待人员在对客服务时,要充分认识到门市工作的重要性,注重礼仪的运用,以便塑造旅行社的良好形象,促进旅行社业务的顺利开展。

(一)门市部环境设计

门市部是旅行社的"脸面",应通过内部和外部的精心设计,营造一种典雅、舒适、幽静的环境气氛,给来访者留下良好的第一印象。

1.外部设计

旅行社门市是旅行社实现旅游产品销售的主要部门,也是旅行社面向旅游者的经营场所。旅行社门市选址的便利性,对旅行社经营业绩有着重大的影响。门市选址的设立首先要考虑的是接近目标市场,一般宜选择客源相对集中的机场、车站、码头、饭店、社区、闹市街区等。其次要考虑方便,一般以选择交通干线的临街店面为宜。最后考虑选择旅行社门市相对集中的区域,这样既有利于借鉴同行经验、取长补短,又有助于变竞争压力为动力,拓展经营,也符合客人"货比三家"的购买心理。

门市外部应有醒目且一眼能及的招牌,同一旅行社的门市招牌的大小、样式应统一,以给旅游者标准一致的企业形象。门市临街的橱窗可张贴旅游产品海报并定期更新,方便感兴趣的行人了解旅行社的产品动态,刺激人们的旅游需求。

2.内部设计

门市柜台一般设有写字台、电话、打印机、办公电脑等设备,其摆放应整齐合理,以美观、方便、高效、安全为原则。门市柜台上不要堆放过多的书报、文件,常用的材料要摆放整齐。若用玻璃台板,应注意玻璃板的整洁,不要横七竖八地压着各种车票、请柬、发票等。同时尽量增加客人服务区域,通过科学管理实现最佳工作效率。

此外,应特别重视门市部的卫生。试想一下,如果客人来联系、洽谈业务,门市部到处都是烟头、果皮,连找个比较干净的沙发都难以如愿,这笔业务还能顺利做成吗?门市部的布置也应给人以宁静、整洁的印象,墙上可以悬挂各地的风景名胜图片、地图、旅行社获得的荣誉奖状、旅行社徽标等,还可以张贴工作计划表、经营图表等,以示公司的业绩和员工的勤勉。

分析

知识活页

5S管理

（二）门市部业务员礼仪规范

一家旅行社员工的素质、待人接物的水平是从业务员的言谈举止中体现出来的。门市部虽然不大，但它既是工作的地方，又是社交的场所。所以，门市部业务员的礼仪如何，往往是客人评价旅行社的重要依据。

1. 服饰整洁大方

一般来说，门市部业务员的服装必须干净、平整、合体、大方，不能太艳、太奇、太随便。休闲装、运动装、牛仔服等都不适宜在门市部穿着。在门市部工作，业务员应当适当修饰自己，男士不要留胡须、蓄长发、戴项链，头发应梳理得美观大方，衬托出自己良好的精神状态。女士最好能施以淡妆，不俗不媚，衣饰和发饰不宜太复杂，发型以优雅简洁为准，不能过于新潮，以展现自己端庄文雅、自尊自信的良好形象。

2. 遵守制度，礼貌待人

各旅行社都有自己的管理制度，这是旅行社工作正常运行的重要保证。比如，不迟到、不早退、不无故旷工；办公时不拨打或接听私人电话；不占用工作时间办私事等。门市部业务员对这些制度应自觉遵守，尽管在具体执行中可能遇上特殊情况，或偶尔必须接打一些私人电话等，但一定要适度。

3. 注意保持安静

门市部业务员与同事谈工作时声音不宜太大，不要在过道里、走廊中大声呼唤同事。拨打或接听电话时语调要平和、文明，时刻注意保持环境安静。

（三）门市部业务员旅游接待礼仪

1. 咨询接待服务

1）热情迎接

当旅游咨询者到访旅行社门市部时，门市部业务员应起身招呼、亲切问好，用微笑表达对客人的关注和欢迎，当与客人距离约三步的时候热情地问候客人，并报出旅行社门市部的名称："您好，欢迎光临××旅行社！"等。

2）贴心招待

请客人落座后，应为客人提供茶水服务。夏季可以提供冰水，冬季提供热茶；还可以提供小糖果等，让客人感到待客服务的贴心。

3）询问需求

门市部业务员递上自己的工作名片，询问客人的旅游需求。对于出游目标明确的客人，出示相关旅游产品即可。对于出游目标茫然的客人，要询问客人的旅游意向，如旅游目的地、旅游时间、出游人数、想要选择的交通工具等。

4）推介产品

门市部业务员在了解了客人的旅游需求后，要立即向客人出示旅游产品宣传资料，或将电脑中的旅游产品向客人进行展示，指出相关的旅游线路，使客人产生对旅游目的地的兴趣,为推介旅游产品做好准备。

在出示旅游产品的同时要向客人说明旅游产品的相关信息,特别是要向客人说明旅游产品的亮点。在与客人进行交流时,要耐心倾听,并不时地表示赞同或进行语言反馈,及时了解客人的心理,解答客人在价格、服务质量等方面的疑虑。如果客人对所推介的产品不太满意,业务员可以出示其他相关产品供客人参考;如果客人表示还需要继续考虑时,业务员可以请客人提出对产品的意见并表示感谢,请客人留下联系方式并带走旅行社的联系名片;如果客人有购买相关产品的意愿,则向客人具体介绍产品的细节。

5) 礼貌告别

客人咨询结束离开门市部时,业务员送客要遵循"出迎三步,身送七步"的原则,等客人起身后站起来相送,同时使用礼貌用语"您慢走,如有需要可随时拨打我们的电话""预祝您旅途愉"等。与客人告别时,要将客人送到旅行社门口,目送客人离开,待客人移出视线时回到旅行社继续自己的工作。

2. 手续办理服务

1) 签订旅游合同

当客人确定购买旅游产品,即报名参加某条线路时,旅行社门市部应当依法与客人签订旅游合同。在签订合同时,认真核对客人的姓名和证件,要向客人说明旅游合同的内容,特别是要解读合同中涉及的旅行社、旅游者分别要承担的义务及双方所享有的权利。旅游线路中"食、住、行、游、购、娱"项目的接待标准、旅游费用明细也应一并向客人说明。

2) 上交资料

如果是报名参加国内旅游团,应请客人上交身份证复印件等身份证明。如果客人报名参加出境旅游团,则需收齐客人护照、港澳通行证等有效证件,以及办理签证所需要的其他材料。

3) 收取费用

与客人签好合同后,由财务人员收取团款,并为客人开具发票。

4) 发送出团通知

待计调、票务人员将具体行程安排落实完成后,门市部要发送出团通知,内容包括具体行程、接待标准、集合方式、接团方式等,联系客人上门领取出团通知,并向客人说明通知中的相关内容。在此可以预祝客人旅途愉快,使客人对旅行社门市部留下良好的印象。

二、计调人员服务礼仪

计调是计划与调度的结合称谓,指在旅行社内为旅游团(或散客)的运行走向进行计划调度操作的职位,是旅行社工作的神经中枢。通常称对国内旅游行程进行安排操作的旅行社工作人员为"计调",而称负责安排操作出境旅游行程的旅行社工作人员为

"OP"。作为计调人员,要有认真细致的工作态度、较强的应变能力,能够合理安排旅游过程中的各项事宜,圆满地完成旅游计划。

(一)设计产品

计调人员要通过旅游市场调查与预测,确定目标市场和产品的性质等级,根据景点吸引力的大小确定所需景点,对景点所在城市相关基础设施和专用设施进行选择与配置,并通过一定的交通方式将各景点串联起来,组合成旅游线路,并且根据游客或者旅游中间商的要求对旅游线路进行完善,设计出旅游者想购买的旅游产品。

(二)计价与报价

1. 计价工作

旅行社计调部要根据市场的需求和旅游团实际的出行情况进行计价。对产品进行整体计价前,必须了解各条线路的特点以及各条线路的变化趋势。还要了解旅行社产品价格构成要素的分项费用,包括房费、餐费、交通费、门票、导游服务费、综合服务费等,在此基础上运用合适的定价策略对产品进行定价。随着时间的推移和市场变化,还要对定价不断地修整,提高产品的竞争力。

2. 报价工作

旅游产品计价后将产品内容结合价格以信息的形式向市场推出,传达给游客或旅游中间商,就是旅游线路报价。报价时,一定要明码标价,不仅要报出价格上的信息,还要含有行程、服务标准及相关要素的信息。另外,特别需要补充说明的条款也要列出,以作为游客或旅游中间商选择的重要依据。

(三)预订确认

1. 预订客房

计调人员在选择住宿服务设施时,要事先了解住宿场所的位置、经营范围、设施设备配备情况、停车场地等信息。在对住宿项目进行预订时,要询问酒店房间的标准、所提供的服务,确认酒店协议价格。然后告知酒店销售人员旅游团入住的日期、房型、房间数量、付款方式,互相留下联系方式。

2. 预订餐饮

计调人员在采购餐饮服务时,应事先了解餐厅的位置、环境、特色、卫生情况、菜品、停车场地等信息。在进行餐饮项目预订时,要向餐厅说明旅游团用餐的时间、人数、标准等,确定司陪餐(即旅行社免费提供给司机和导游的饭菜)的提供情况,与餐厅协商付款方式,并留下餐厅的联系方式。

3. 预订交通

计调人员应根据旅游团队的行程计划为旅游团队或游客预订大交通项目,包括旅行途中的机票、火车票、汽车票、船票等。在预订前,要掌握航空公司、铁路、公路、水运的订票规定,对所要预订的飞机、火车、汽车、轮船的类型和费用有一定的了解。在预订时,要向交通运输部门说明具体乘坐的班次、乘客人数、日期、目的地等情况,并正确上报客人的相关信息。当客票预订成功后,计调人员还要认真核实票面信息,有问题时与相关部门取得联系,以保证游客的顺利出行。

一般情况下,旅行社需派专车将游客送往机场、车站或码头。旅游团在当地进行旅游时,计调人员在订车前,要对旅游车、旅游车队、汽车公司的信息了如指掌。在进行预订时,要说明用车要求、用车时间、所需车型,与对方确认旅游车的价格;将预订旅游车的信息记录好,包括车型、车牌号、车数、车况、司机姓名及联系方式。

4. 预订门票

计调人员应同本地区的各景区景点签订长期合作协议,建立良好的合作关系,争取获得相应的价格优惠。在进行景区景点门票预订时,要告知旅游团人数,并确定结账方式。

(四)团队管理

1. 选派导游

计调人员要熟悉旅行社导游的情况,了解导游人员的年龄、外形、性格特点等,掌握旅行社导游的安排情况,根据旅游团的特点选派合适的导游人员,提供优质的接待服务。

2. 团队监控

旅行社计调部应与导游人员保持密切联系,了解检查接团工作落实情况,及时获得团队有关信息,掌握各接待单位是否按照要求和标准提供相关服务,这样有利于进一步改进接团服务与质量。同时,计调人员要对导游人员的服务进行监管,及时处理在旅游过程中出现的问题和事故,确保旅游活动的顺利进行。

三、导游人员服务礼仪

导游是指依照《导游人员管理条例》规定取得导游证,接受旅行社委派,为旅游者提供向导、讲解及相关旅游服务的人员。导游人员是旅游计划的具体执行者,导游工作贯穿于游客的"食、住、行、游、购、娱"各个环节,一个旅游团成功与否,很大程度上取决于导游的工作。导游人员在对客服务中,要遵守《导游领队引导文明旅游规范》《导游服务规范》的相关要求,为游客提供优质的导游服务。

(一)准备工作

1. 业务准备

导游人员在接到旅行社的委派任务后,要着手准备带团事宜,做好行前安排。
1)熟悉接待计划

导游人员要认真阅读接待计划和有关资料,详细、准确地了解旅游团的基本情况,如旅游团的名称、客源地、领队或全陪情况、人数、住房、餐饮标准等;还要了解游客的基本情况,如游客的姓名、性别、年龄、职业、民族、宗教信仰、特殊要求等。

2)落实相关事宜

旅游团抵达前,导游人员要与有关部门落实旅游团的各项事宜,包括:落实旅游车辆,确定与司机接头的时间、地点;落实住房及用餐;了解景点的情况;与全陪联系,提前约定接团的时间和地点。

3)做好知识准备

导游人员要根据接待计划确定的参观游览项目,对本地概况、法律规范、宗教信仰、风俗禁忌、礼仪知识、社会公德、风物特产、旅游景点等知识进行准备;对不熟悉的景点景区要事先查找资料或通过踩点的形式掌握景点景区的相关情况。导游人员还要掌握基本的文明礼仪知识和规范,做好文明使者的工作。

2. 物品准备

导游人员上团前所需物品准备包括:导游证、胸卡,携带旅游接待计划、导游旗、接站牌等;门票结算单、餐饮结算单及有关表格(如行李交接单、租车结算单、客人意见表及导游图等);自己的手机和个人必备用品;足够的团款等。

3. 形象准备

导游人员的形象也代表了当地旅游业的形象,因此在上团前,导游人员要做好仪容仪表方面的准备:着装整齐、简洁、大方,符合导游人员的身份,方便导游服务工作;佩戴首饰适度;不浓妆艳抹;佩戴好导游证。

(二)接团服务

1. 提前到达

旅游团抵达前,要确认旅游团所乘交通工具和抵达时间,并与司机取得联系,确定见面的地点和时间。导游人员应提前半小时到达旅游团的下车站点,准备接站。

2. 迎候旅游团

当客人出站时,导游人员举接站牌站在醒目的位置,待旅游团全陪(领队)前来联系,自己也要集中注意力仔细寻找所要迎接的客人。

3. 接站服务

接到旅游团后,导游人员要及时与全陪(领队)接洽,核实全陪(领队)的姓名以及团队的客源地、组团社、团队人数等信息,防止发生错接旅游团的事故。如果旅游团的人数有变化,应及时通知旅行社。

导游人员应走在团队最前面,提醒游客带好行李,并引领游客上车。游客上车时,导游人员站在车门一侧,请游客上车,必要时协助或搀扶游客上车就座。待游客坐稳后,地陪清点人数,并检查行李是否放稳妥,等游客坐稳后请司机开车前往目的地。

4. 途中导游

从机场前往饭店或景点途中,导游人员要做好以下几方面的工作。

1) 致欢迎词

向客人致欢迎词时应亲切、热情、简洁,欢迎词可以包含以下几方面的内容。

(1) 欢迎语:代表旅行社、本人和司机欢迎游客光临。

(2) 介绍语:介绍自己、司机、旅行社。

(3) 态度语:表明自己的态度,表达提供服务的真挚愿望。

(4) 希望语:希望游客给予配合,欢迎提出意见和建议。

(5) 祝愿语:对游客表示美好的祝愿。

2) 首次沿途导游

旅游车离开机场、火车站,导游人员要做好导游讲解工作。首次沿途导游是展示导游知识、技能的机会,精彩的导游讲解可以使游客产生信任感和满足感,从而帮助导游人员树立良好的形象。

导游人员应先将文明旅游的有关法律规范和相关要求向游客进行提示和说明;引导游客爱护公物、文物,遵守交通规则,尊重他人权益。首次沿途导游的内容主要包括:介绍旅游行程及旅游注意事项、介绍当地的风土人情、介绍沿途的风光等。导游人员要主动提醒游客尊重当地的风俗习惯、宗教禁忌。

(三) 入住酒店服务

1. 协助办理住店手续

旅游团抵达酒店后,导游人员向游客收取旅游相关证件,协助全陪(领队)办理住店登记手续;在全陪(领队)分发房卡时,地陪应记下全陪(领队)和团员的房间号,并将自己联系的办法告诉全陪(领队),以便有事时尽快联系;导游人员还要向游客介绍酒店的设施设备,告知游客用餐地点,对房间内的设施设备、收费项目也要进行说明;与全陪商定好叫早时间后通知游客,并告知前台。

2. 提醒注意事项

导游人员应提醒游客爱护住宿场所的设施设备,注意维护客房和公用空间的整洁卫生,提醒游客不在酒店禁烟区域抽烟;还要提醒游客在客房区域举止文明,如在走廊等公共区域衣着得体,出入房间应轻关房门,不吵闹喧哗,宜调小电视音量,以免打扰其他游客休息。

3. 处理入住过程中的问题

游客入住房间后,地陪不要急于离开,要协助酒店处理游客在入住过程中可能出现的问题,如设施设备情况、卫生情况等,有时还会出现游客对房间朝向、位置不满意需要调换的现象。

（四）参观游览服务

1. 出发前的准备

导游人员应携带上团的各种物品，提前10分钟抵达集合地点，迎候游客。上车前，要清点人数。如果有人未到，及时请全陪（领队）寻找，若有人愿意不参团，要视情况按照有关规定处理。

2. 赴景点途中的服务

在旅游团乘车前往景点途中，导游人员要调动游客的积极性，主要做好以下几方面的工作。

（1）先向游客讲明当日的活动安排、旅游景点的游览情况、午晚餐的时间与地点。

（2）沿途做好风光导游，也可以对当前热门话题进行交流。

（3）快到游览景点时，介绍景点的概况，激发游客的游览欲望。

（4）还可以组织适当的娱乐活动活跃气氛。

3. 景点导游服务

1）强调游览注意事项

旅游团抵达景点时，地陪要在游客下车前讲清旅游车的标识、车号和停车地点、开车的时间，告诉大家一旦走散，要在集合时间前到集合地点与全团会合。

导游人员应提醒游客遵守游览场所的规则，依序文明游览。在自然环境中游览时，导游人员应提示游客爱护环境、不攀折花草、不伤害小动物、不进入未开放区域。观赏人文景观时，导游人员应提示游客爱护公物、保护文物，不乱写乱画。在参观博物馆、教堂等室内场所时，导游人员应提示游客保持安静，根据场馆要求规范使用摄影摄像设备，不随意触摸展品。

2）导游讲解

进入景点后，在景点示意图前，地陪应讲明景点内的游览路线、所需时间、集合时间和地点等。同时，还应向游客讲明游览过程中的有关注意事项。

导游人员带领游客按照接待计划中的游览路线对景区内的景物进行讲解，主要包括景点的历史背景、特色、地位、价值等方面的内容。导游人员讲解的内容要力求准确，语言要生动形象，讲解时表情要大方自然、声音大小要适中。

在游览过程中，导游人员宜将文明旅游的内容融合在讲解词中，进行提醒和告知。还要特别注意游客的安全问题。一旦发生意外情况，导游人员要尽快、及时处理。

4. 返程服务

景点游览结束后，导游人员引导游客上车，清点人数，返回酒店。旅游车上要先回顾当天参观、游览的内容。若不从原路返回酒店，地陪应视游客的情况做沿途风光导游。在返回酒店下车前，地陪要宣布次日活动日程；提醒晚间活动注意事项；根据次日旅游行程安排叫醒服务。

知识活页

导游员语言的"八有"

（五）用餐服务

1. 用餐前的准备工作

导游人员要提前落实旅游团当天的用餐情况，对午餐、晚餐的用餐地点、时间、人数、标准、特殊要求逐一核实并确认。如在旅游旺季，应在落实用餐前1—2小时进行再次确认。

2. 用餐服务

导游人员带领旅游团到达餐厅，确定好团队用餐的位置，引领游客就座。如果是旅游团第一次用餐，导游人员要提醒游客注意用餐礼仪，有序就餐，避免高声喧哗干扰他人。如果是游客自行点菜，导游人员要引导游客就餐时适量点用，避免浪费。还要告知游客具体的用餐标准（是否含酒水等）。开始上菜后，导游人员方可去用餐。在用餐过程中，导游人员要巡视旅游团用餐情况1—2次，解决游客在用餐中遇到的问题。在游客用餐结束之前，导游人员应提前结束自己的用餐。用餐结束后，导游人员与餐厅进行结账。

（六）购物服务

1. 提醒文明事项

经旅行社与游客协商一致需要进行购物服务时，导游人员要做好相关提醒工作。在购物活动前，导游人员应提醒游客购物活动结束时间和购物结束后的集合地点，避免游客迟到、拖延而引发的不文明现象。在购物服务中，导游人员应提醒游客理性、诚信消费，适度议价，善意待人，遵守契约。导游人员应提醒游客遵守购物场所规范，保持购物场所秩序，不哄抢喧哗，试吃试用商品应征得同意，不随意占用购物场所非公共区域的休息座椅。

2. 做好购物顾问

当游客参与购物时，地陪应做好游客的购物参谋，积极地向游客推介商品、讲解其文化内涵，对游客所购商品给予客观、积极、公正的评价。

（七）娱乐服务

1. 提醒文明事项

如果旅游团安排了文娱项目，导游人员应组织游客安全、有序、文明、理性参与娱乐活动。导游人员应提示游客注意文明参与娱乐活动，包括：观赏演艺、比赛类活动时遵守按时入场、有序出入的秩序；中途入场或离席以及鼓掌喝彩合乎时宜；根据要求使用摄像摄影设备，慎用闪光灯。

导游人员应提示游客观看体育比赛时尊重参赛选手和裁判，遵守赛场秩序；提示参加涉水娱乐活动的游客听从工作人员指挥，注意安全，爱护环境；在游客参加和其他游客、工作人员的互动活动时，文明参与、大方得体，并在活动结束后对工作人员表示感谢,礼貌话别。

2. 陪同参加文娱活动

导游人员在安排文娱活动时要严格执行接待计划,对于计划内安排的文娱项目要不折不扣地予以执行,在适当的时候向游客讲解和介绍所参与的文娱活动。导游人员应全程陪同旅游团参与活动,时刻关注旅游团的动向,关注旅游团的安全问题。

(八) 送团服务

1. 送团前的准备工作

旅游团离开本地前一天,导游人员要检查与核实旅游团离开本地的交通票据是否订妥,如果旅游团乘坐的航班、车次及离站时间有变更,要及时通知旅行社,以便通知下一站接待社。

2. 确定出发时间

导游人员与(全陪)领队商定叫醒时间并通知游客;与司机商定出发时间,将确定的出发时间及时告知游客。

3. 离店服务

离开饭店前,导游人员要提醒游客带好自己的旅行证件、随身物品和行李,协助游客与酒店结清有关自费项目;协助旅游团办理退房手续;退房手续办理后带领游客上车,清点人数,再次请游客检查旅行证件和随身携带的物品,通知司机前往机场或车站。

4. 送行服务

前往机场或者车站途中,地陪可以视旅途长短进行沿途风光导游,并回顾在当地的旅游活动。快要抵达机场或车站时,向游客致欢送词。欢送词的内容包括:回顾旅游活动,感谢大家的配合;表达友谊和惜别之情;诚恳征求游客对接待工作的意见和建议;旅游活动中有不顺利或旅游服务有不尽如人意之处,导游人员可借此机会再次向游客赔礼道歉;表达美好的祝愿。

5. 办理离站手续

旅游团提前到达机场或车站,导游人员照顾游客下车,提醒游客带齐随身行李物品。

导游人员带团前往机场或车站时,必须留出充裕的时间。对到达时间的具体要求是:出境航班提前2小时或在航空公司规定的时间内;乘国内航班提前15小时;乘火车提前1小时。

导游人员要引导游客主动配合机场、车站、港口以及安检、边防(移民局)、海关的检查和指挥。如果旅游团乘国内航班离开,要协助旅游团办理行李托运手续,待交通工具驶离后方可离开机场。如果旅游团要乘坐国际航班出境,地陪要向领队或游客介绍如何办理出境手续,并协助旅游团办理托运行李手续。待一切办妥后,导游人员方可离开。

（九）总结反馈

1. 结账

送团后，导游人员要完成后续工作，与财务部门结清账目，归还向旅行社借用的物品。

2. 总结汇报

旅游行程全部结束后，导游人员向旅行社递交的带团报告或团队日志中，要实事求是地汇报接团情况，宜有总结和反馈文明旅游引导工作的内容，还要对旅游期间出现的重大事故进行具体描述与总结。导游人员宜与游客继续保持友好交流，并妥善处理遗留问题。

四、旅行社特殊团队接待礼仪

特殊团队是指有别于一般旅游团、观光团，具有其自身特点的旅游团队。旅行社在安排组织接待特殊团队时，应根据他们的特点，有针对性地开展组织接待工作。

（一）新闻记者或旅游代理商接待礼仪

旅行社组织接待新闻记者或旅游代理商，目的是介绍自己设计的旅游路线，使其通过亲身体验了解并熟悉本社的业务和旅游目的地的情况，产生组团消费本社旅游产品的愿望，宣传并介绍本社的旅游业务。接待旅行社组织新闻记者或旅游代理商需要注意以下几点。

（1）精心设计旅游线路。旅行社应派专人预先按线路采访一下，并落实各地的准备工作。如每个地方的景点、交通、住宿、膳食的安排等，都要反复检查确认。

（2）邀请团在考察过程中的活动，尤其是交通、食宿、参观游览、文娱活动等，应与将来旅行社组团的活动基本一致。

（3）配备最佳导游。导游人员是邀请团活动成功与否的关键。旅行社要选择有经验和学识丰富的导游人员带团游览，讲解既要深入浅出，又要诙谐动听、妙趣横生，让新闻记者或旅游代理商获得好的服务感受，以便其更好地宣传旅行社和旅游产品，起到扩大影响、吸引游客的作用。

（二）大型团队接待礼仪

接待大型团队的旅游活动，其难度比接待一般旅游团都要大。接待人员必须同时具备较高的业务水平、宏观控制能力与严谨的工作作风，才能够圆满完成接待任务。接待大型团队应注意以下几个方面。

（1）及时与各有关单位确认活动日程。

（2）检查接待人员的准备工作情况。

（3）部门经理亲临机场或码头查看迎接团队的场地、乐队站立的位置及停车点。

(4)事先安排专人入住酒店,与酒店客房部经理等共同检查房间内的各种设施是否完备可用。

(5)与车队联系,确定出车顺序,在车上贴上醒目车号和标识。

(三)残障人士团队接待礼仪

接待残障人士旅游团队,最重要的是要有满腔热忱,时刻注意保护其自尊心。接待人员在生活服务方面一定要细心周到,想方设法为他们提供方便;在游览过程中,应尽量满足他们的要求;在日程安排方面,要考虑到他们的身体条件和特殊需要,时间应宽松些,所去景点应便于残障人士活动。

(四)商务考察团队接待礼仪

商务接待是旅行社接待人员日常工作的重要组成部分。有客来访,尤其是有业务伙伴到访,预示着新一轮的业务工作即将开始。作为接待方,旅行社接待人员必须全力展示企业形象,提升企业信誉度。

1. 约见客人的礼仪

约见客人是指旅行社接待人员事先征得客人同意,协调见面的各项活动。约见礼仪要求具体如下所述。

(1)约见的时间要适宜。接待人员约见客人时应以方便客人为标准,而不是由自己单方面做决定。时间一旦约定,要注意守时。

(2)认真细致地做好准备工作。当接待人员确定旅行社将有客人来访时,首先应去会客室做相关待客准备,在客人到来之前把准备工作做好。

(3)提前到达约定地点。约见客人不可出现让客人等待自己的情况。

(4)约见地点要方便。约见地点的选择最好尊重客人的意见。如果商务洽谈活动不方便在旅行社进行,可以约客人到合适的场所会面洽谈。

2. 面见客人的礼仪

1)服装整洁,仪表端庄

着装要符合职业特点,既不要太过保守,又不能太过新潮。面见客人时,姿态要优雅、端庄。交谈时与客人保持适当的距离,不要有不良习惯和小动作。大方、得体的仪容仪表能给客人留下稳重、可靠的印象,进而赢得客人的好感和信任。

2)保持微笑,优雅行礼

旅行社的接待人员要时刻保持饱满的精神并面带微笑,为客人营造愉悦的洽谈氛围。行礼是诚心的表现,商务接待讲究真诚信用。所谓优雅行礼,不仅仅指外形上要有规矩,而且还要表现诚心诚意的内涵。

3)用握手表达真诚

礼貌地握手能增添会谈双方的亲切感。握手时,姿势要端正,正视对方的眼睛,并表现出诚意。

4) 问候、说话要谦和亲切

对于来访的同行或业务伙伴,应该像招呼老朋友一样热情、亲切,让其感到被重视。但是这种热情也要把握分寸。过分的热情只会适得其反,让客人产生一种高度戒备的心理。

3. 商务洽谈的礼仪

1) 营造融洽友好的气氛

在旅行社的商务洽谈中,融洽友好的气氛是洽谈得以顺利进行的重要条件。接洽者的语言表达应分寸得当,使洽谈双方始终处于一种友好和谐的气氛中。出言不逊、表达不当都会引起对方的反感和不满,会阻碍谈判,甚至导致洽谈的破裂。

2) 平等待客,慎重洽谈

接待人员对旅行社的客人应该平等相待,有差别地对待客人是很不礼貌的行为。客人未离开时,不要谈论该客人的事。有些来访者的真正目的不在于商务洽谈,而在于打探情报或商业机密,因此,接待人员对客人的询问要慎重处理。

3) 仔细倾听,注意观察

在商务接洽过程中,除了仔细倾听对方的发言,还要注意观察对方的举止、神情、仪态,以此调整自己的语言表达方式,通过适当的语言投石问路,探查对方的想法,以获得必要的信息。

4) 注意分寸,留有余地

旅行社接洽人员在洽谈时一定要注意分寸,说话时给客人留有余地,也要给自己留下进退的空间。洽谈中,如对某些复杂的问题或意料之外的事情不能马上做出准确判断,可以运用模糊语言给出有弹性的回答,以争取时间做必要的研究和制定应对方案。

5) 要表现得有风度

洽谈人员在介绍旅行社业务时要做到客观真实,在洽谈过程中不要急于求成,应始终保持一颗平常心。洽谈工作进行得较为顺利时不要喜形于色,遇到客人推辞拒绝时也不要垂头丧气。总之,凡事要表现得有风度、有涵养。接待人员往往是先推销形象,再推销产品。

4. 展示区接待礼仪

旅行社经常组织门市部参加不同地区、不同等级的旅游交易会。旅游交易会是旅游企业集中展示并销售旅游产品的阵地,也是树立良好企业形象的重要场所。因此,对参加展会的工作人员有较高的礼仪要求。

(1) 展示区工作人员应以合乎礼仪的站姿做好为客人服务的准备,不能有把手叉到衣服口袋里或歪坐在展位上等不佳仪态,这些举止使人显得漫不经心、缺乏热情。

(2) 坚持微笑服务,保持服饰整洁美观,精神饱满。

(3) 保持优美仪态,不要和同事闲聊,不得坐在展位上吃东西、喝水或在展台附近走来走去阻碍交通。

(4) 注重展台美观整洁，不要把所有资料都摆放出来，以免显得展台凌乱不堪。

(5) 应该主动向前来咨询的客人问好，用规范的礼仪引导客人入座，并做简单的自我介绍。

(6) 在第一时间判断客人的类型，引导客人并认真倾听他们的谈话，鼓励客人回忆旅游经历，尽可能了解客人的旅游喜好及服务需求。

(7) 引导客人在多个旅游产品方案中选择，谈话时多使用短句，口齿清晰，语速适中，专业术语的使用应通俗化，这样既方便客人理解，又展示了自身的专业素质。

5. 接待国外客户的礼仪

接待外国客户除了遵循一般的礼仪规范，还可以运用多种技巧。注重细节会给客人留下良好的印象，为之后的合作增加成功的把握。

1) 会议室的饮品

客人来到旅行社后，可以带他到会议室或者展厅里就座，此时不妨询问"Can I bring you something to drink?"（您想喝点什么？），或者"Coffee or tea?"（喝咖啡还是喝茶？）。一般来说，很多客人在中国的时间安排都比较紧张，早餐吃得比较仓促，有的餐厅早上没有咖啡供应，对他们来说是很难受的。如果在正式谈话之前给他们来杯咖啡或者茶等，不但有助于提神，还会使他们的心情变得更好。

2) 会议室的小糖果

会议室里与其放水果，不如放点小糖果（薄荷糖或者咖啡糖，小袋包装的巧克力也可以）。许多外国人喜欢吃甜食，对中国的饮食不习惯也导致他们比较容易有饥饿感。这个时候，小糖果就能起到大作用。

3) 下午的小点心

如果外国客人到来的时间是下午三四点，那么可以提供一些做工精致的小点心。如果在展会上，接待人员陪外宾在展位上洽谈了很长时间，有些疲劳，这个时候有工作人员送上一些小点心，一定会让外宾感觉非常贴心。

知识活页
▼
旅游汽车司机服务礼仪

◇ "1＋X"证书直通车 ◇

1. "1＋X"旅行策划职业技能等级证书（中级）：要求旅游从业人员能根据服务礼仪规范和业务的需求，从事定制旅游产品需求预判、策划创意、产品制作、供应商管理等作业。

2. "1＋X"研学旅行策划与管理（EEPM）职业技能等级证书（中级）：要求旅游从业人员能为中小学生提供针对性安全管理、教学辅导和策划管理，对中小学生进行实践教育，掌握课程策划和设计等新知识、新技能。

任务三 景区服务礼仪

任务描述：本任务对景区各岗位的礼仪基本要求和接待服务基本技巧进行了较为全面的介绍，包括景区票务接待、景区闸口服务、景区讲解礼仪以及景区员工的素质要求和提高景区服务质量等内容。

任务目标：了解提高景区服务质量的方法；熟悉景区接待人员的基本业务要求；掌握景区各部门对员工服务礼仪的基本要求；熟练掌握景区各部门接待服务的基本技巧。通过本任务的学习，学习者能够对景区所有岗位的职责范围和基本业务要求有清晰的认识，并且能在实践中按照景区接待流程为游客提供规范的接待服务，将自己塑造成合格的景区接待人员。

知行合一
Zhixing Heyi

杨柳青古镇民俗研学游

为了满足亲子共游共学的需求，让大家享受到一场深度文化游，天津市杨柳青民俗文化馆推出先参观、再上课、后体验的民俗文化研学活动，真正实现了文化和旅游的融合。活动中，讲解员带着小朋友和家长们，一边参观，一边了解运河文化、杨柳青的民俗文化、年画文化、建筑文化和"赶大营"文化等内容，然后到年画小课堂听年画故事、看年画制作流程以及年画的传承等，最后亲自上阵体验制作，完成一幅属于自己独立创作的传统木版年画。

活动中，小朋友们既能够学习到传统的民俗文化内容，还能够有创新，用彩色铅笔描绘传统年画。最后，还能够将自己制作的年画现场装裱起来带回家摆到写字台上，深受小朋友和家长们的喜爱。

民俗研学游内容：逛民俗馆听讲解—上民俗小课堂学习—看年画制作—动手制作年画作品—带民俗作品回家。

景区的从业人员要做到熟悉景点及景区各类服务设施、景区开放和关闭时间及景区内游览路线等各项基本内容，同时也要熟悉前往景区的行车路线，对游客要做到有问必答。对于优质的服务景区，从业人员应做到"五到位"：态度到位、技能到位、方式到位、细节到位、效率到位。做到"五心"：对待一般游客要热心，对待老幼病残孕游客要关心，解答游客询问要耐心，为游客服务要诚心，让所有入园的游客舒心。在岗位上做到"三无"指标：无投诉、无服务事故、无安全责任事故。

分析

一、景区接待礼仪

(一)票务工作人员接待礼仪

景区的票务工作是景区工作第一线中的重要环节,是满足游客需要的第一步工作。票务工作是旅客了解旅游景区的窗口,在旅游服务中占有重要地位。票务服务的质量好坏,关系到能否在游客中创造良好的第一印象,形成一定的口碑效应,更直接关系到景区的经济效益。

1. 岗前准备阶段礼仪规范

(1) 必须提前10分钟到岗,做好交接班记录,做到"三齐"(工作服齐、工作牌齐、上岗证齐)上岗准备工作。

(2) 按照仪容仪表的规范要求着装。

(3) 票房内外桌面、玻璃、公告牌、栏杆等要擦拭干净,同时要保持地面整洁,环境卫生达到环境管理的标准。

(4) 做好售票前的准备工作,备好售票用品,准时开始售票。

2. 售票阶段礼仪规范

1) 主动热情

(1) 售票员要端坐在售票窗前,面部表情亲切自然。游客走近窗口时,售票员面带微笑目视客人,耐心询问客人需要购买的票种和数量。做到用"您好"开口,以"请"字当先、"谢"字结尾。态度要和蔼,音量适中,吐字清晰。

(2) 回答游客询问、递票找钱时,语言要简洁、清晰,语速适中,语调适度。

(3) 售票员需根据景区门票价格及优惠办法向游客出售门票,主动向游客解说优惠票价的享受条件。

2) 耐心周到

(1) 闭园前一小时内购票的游客,应提醒游客景区的闭园时间及景区内仍在进行的主要活动,以便游客在短时间内能够游览到更多的项目。

(2) 游客买错票或多买了票,在售票处办理退票手续时,售票员应根据实际情况办理,态度和蔼,耐心地处理问题,以游客满意为宗旨,及时填写退票通知单,以便清点时进行核对。

(3) 根据游客需要,实事求是地为客人开具门票发票。

3) 细心负责

(1) 严格执行票务管理制度,禁止出售回笼票。票款日清月结,长款上缴,短款自补。

(2) 在岗时,不做与工作无关的事情,出入票房时随手锁门。

(3) 不得擅自离开工作岗位。有事需要离开一会儿时,售票台面不留票款,要锁好抽屉,保管好票款。

(4) 游客对公园各项设施以及服务提出问题或质疑时,无论正确与否,都要做到先接受再耐心解释。态度要和蔼,语言要婉转、礼貌、规范、准确、得体。

(5) 如发现窗口或附近有炒卖门票现象时要及时制止,并报告保安部。

(6) 遇到假钞时,应严格按规定程序操作。同时兼顾游客情绪,做到"合情合理,灵活处理"。

(7) 做好售票中的统计工作,做到按时上报、数据准确。

(8) 与旅游团签单时,做到准确、规范、无漏项。

(9) 保持票房内外卫生,保持桌面清洁,符合环境管理体系标准。

(10) 交接班时,认真核对门票、钱款数量和门票编号。

(11) 售票结束,售票员应向游客说"谢谢"或"欢迎下次光临"等礼貌用语。

实际工作中,常常会出现因为游客对优惠票的实施政策的理解和工作人员执行的差异而发生争执。此时更应注意礼貌待客、文明服务,做到让游客满意、信服。

3. 售票结束阶段礼仪规范

(1) 清点账后余款、余票,规范、准确填写单据和凭证,锁好保险柜,确保票款安全。

(2) 对票房门、窗、保险柜及各项设备进行安全检查。

(3) 保持好室内设施、售票台面及环境卫生。

(4) 做好交接班工作。

(5) 保存好工作服和工作鞋,对有污渍的工作服和工作鞋要及时清洗。

(二)闸口工作人员接待礼仪

1. 岗前准备阶段礼仪规范

(1) 必须提前10分钟到岗,做好"三齐"(工作服齐、工作牌齐、上岗证齐)上岗准备工作。工作牌端正位于胸部左上方,禁止遮挡、覆盖。

(2) 按照礼仪服务标准着装。

(3) 搞好责任区内环境卫生,将栏杆、票箱内外擦拭干净,做到地面无尘土、无废弃物、无污迹、无积水。

(4) 做好验票前的准备,及时开门验票。

2. 验票阶段礼仪规范

1) 服务热情

(1) 验票岗位实行"四定":定人、定岗、定位、定时。

(2) 站立时应端庄挺拔,不倚靠其他物体。

(3) 验票过程中面带微笑,用"您好"开口,以"请"字当先、"谢"字结尾。

(4) 数票、点人数要快、轻、准,辅助手势要符合礼仪标准,五指并拢,掌心向上,禁止用手指点游客。

(5) 验票期间严禁吃零食、抽烟。

(6) 验票时,禁止与工作无关的言语。

知识活页

旅游景区接待服务文明用语

(7)景区凭票入场,严禁无票人员入内。

(8)游客入闸时,验票人员应要求游客一人一票,并认真核验游客手中的门票,经查验有效的,撕下门票副券,还给游客正券。

2)酌情处理

(1)高峰时间或者人流较为集中时,视情况多开几个通道或加装排队护栏。机动人员要随时提供支援,共同完成任务。

(2)在团队漏票、劝超高儿童补票时,语言要婉转、语调适中,用平和心态协商解决,禁止对游客使用命令式语言。

(3)对持有无效门票的游客,应说明原因,并要求游客办理购票或补票手续。

(4)每张门票的查验时间控制在5秒之内,防止有假票。帮助游客通行,同时通过语言提示游客。

(5)如遇滋事者,应及时礼貌制止、耐心说服。如无法阻止,立即报告安保主管,切忌在众多游客面前争执,应引到旁边进行处理。

3)严格执行

(1)严格执行制度,认真检票,撕票快捷,不错不漏。客人要求留票时,注意保持正票的完整。严禁留全票,坚决制止回笼票。

(2)严格执行保密制度,协助有关部门做好特殊游客的保卫工作。

(3)岗上不做与工作无关的事情,不接待亲友,不与他人闲谈。

(4)严格按要求做好游客统计工作。

(5)遇旅行团游客或持半票、免票的游客入园时,应按照景区有关规定做好查验和登记相关工作。

(6)严禁出现漏票、逃票、无票放人现象。

(7)熟悉旅行团导游、领队带团人员的查验方法以及相应的免票人员规定。团队人员参观时,需要登记游客人数、代表的国家及地区、旅行社名称等信息。团体票或其他票做好协助、解释、服务工作,"一站式"解决问题。

(8)遇到行动不便的老人或者小孩,应本着"以人为本"的原则,主动予以协助,做到有爱心、细心、耐心,帮助其通过闸口。

(9)始终保持闸口的井然有序和干净卫生。

3. 验票收尾阶段礼仪规范

(1)清理票箱,做好票务统计工作。

(2)做好责任区卫生工作。

(3)做好设施和责任区内的安全检查工作。

(4)按规定做好交接班工作。

(5)做好工作服和工作鞋的清洁工作。

旅游景区入口导入服务

(三)游客中心工作人员服务礼仪

1. 游客中心人员配置

游客中心应配备咨询员。

(1)大型游客中心应配备4名以上工作人员,并保证有3名工作人员同时在岗进行旅游咨询工作。应提供普通话、英语或当地方言等语言服务。

(2)中型游客中心应配备3名以上工作人员,并保证有2名工作人员同时在岗进行旅游咨询工作。应提供普通话语言服务。

(3)小型游客中心应配备2名以上工作人员,并保证有1名工作人员在岗进行旅游咨询工作。应提供普通话语言服务。

2. 游客中心工作人员服务时间和内容

(1)游客中心每天的开放时间应当根据旅游景区的开放时间确定,夜间要有专人值班管理。游客中心也可以根据旅游季节的差异或重大节庆活动延长或缩减服务时间,并在醒目位置进行公示。

(2)咨询员应熟练掌握工作范围所要求的相关知识,熟练使用游客中心的办公设备。包括:①回答游客提出的有关旅行和旅游活动的问询;②应游客要求,提供有关旅行和旅游等方面的建议;③为游客提供旅行、游览等方面的信息资料,如当地地图、导游图及景点介绍等;④记录游客投诉,并及时向相关部门转达;⑤接受旅游救助请求,并协助相关部门进行旅游紧急救助;⑥为游客提供反映旅游景区特色的纪念品和书籍。

3. 游客中心工作人员礼仪规范

(1)接待游客咨询时,应面带微笑,且双目平视对方,全神贯注,集中精力,以示尊重与诚意,专心倾听,不可三心二意。

(2)应有较高的旅游综合知识,对于游客提出的关于本地及周边区域景区情况的询问,要提供耐心、详细、准确的答复和游览指导。

(3)答复游客的问询时,应做到有问必答、用词得当、简洁明了、客观真实。

(4)接听电话时,首先应报上自己的姓名或工号、景区名称。回答电话咨询时要热情、亲切、耐心礼貌,要使用敬语。

(5)对于暂时无法回答的问题,应向游客说明,并表示歉意,不能简单地说"我不知道"之类的用语。

(6)通话完毕后,应说再见,并确认对方挂电话后再挂断电话。

二、景区讲解服务礼仪

随着社会的进步,游客的文化修养层次不断提高,游客对讲解员的期望和需求也越来越高,游客不仅想听到具体的景点知识,还希望讲解员的讲解生动有趣。作为一名合格的讲解员,不仅要熟读背诵讲解词,还要有较高的学识水平、完备的知识结构、运用知识的能力和驾驭语言的技巧。讲解员沿途讲解,不仅需要对讲解内容非常熟悉,更需要扎实的文学功底和正确、优美、得体的语言表达。俗话说"江山美不美,全靠讲解员一张嘴",讲解员就是景区的宣讲员,是景区的形象大使。讲解员通过生动的讲解,使游客在静态的景点中感受到动态的美,使景点变得鲜活美丽,从而使游客更进一步了解景区,提高游客对景点人文景观和自然景观的认识。

(一)岗前准备阶段

(1)必须要提前10分钟到岗,做好"三齐"(工作服齐、工作牌齐、上岗证齐)上岗准备工作。工作牌端正位于胸部左上方,禁止遮挡、覆盖。

(2)照礼仪服务标准着装。

(3)检查仪容仪表,注意个人卫生。

(4)检验并调试话筒音量,备好备用电池。

(二)仪态举止要求

讲解员给人的第一印象尤为重要,端庄大方、有亲和力的表现都会为第一印象加分。景区的女讲解员可以化淡妆,但是不能浓妆艳抹。男讲解员面部也要干净整洁,包括口腔卫生,保持口气清新,同时注意指甲和鼻子的干净卫生。讲解员的微笑要亲切自然,目光真诚友善。

1. 站有站相

讲解员站立时,要落落大方、姿势端正、双手下垂、手势规范。讲解时,要面对游客。用手势示意或者指向某个地方时,要及时转过身子,不能背对着游客。俗话说"站有站相",良好的站姿能够展现美好的气质和风度,所以身体不能依靠物体,不晃动,手不抱肩、不插兜,不让游客产生歧义。站着的时候,更不能做挖鼻孔、剔牙、挠头、掏耳朵等不雅举止。

2. 步态轻盈

讲解员的速度不宜过急、过快,以免游客掉队或者走散。行走时要步态轻盈,抬头挺胸,不能左右摇晃或脚不点地;要与游客保持一定的距离,不能太近也不能太远。行走的过程中有台阶、狭窄路段及上下楼梯时要及时主动提醒游客注意安全。提倡尊老爱幼,多关注老人、小孩和有特殊需要的人,积极帮助他们解决在旅游中遇到的实际困难。

3. 正确使用肢体语言

讲解员在讲解的时候可以适当运用肢体语言,如手势、体态及表情来表达感情,强化所讲内容。引导时,右手或者左手抬高至一定高度,五指并拢,掌心向上,以肘部为轴,呈30°—45°方向,要大方自然,不能伸出兰花指或频繁摆动手指。当确认需要指人或者指物时,应五指并拢指向人或物。

(三)讲解基本要求

1. 语音语调要合适

讲解员在讲解的时候要根据游客的数量、外界的干扰情况决定讲解时声音大小,做到发音准确、吐字清晰,保证后面的游客也能够清楚地听到讲解的内容。讲解时要语速适中、有快有慢、富有变化性,有合理的停顿,使讲解抑扬顿挫,更好地吸引游客。

2. 内容要准确

讲解员要熟悉业务,熟悉自己的工作,对讲解内容有充分的准备,思路清晰;讲解要因人而异、因时而异,根据游客的心理及周围环境来安排讲解地点、时间及内容。

每个景区讲解分成几部分,每部分讲几点,做到心中有数;讲解用词恰当得体,多采用修辞方法,使整个讲解过程既专业又活泼;讲解的内容要规范,用词要准确,并经得起推敲,不能说"好像""可能"。不清楚年代或者突然忘记时不能擅自编纂、修改,不能信口开河。

3. 肢体语言要恰当

讲解员要善于使用肢体语言,使用手势、体态和表情来表达感情。讲解员讲解的时候要边游边导,以强化要讲解的内容。讲解时不做夸张的表情和动作,要与游客保持约1.5米的距离。讲解时眼神要和游客进行交流,不能只看天空或者地面。面对游客讲解,这是对游客最基本的尊重。

导游解说技巧

4. 方法要创新

讲解员要想使讲解内容生动有趣,要有创意、构思新颖,这样才能够与众不同、脱颖而出。在整个讲解的过程中,巧妙布局,将整个部分有机结合起来,然后再分成一个一个的亮点,就像珍珠一样,每一颗都是精美的,串起来就是一条精致的项链。讲解方法有很多种,如问答法、类比法、联想法、画龙点睛法、触景生情法、设置悬念法等,讲解员要根据实际情况灵活使用。

景区员工的素质要求

5. 语言要有感染力

讲解员在讲解的时候不仅要熟悉讲解词,讲解时还要有亲和力,要有感情地加以描述,语调要随着讲解内容的变化而变化,语言要丰富流畅。讲解员讲解时要善于自己断句,进行再创造,形成自己的讲解风格,有自己的讲解特色。使用形象化的语言,使讲解具有趣味性、生动性,甚至幽默性。讲解时要根据景点的游览顺序,循序渐进地从一个景点到另外一个景点进行讲解;景点和景点之间要自然过渡,不能呈现跳跃式讲解,要条理清晰。

(四)收尾工作

(1)认真填写讲解记录,不断总结经验与教训。

(2)及时反馈重要信息。

(3)存放好工作服和工作鞋,对有污渍的工作服和工作鞋要及时清洗。

景区旅游服务质量的提高

任务四　会展服务礼仪

任务描述：本任务对大型会议和展览会接待的礼仪基本要求和接待服务技巧及注意事项进行了较为全面的介绍，包括会前准备礼仪、会中接待礼仪和会后服务礼仪等内容。

任务目标：熟悉会展工作人员在会前准备、会议进程中和会后服务的基本业务规范；掌握各类大型会议和展览会对工作人员服务礼仪的基本要求；熟练掌握各类大型会议和展览会的接待服务基本技巧。通过本任务的学习，学习者能够对各类大型会议和展览会所有岗位的职责范围和基本业务要求有清晰的认识，能够在实践中按照礼仪要求提供规范的接待服务，并能够从中发现问题、解决问题，锻炼实际操作能力。

专业的展会接待

李经理受邀参加一个行业展会，展会通知中说这次由一家专业的会展公司承办，李经理希望通过这次展会了解这个类型的组织。展会召开的前一天，忙碌的他抵达机场后，遇到飞机晚点，经过4个多小时的旅程后才到达目的地。飞机落地后，他就收到一条来自展会承办方的短信："李先生您好，欢迎您来参加此次的展会，您旅程辛苦了，请您拿到行李后，在正对出口的地方寻找展会公司的工作人员，他们手持本次展会名称标牌，会为您安排此次行程。如果您没有找到，请您拨打如下电话联系。谢谢。"李经理按照短信内容顺利地找到接待人员，他们迅速为李经理安排了去往酒店的车辆，李经理坐在舒适的车里感到非常满意。

会展是指会议、展览等大型集体性商业或非商业活动的简称。其概念内涵为在一定地域空间，许多人聚集在一起形成的定期或不定期、制度或非制度的传递和交流信息的群众性社会活动。其概念外延包括各种类型的博览会、展销活动、大中小型会议、文化活动、节庆活动等。特定主题的会展是指围绕特定主题集合多人在特定时空的集聚交流活动。

狭义的会展仅指展览会和会议；广义的会展是会议、展览会、节事活动和各类产业或行业相关展览的统称。会议、展览会、博览会、交易会、展销会、展示会等都是会展活动的基本形式，世界博览会为典型的会展活动。目前，国内会展产业链已经相当成熟和完善。

会展业是现代服务业的重要组成部分,是人际交流和组织交流的重要平台,对礼仪规范有较高要求。会展的前期准备工作任务重、事情杂、头绪多,前期准备工作是否得当,不仅影响着参加者对主办方和组织者的印象,也决定了会展活动是否能够顺利进行。

一、会前准备礼仪

(一)发出通知

组织者应该在开会前的一定时间内,按照标准的格式及时将开会信息发送给与会者。举行会议的通知工作,原则上要以文字形式进行,具体方式可以采用电子邮件、信函或传真等。

在会议通知书上,要写明以下事项:会议名称;会议召开及结束的预计时间;会议场所(附导向图)和电话号码;会议的议题;对方答复是否出席的期限;主办者及其联络地址;会议有无停车场和其他事项(如有无会议资料、有无就餐安排等);回执及参加者的联系方式等。

会议通知书应该要求接收通知者给予答复。接到回执后,有些活动还会发出正式的邀请函。

另外,对会议的主要人物一定要多次沟通与落实,以保证会议的正常进行。

(二)整理回执及相应信息

工作人员收到会展活动参加者的回执后,需要整理回执及相应的信息如下。

1. 接待对象的基本情况

充分收集参会参展人员的情况是有针对性地做好接待工作的必要前提。收集的信息包括参会参展人员的基本情况,如所代表的国家及地区或组织机构的名称、参加人数及参加者的姓名、性别、年龄、身份、职务、民族、宗教信仰、生活习惯、健康状况等。这些信息可以通过回执、报名表和申请表等文件获取。

2. 参会参展的目的、意图

参会参展的目的、意图决定了参加者在会展期间的立场和态度。主办方应通过各种可能的途径了解和掌握其目的、意图及背景,以便有针对性地做好接待工作。例如,了解和掌握参加者以往的参会情况;是否第一次参与会展活动;过去不参与或中途退出的原因,这一次的参加原因、立场如何;其可能感兴趣的问题;在接待方面曾经提出过什么要求和希望等。

3. 抵达、离开时间及交通工具

要准确掌握参会参展人员抵达、离开的具体时间及所使用的交通工具,这也是安排人员和车辆迎接与送别的要求。

(三)拟定接待方案

收集信息后,会展工作人员应制订接待方案。方案被批准后,即成为会展接待工作的依据。方案一般包括以下内容。

1. 确定接待规格

接待规格是接待对象所受到的待遇,体现了主办者对接待对象的重视程度,主要表现在以下几个方面。

1)主办方出面的人员身份地位

迎接、宴请、看望、陪同、送别接待对象时,主办方出面的人员身份地位有三种情况:一是高规格接待,主办方出面人员的身份地位高于接待对象,以体现对接待对象的尊重;二是对等规格接待,主办方出面人员的身份地位与接待对象相同;三是低规格接待,即主办方出面人员的身份地位比接待对象低。

2)主办方安排宴请的规模

主办方安排宴请、参观游览、访问等活动的次数越多、规模越大、场面越隆重,说明规格越高,反之则越低。

3)主办方对接待对象的食宿标准

主办方确定的接待对象的食宿标准越高,则规格越高,反之越低。

总之,接待规格要依据会展活动的目标、任务、性质、接待方针并综合考虑参会人员的身份、影响等,还应考虑符合外事接待和相关接待政策的规定。

2. 明确接待内容

会展接待的内容包括接站、食宿安排、宴请、看望、翻译服务、观看文艺演出、参观游览、联欢娱乐、离返送别等,接待内容的安排应该服从于整个会展活动的大局,并有利于接待对象的休息、调整,使会展活动有张有弛、节奏合理,同时也能够为会展活动营造轻松、和谐的氛围。

1)安排接待日程

接待日程安排应当结合会展活动日程的整体安排通盘考虑,并在会展日程表中反映出来,以便接待对象及时了解和掌握。

2)明晰接待责任

接待责任指会展活动中各项接待工作的负责部门及人员的具体职责。接待责任必须分解并落实到每个人,必要时可以设立专门的工作小组。

3)预算接待经费

会展的接待经费主要包括安排接待对象的食宿和交通费用,有时候也包含参观游览、观看文艺演出等的支出。会展接待方案应当对接待经费的来源和支出有具体说明。

（四）及时预订

拟定接待方案后，需要按照方案要求及时预订酒店及会议场所。会场选址首先应考虑会展的性质，不同性质的会展需要选择不同的场所。此外，还应该结合参加人数、交通便利性、会展议程与性质、整体活动情况、场所的硬件设备等综合考虑之后选择并确定。有些会议还需要帮助参加者预订交通票等其他项目。

（五）再次通知及确认

在会议举办日期到来前，需要与参加者沟通，提醒他们有关事项，有些事宜还需要参加者给予回执和确认。

1. 证件方面

提醒参加者检查有效的身份证件。如果举办的是国际会议，还需要告知参加者检查护照和签证，包括检查护照的有效期以及签证的姓名、照片、有效期、签证类型、允许出入境次数、签证有效期与机票行程是否相符、多个目的地国家的签证与行程是否相符等，还要提醒参加者复印护照、签证的相关页面，以备使用。

2. 交通方面

（1）交通票价格及有关服务费符合参加者差旅政策要求，且参加者已经确认。

（2）书面告知参加者航空公司的相关规定及可能存在的风险，并要求参加者书面认可举办方和航空公司签署的协议。

（3）通知参加者始发机场及航站楼的名称、位置或火车站的名称、位置。

（4）确认转乘时间安排合理，如机场或火车站布局复杂，要提前告知或提供示意图。

（5）确认有专人负责出票后交通票变更等后续服务，处理紧急问题。如遇周末，需要提前获得机场或火车站值班人员的信息及联络方式。

（6）通知参加者交通票相关规定及紧急联络人。

（7）和参加者书面确认是否购买保险。

（8）通知参加者相关航班或车次信息。

（9）关注新闻，确认承运商及目的地没有突发事件（如极端天气、罢工等），如果发生，必须立刻采取相应行动。

（10）明确告知参加者其差旅政策是否需要保留登机牌等，以备会议结束后顺利报销。

3. 酒店方面

（1）确认所推荐酒店符合参加者相关差旅规定。

（2）确认住宿地点无社会突发事件、地质灾害等潜在风险。如果有，必须书面告知并得到确认，做好防范准备及应急方案。

（3）了解酒店现状、周围环境，确保有接待条件。如有潜在危机，必须明确告知。

(4) 明确了解酒店在会议期间是否有其他活动,决定有无必要提前通知参加者。

(5) 确认各种房型及房间和会议要求数量无误。

(6) 与参加者及酒店就入住流程、房费支付方式达成一致。

(7) 重要人物房间的房型、位置、环境、楼层、入住流程等安排需要得到确认,并书面通知酒店。

(8) 大型活动需要准备联络人电话名单、操作计划,并和酒店相关部门召开协调会。

4. 餐厅方面

如果会议需要在酒店外用餐,应注意以下事项。

(1) 用餐地点的环境、装修状况、餐桌位置、餐厅四周环境等需要明确了解,并详细告知客户,最好提供图片资料及平面图。

(2) 确认在用餐地点无社会突发事件、地质灾害等潜在风险。如果有,必须书面告知,并得到确认,做好防范准备及应急方案。

(3) 确认餐费标准符合差旅相关规定,并书面告知客人是否含酒水、酒水品种及数量。如需外带酒水,应提前和酒店沟通。

(4) 和客人及餐厅书面确认菜单。

(5) 对主桌的特别安排,如餐具、餐巾、花摆、桌签等特殊要求需要书面确认。

(6) 如果用餐期间安排文艺表演,所有节目必须和客人确认。如果可能,最好安排彩排,或提供录像供客人审核。

(7) 如果会议安排有目的地的特色餐饮,用餐礼仪礼节需要提前告知。

(8) 如果会议安排有特殊用餐地点(旋转餐厅、游船、超高层建筑等),需要实地考察,对其安全、火灾防范、人员撤离等事先确认。

(六) 准备会议资料

根据会议特点和要求,会议接待人员要为来宾准备其在会展期间所需要的各种资料,一般都装入一个资料袋,既方便工作人员分发,也方便来宾携带。资料一般包括以下内容。

1. 会议证件

1) 类型

证件主要是指与会者和会务人员的会议通行凭证,如代表证、出席证、来宾证、工作证、记者证、车辆通行证等。这些证件的发放都是为了区分与会者与非与会者,以控制非与会者进入会议现场和餐饮场地,减少会议的不安全因素和不必要的成本。

2) 内容格式

注意会议或展览名称(应该用全称)、会议或展览标识(如果有)、与会者的姓名、证件类别、组别和代表团名称、证件编号、会议或展览日期等的标注格式。涉外会展证件可以用中文和外文两种文字,外文排在中文的下方。

2. 会议内容资料

会议内容资料包括开幕式讲话、主题报告、专题报告、专门文件、必要发言、闭幕式讲话等，文字资料要能做到使阅读者一目了然。

3. 会议活动日程安排

会议活动日程安排包括会务安排方面的信息、各项活动举办的时间和地点，便于与会者挑选感兴趣的报告和选择参加各种活动。

4. 会议指南

会议指南包括组委会情况、会展室位置图、展厅地图、赞助资料简介、会议现场注册、会议专题活动、与会议相关的社会活动，以及住宿、餐饮、交通、学术考察等与会者涉及的全部信息。

5. 其他资料

其他资料还包括当地交通安排表、参加会议名单（住房安排表）、会议旅游手册、主要风景点介绍、本地地图、本地气候特点、注意事项等。根据需要，还可以有文件夹、文具、记录纸、信封、欢迎卡等。

（七）布置会场

工作人员需要根据会展的目的、人数、会场的大小等情况布置会场。场馆布置应符合会展主题和性质。

（1）可以根据会展内容，在会场内悬挂与主题相符的横幅。

（2）可以摆放适当的盆景、花卉等，在门口张贴欢迎和庆祝的标语。有时候，还需要重新排列会场的桌椅。可以根据需要，在适当的位置放置桌签和姓名牌。

（3）对于活动所需的各种音响、照明、投影、摄像、照相、录音、扩音、空调、通风设备和多媒体设备等，应提前进行调试检验。

二、会中接待礼仪

迎接是会展活动中常见的一项工作，也是工作人员诚意、形象及礼仪素养的重要体现。迎接工作各个环节处理得好，会给参加会展活动的代表留下美好而深刻的第一印象，也可以为活动的顺利开展打下基础。

（一）迎接

1. 前期准备

1）提前了解人员或团体情况

应及时准确地了解参加人员或代表团的情况，如参加人员或团队的名单、性别、职务、参加目的、迎接惯例、抵达时间和方式，做好准备。

2）确定迎接规格

明确相应的接待规格，拟定具体的迎接方案。普通代表到来时，一般工作人员迎接即可。重要人员抵达时，需要根据实际情况派有一定职务和身份的人员接待，也可以安排欢迎仪式。

3）了解场所情况

了解到达机场或火车站的布局（如出口、电梯、厕所、医务室），了解关于接机牌、横幅使用等相关规定。根据机场或火车站的出口数量、分布等安排接机牌、接站牌、横幅。确认不同出口都安排有迎接人员。

4）安排车辆

根据与会者的身份、人数、到达时间、所乘交通工具等来确定接待使用的车辆，并准备好备用车辆。

5）制作迎接标识

因机场或火车站客流量大，应该提前准备接机、接站标识，可以是会展活动的标识，也可以是迎接代表团的名称等。

2. 到场迎接

1）提前到达

预估好出票客人的登机或乘车时间，这段时间务必保持手机畅通，出现任何问题要第一时间联系处理，不能耽误参加者的行程。迎接人员应提前到达接待场所，以免让经过长时间旅途到达目的地的客人因为过久等待而产生不快。如果遇到飞机或车辆晚点，要及时调整迎接方案并做出应变安排。

2）及时联系

参加者航班落地或火车到站后，及时发送欢迎信息，并告知紧急联络人电话。

3）礼貌迎接

接到参加者后，迎接人员应按照社交礼仪的要求进行介绍、问候等。重要客人要根据制订的方案举行迎接仪式。

如果迎接贵宾，迎接人员可以派专人为其提取行李，客人所带箱包、行李要主动代为提拎，但不要主动拿其公文包或女性代表的随身小包。重要代表团如果人数众多，应将主要客人的行李先取出，并让车队按时离开，留下有关人员及行李车转运行李。

4）耐心引领

迎接人员应事先明确车辆的停放位置，带领宾客从最便捷的通道到达停车场。同时注意配以礼貌的提示用语。

（二）签到

为及时、准确地掌握到会人数，大型会议或展览通常要求与会者签名报到。需要注意的有以下事项。

1. 充分准备

（1）提前培训签到工作人员。

（2）提前拿到最新名单，并按照签到系统统一格式列表，分好类别并注明房型。

（3）携带签到簿、电脑等。

(4)提前检查签到台摆放的位置、需要的设备、摆放形式等。

(5)如果需要签到系统,请专人导入签到表格,并提前联网测试。

(6)需要的相关材料提前送到签到台,并分拣装袋完毕。

2. 及时通知

(1)签到时,分发会展凭证与会展资料。

(2)如有临时增减人数、房间、要求单间的需求,要及时通知客户负责人,得到客户负责人批准后方能做出决定。

(3)尽量做到每2—3个小时给客户负责人发一条已签到人数短信,便于客户随时了解签到状况。

(三)膳宿安排

如果会展活动统一安排食宿,工作人员应根据回执中的预订安排相关的食宿。

1. 酒店安排

(1)如果有提前到达或早上入住的参加者,要书面通知酒店,以便提前准备好干净的房间,避免参加者等候。如果没有空房,需要提前告知,并准备应对方案。

(2)重要客人的房间需要提前实地检查,确保设施完好、摆放物品到位,并调整好室内温度。

(3)房间内放置酒店简介、酒店各种设施及基本收费情况、酒店周围环境及特色餐厅介绍,可以标明酒店与机场、购物中心、火车站、旅游景点的距离等。

2. 餐饮安排

(1)确认用餐流程、行车路线、停车位、到餐厅步行路况、安全状况、照明等。

(2)用餐前必须检查所有菜品后再摆台。如果是自助餐,菜品必须和菜单一致,菜品摆放不得超过一定的时间。

(3)目的地特色餐的用餐安排需要注意座位安排、上菜顺序。

(4)用餐前的节目、主持人、灯光、音响等需要串场。

(四)交通安排

大型的会展活动往往有很多参加者,可能在不同的酒店住宿,在不同的会场开会,不同酒店和会场之间的交通安排就成为活动能否顺利进行的重要因素。

1. 细致准备

(1)如果需要租用车辆,应该使用有合法运营资质的车辆租赁公司的车。

(2)精心拟定行车路线,路线必须安全、易于控制。

(3)准备不同酒店和会场之间的交通示意图,注明公共交通的线路,并发放给参加者。

2. 随时监控

（1）会展活动进行中，随时与车队和司机确认当班车辆、行车路线、停车位等。

（2）如有变化，立刻协调其他车辆，保证活动进行。

（3）保持与会展活动主要负责人之间联系畅通，随时处理突发情况。

（五）引领服务

引领服务是指会展期间工作人员为与会者指引会场、座位、餐厅、住宿房间，以及与会者要打听的路线、方向、具体位置、交通条件等的服务。接待人员在进行引领服务时要注意服务规范。

1. 方位

工作人员应站在来宾的左前方，距离来宾0.5—1.5米，传达以右为尊、以客为尊的理念。来宾人数越多，引导的距离也应该越远，以免照顾不周。

1）平地行进

接待人员引领与会者平地行进时，引领人员在与会者的左前方约三步远，侧身做出请的动作，引导与会者行进方向，并适当地做介绍。

传统的中国礼仪大多时候还是以左为尊的，而现代商务礼仪中的以右为贵，遵守的是国际惯例。现代商务接待工作中，通常以右为尊，尽量让与会者走在接待人员的右边。

在接待工作中，若与两人以上的与会者并排行进，通常是中央高于两侧，右侧次之，最末位是左侧。

除此之外，行走时避免与对方相距过近，避免与对方发生身体碰撞。万一发生，务必要及时向对方道歉。行走时要考虑对方的步速，过快、过慢都不合适。忌勾肩搭背、搂搂抱抱，忌边行走边吃喝或是吸烟不止。

2）楼梯的引领礼仪

引导与会者上楼时，应让与会者走在前面，接待人员走在后面。若是下楼，则接待人员走在前面，与会者走在后面。上下楼梯时，应靠右行走，注意与会者的安全。

3）电梯的引领礼仪

若遇到有人控制的电梯，进出时应遵守"后进后出"原则。即电梯门打开时，与会者先进电梯先出电梯，接待人员或陪同人员后进电梯后出电梯。

若遇到无人控制的电梯，应遵守"先进后出"的原则。即电梯门打开时，接待人员或陪同人员先进去控制电梯，与会者再进电梯；而出电梯时，接待人员或陪同人员让与会者先出电梯，接待人员或陪同人员后出电梯。

此外，当多人乘坐电梯时，应注意先后顺序，不能拥挤。进入时，按顺序进入。当电梯超重时，后上来者应主动退出。出电梯时，应提前换位到电梯门口，当电梯停稳后按顺序走出电梯。

2. 手势

引领多使用前摆式手势,即四指并拢,拇指靠向食指,手掌伸直,由身体一侧自下而上抬起,以肩关节为轴,到腰的高度再由身前左方或右方摆去,手臂摆到距离身体约15厘米并不超过躯干的位置停止。引领时目视来宾,面带微笑。

3. 用语

工作人员应该使用敬语称呼,以表达对来宾的尊重。要使用明确而规范的引导语,例如,"请您这边走""请上二楼""请注意台阶"等。

三、会后服务礼仪

会展活动进行过程中,服务人员就要为后续服务做好准备。例如,会议所形成的文件材料要随着会展进程逐步形成,合影所需要的场地要布置好,会后的用车要安排妥善。如果有联欢、聚餐、参观游览等项目,也要提前进行协调和准备。会展活动能否取得圆满成功,不仅在于准备工作是否充分、中期服务是否周到,而且要看收尾工作的好坏。

(一)与会者返程服务

会展结束后,让与会者顺利平安地返回是主办方的义务,也体现了主办方的能力和服务礼仪的细致周到。

1. 预订返程票

在会展活动进行期间,工作人员应该及时了解与会者返程的方式和时间,根据与会者的要求,提前预订或购买返程票,以避免因购票困难延误与会者的行程。在会议即将结束时,及时通知与会者票务信息,并且与他们确认,以解除与会者的后顾之忧,安心参加活动。

2. 合影留念

一般情况下,大型或者重要的会展活动结束后,会安排全体与会者合影留念,特别是有领导人参加的活动中,与会者与领导人的合影不可或缺。还有不少会展活动,在全体合影之外,还有分部门或者分项目的合影,也是不可缺少的。

合影时,应提前划分好不同与会者的位置,现场指引,使大家迅速就位,避免混乱。需要注意的是,在与会者返程前,要将冲洗好的照片和电子版的照片交付与会者。

3. 结算费用

工作人员应该及时准确地结算各项费用。报到时如果预收了有关费用,在与会者离开前应将费用结算清楚,出具会议展览期间消费的明细表,并开具正式发票。

4. 告别送行

会展开始时对与会者要热情迎接,结束时要礼貌送别,以体现"善始善终"的原则。具体应做到如下几点:其一,安排好车辆,将与会者送至机场或车站,行李较多时,工作

知识活页

出席国际会议时的一些礼仪常识

人员要主动为其提拿;其二,可以在告别晚餐上集体告别,也可以在闭幕式上告别,对重要人员可以到其住地告别;其三,贵宾由会议主要领导亲自送行,其他人可以由工作人员随车送行。

(二) 其他服务

1. 场所检查

活动结束后,检查会场。尽量使会场恢复原状,这也是对会场使用者的要求。如果有借用的物品,要及时归还并致谢意。此外,工作人员还要检查与会者使用的房间,如果发现有遗失物品或文件,要妥善保管,并同失主联系及时送还。

2. 资料整理

工作人员要根据会展的实际情况,将有关的图文、声像资料进行细致收集和整理。在此基础上,分别形成可供对外宣传的、对内传达的文件资料。对保密的文件资料应该回收,特殊的文件资料按照规定处理。根据所有文件资料的属性进行相应的归档,以便日后使用。

3. 项目总结

会议或展览结束后,总结包括成交合同、新客户名单、参观者接待记录、市场和行业调查研究结果,以及运输单据、发票收据、协作单位联系地址、服务报价等,这些信息都是客户希望了解的,工作人员可以据此书写分析报告。还可以根据具体情况把这些资料提供给客户,以便客户开展工作。

4. 致谢

会展活动后的致谢是不可缺少的,工作人员应该抓紧时间向提供帮助的单位和人员致谢。致谢可以有以下几种形式。

(1) 登门亲自致谢。对于最重要的人员,可以通过登门或宴请来表示感谢。

(2) 电话致谢。如果没有时间亲自向每一位为会展活动成功举办提供过帮助的个人或单位致谢,可以通过电话表示感谢。

(3) 电函致谢。可以向有关单位及人员发信函或电子邮件致谢。

5. 宣传

如果会议或展览的举办非常成功,可以举行记者招待会或新闻发布会,将有关情况或结果提供给新闻媒介。一般情况下,主办方也应该准备一份有关会展举办情况的新闻稿,进一步扩大会展的影响,为下一届会展活动做铺垫。会展的成绩是有目共睹的,这时候的宣传可以取得良好的效果,从而加深大家的印象。

6. 回访

拥有固定的、大量的客户是会展企业生存发展的重要因素。会议或展览结束后,做好客户回访工作,及时地跟踪服务,有利于会展企业与客户发展深层关系,也可以把潜在客户变为实际客户,并促进进一步的合作。

行业趋势

在游客需求日益多元化的今天,旅游的个性化定制服务已经成为旅游职业礼仪的重要组成部分。这种个性化服务模式不再是单一刻板的,而是根据游客的不同需求进行量身定制。游客不再满足于被一视同仁地安排出行计划,他们期望从旅游从业人员为他们提供的个性化服务中获得独特而专属的体验。这种期望推动着旅游从业人员不断提升对个性化服务的理解和应用能力,将每一次的服务都变成一个精心设计的独特过程。无论是餐饮服务中对食客口味的精准把握,还是酒店对入住客人睡眠偏好的深入分析,或是旅游服务中对游客个性化行程的周到安排,都是个性化服务在旅游职业礼仪中的生动体现。

教学互动

训练项目:

特殊团队接待训练。

训练要求:

(1) 将班级学生分为三组,每组分别扮演新闻记者团、旅游代理商、残障人士团队,由学生进行三种旅游团队的接待训练。

(2) 老师对学生的现场表现进行评议并打分。

训练提示:

(1) 注意语言表达和沟通。

(2) 注意特殊团队接待的礼仪要求。

项目小结

本项目详细介绍了旅游从业人员职业服务礼仪,并引述部分经典案例加以说明。

任务一介绍了酒店各业务部门相应岗位的服务礼仪,包括前厅接待服务礼仪、餐饮接待服务礼仪和客房接待服务礼仪。目的是使大家学会并掌握酒店服务接待工作中所常用的基本礼节和行为规范,培养良好的职业习惯,以真正实现酒店的优质服务。

任务二介绍了旅行社各业务部门相应岗位的服务礼仪,包括旅行社门市接待服务礼仪、计调人员服务礼仪、导游人员服务礼仪和旅行社特殊团队接待礼仪。目的是使大家学会并掌握旅行社各岗位工作中常用的基本礼节和行为规范,从而更好地提供对客服务。

任务三介绍了景区主要工作岗位的服务礼仪,包括景区接待礼仪和景区讲解服务礼仪。展现了景区工作人员积极向上的工作状态和热情主动的服务态度以及优质的服务质量。

任务四讲述了会展接待工作的具体要求,明确了接待工作的程序和细节,包括会前准备礼仪、会中准备礼仪、会后服务礼仪。通过本任务的学习,大家可以了解接待的基本知识和方法,掌握会展接待的特征、原则以及接待的具体流程和要求。

项目训练

知识训练

能力训练

"尊敬的各位团友,大家好,我是××旅行社的导游,我叫许峰。许峰,请大家记住。嗯,在这辆旅游车上一同为大家服务的还有王师傅,王师傅驾车经验非常丰富。嗯,这样,请大家给王师傅一些掌声(大家鼓掌)。嗯,下面我为大家介绍一下……"没等他介绍完,车上的游客就开始窃窃私语,有人干脆对许峰说:"导游,你的口头语太多了,听着有点烦,让我们清静一下吧!"车厢里的空气顿时凝固了。许峰放下手中的话筒,回到了导游座位上,心里好像打翻了五味瓶。尽管如此,由于许峰对待游客的态度非常认真,事后游客并没有提出更换导游的要求,可许峰心里一直不好受。

请分析:许峰的导游讲解词为什么不受欢迎?

参考文献

[1] 王旭. 酒店服务礼仪教程[M]. 北京:中国传媒大学出版社,2010.
[2] 杨红颖,王雪梅. 旅游服务礼仪[M]. 重庆:重庆大学出版社,2016.
[3] 王瑜. 旅游服务礼仪[M]. 北京:高等教育出版社,2015.
[4] 周丽. 酒店服务礼仪[M]. 2版. 桂林:广西师范大学出版社,2018.
[5] 蔡跃. 职业教育活页式教材开发指导手册[M]. 上海:华东师范大学出版社,2020.
[6] 吴玲. 旅游社交礼仪[M]. 北京:高等教育出版社,2014.
[7] 陈璐,戚薇. 职业礼仪实训教程[M]. 北京:高等教育出版社,2018.
[8] 孙素,陈萍. 旅游服务礼仪[M]. 北京:北京理工大学出版社,2010.
[9] 周朝霞. 国际商务礼仪实训教程[M]. 南京:南京大学出版社,2017.
[10] 闫秀荣,张立华. 现代社交礼仪[M]. 2版. 北京:人民邮电出版社,2015.

教学支持说明

为了改善教学效果,提高教材的使用效率,满足高校授课教师的教学需求,本套教材备有与纸质教材配套的教学课件和拓展资源(案例库、习题库等)。

为保证本教学课件及相关教学资料仅为教材使用者所得,我们将向使用本套教材的高校授课教师赠送教学课件或者相关教学资料,烦请授课教师通过加入旅游专家俱乐部QQ群或公众号等方式与我们联系,获取"电子资源申请表"文档并认真准确填写后发给我们,我们的联系方式如下:

地址:湖北省武汉市东湖新技术开发区华工科技园华工园六路

邮编:430223

旅游专家俱乐部QQ群号:758712998

旅游专家俱乐部QQ群二维码:

群名称:旅游专家俱乐部5群
群　号:758712998

扫码关注
柚书公众号

电子资源申请表

填表时间：_____年___月___日

1. 以下内容请教师按实际情况写，★为必填项。
2. 根据个人情况如实填写，相关内容可以酌情调整提交。

★姓名		★性别	□男 □女	出生年月		★职务	
						★职称	□教授 □副教授 □讲师 □助教

★学校		★院/系	
★教研室		★专业	
★办公电话		家庭电话		★移动电话	
★E-mail（请填写清晰）				★QQ号/微信号	
★联系地址				★邮编	

★现在主授课程情况	学生人数	教材所属出版社	教材满意度
课程一			□满意 □一般 □不满意
课程二			□满意 □一般 □不满意
课程三			□满意 □一般 □不满意
其 他			□满意 □一般 □不满意

教 材 出 版 信 息		
方向一		□准备写 □写作中 □已成稿 □已出版待修订 □有讲义
方向二		□准备写 □写作中 □已成稿 □已出版待修订 □有讲义
方向三		□准备写 □写作中 □已成稿 □已出版待修订 □有讲义

请教师认真填写表格下列内容，提供索取课件配套教材的相关信息，我社根据每位教师填表信息的完整性、授课情况与索取课件的相关性，以及教材使用的情况赠送教材的配套课件及相关教学资源。

ISBN（书号）	书名	作者	索取课件简要说明	学生人数（如选作教材）
			□教学 □参考	
			□教学 □参考	

★您对与课件配套的纸质教材的意见和建议，希望提供哪些配套教学资源：